흔들리지 않는
돈의 법칙

UNSHAKEABLE

── 흔들리지 않는 ──

토니 로빈스 지음 | 박슬라 옮김 | 정철진 감수

RHK
RH Korea

《흔들리지 않는 돈의 법칙》과
토니 로빈스에게 쏟아진 찬사

"외부인이 스포트라이트를 빼앗으며 금융업계의 대표적 인사로 등극하는 것은 굉장히 드문 일이다. 로빈스는 이번에도 새 저서를 통해 필연적으로 닥쳐올 조정장과 하락장에 대비하고 그로써 이익을 얻을 수 있게 도와준다."

- 앤서니 스카라무치, 스카이브리지 캐피털 창립자, '월스트리트 위크' 공동진행자

"가장 놀라운 점은 로빈스가 초보 투자자는 물론이요, 수십억 달러의 자산을 관리하는 최정예 큰손들에게도 어필하는 책을 내놓았다는 것이다. 투자서 부문에 퓰리처상이 있다면 틀림없이 이 책이 수상할 것이다."

- 스티브 포브스, 〈포브스〉 발행인 겸 포브스 사 CEO

"로빈스는 금융계에서 내가 아는 한 최고의 중재자다. 평범한 투자자들에게도 전 세계 걸출한 금융 대가들의 지혜와 통찰력을 전달하겠다는 그의 사명은 진정 경탄스럽다."

- 앨런 그린스펀, 전 미국 연방준비제도이사회 의장

"원래 45분으로 예정되어 있던 토니와의 인터뷰는 4시간이 훌쩍 넘도록 이어졌다. 뮤추얼펀드에 종사한 내 65년 인생에서 가장 광범위하고 심오한 인터뷰

였다. 토니의 에너지와 열정은 주변 사람들마저 전염시킨다. 나는 그의 저서가 투자자들에게 엄청난 영향을 끼칠 것이라 확신한다."

– 존 C. 보글, 3조 달러를 운용 관리하는 뱅가드 그룹 창립자

"토니 로빈스는 그만의 독특한 재능을 발휘해 세계 최고 투자자들의 전략을 일반인도 실천하기 쉬운 교훈으로 증류시켰다. 초보 투자자도 노련한 전문가도 이 책에서 큰 도움을 얻을 수 있다."

– 레이 달리오, 브리지워터 어소시에이츠 창립자 겸 공동최고운용책임자, 세계 제일의 헤지펀드 투자가

"토니 로빈스는 소개가 필요 없는 사람이다. 그는 모든 투자자가 더 나은 삶을 누리도록 돕는 일에 최선을 다한다. 어떤 투자자건 이 책에서 재미와 지식 두 가지를 모두 얻을 수 있을 것이다."

– 칼 아이컨, 억만장자 행동주의 투자가

"토니를 만났던 사람치고 그의 말에 귀를 기울이지 않거나 행동할 마음을 먹지 않은 사람은 없다. 이 책은 당신과 가족을 위한 경제적 자유를 일굴 전략을 알려준다."

– T. 분 피컨스, BP 캐피털 매니지먼트와 TBP 인베스트먼트 매니지먼트 창립자이자 회장 겸 CEO(CNBC에서 21번 중 18번이나 유가를 정확하게 예측함)

"토니는 다양한 일화와 전문 지식을 솜씨 있게 엮어 투자 과정을 쉽고 단순하게 전달함으로써 독자들이 금융에 관해 배우고 더욱 효과적으로 미래를 계획하게 돕는다."

– 메리 캘러핸 어도스, JP모건 애셋 매니지먼트 CEO

"토니 로빈스는 마음의 열쇠를 만드는 장인이다. 그는 우리가 더 큰 가능성에 마음을 열도록 이끈다. 그는 인간 본성에 대한 자신만의 독특한 통찰을 활용해 위대한 투자자들이 누리던 전략을 단순화하여 누구나 경제적 자유를 성취

할 수 있게 돕는다."

— 폴 튜더 존스 2세, 튜더 인베스트먼트 창립자, 역대 10대 금융트레이더 중 한 명

"경제적 안정과 독립에 대한 해답을 추구하고 수퍼리치들의 혜안을 평범한 투자자들에게도 전해주려는 토니의 열정은 모두에게 큰 영감을 불러일으킨다. 이 책은 당신의 인생을 진정으로 바꿀 것이다."

— 데이비드 포트럭, 찰스 슈워브 사 전 CEO, 베스트셀러 《변화의 9가지 단계》 저자

"토니는 수백만 명의 삶에 영향을 미쳤고 나도 그중 한 명이다. 이 책은 세계 최고의 투자자들이 전해주는 혜안과 전략으로 가득하다. 기회를 놓치지 말길 바란다."

— 카일 바스, 헤이먼 캐피털 매니지먼트 창립자
(서브프라임 위기 중에 3,000만 달러를 20억 달러까지 성장시킨 투자의 대가)

"토니에게는 위대한 재능이 있다. 우리에게 영감을 불어넣는 재능이다."

— 빌 클린턴, 전 미국 대통령

"토니는 슈퍼맨의 힘을 가졌다. … 그는 변화의 촉매제다."

— 오프라 윈프리, 미디어계의 거물, 에미상 수상자

"우리 회사는 〈포브스〉가 선정한 세계 최고 혁신 기업에 4년 연속 이름을 올렸다. 현재 우리 회사의 연매출은 70억 달러가 넘는다. 토니의 조언이 없었다면 세일즈포스는 존재하지도 못했을 것이다."

— 마크 베니오프, 세일즈포스 창립자이자 회장 겸 CEO

"당신이 누구고, 사회적으로 얼마나 성공했고, 얼마나 행복하게 살고 있든 토니에게서는 늘 배울 것이 있다." — 휴 잭맨, 에미상 및 토니상 수상 배우 겸 프로듀서

"토니 로빈스의 코칭은 코트 안팎 모두에서 내 삶에 커다란 차이를 만들어냈다. 그는 내 안에 깃든 진정한 잠재력을 발견하도록 도와주었고, 그 덕분에 내 게임과 삶의 수준은 새로운 차원에 도달했다!"

— **세레나 윌리엄스**, 통산 22회 테니스 그랜드슬램 챔피언, 올림픽 금메달리스트

"나는 내 성공이 가족의 희생을 불러올지도 모른다는 염려에 휩싸여 있었다. 토니는 내 그런 걱정을 없애고 내가 수백만 사람들을 도와줄 수 있다는 사실을 말해주었다. 전에는 결코 느끼지 못했던 격렬하고 짜릿한 감정이 밀려왔다."

— **멜리사 에서리지**, 그래미상을 두 차례 수상한 가수 겸 작곡가

"지금 자신이 처한 상황과 결과를 바꾸고 싶다면 토니의 말에 귀를 기울이는 것에서부터 시작하라." — **어셔**, 그래미상 수상 가수, 작곡가 겸 사업가

"토니 로빈스는 천재다. … 어떤 도전이건 맞서 싸울 수 있도록 전략적으로 사람들을 이끄는 토니의 능력은 비교를 불허한다."

— **스티브 윈**, 윈 리조트 창립자이자 CEO

"베니스 해변에서 티셔츠를 파는 애송이었던 나에게 토니가 준 진정한 선물은 위험을 받아들이고 행동에 돌입하고 진정어린 무언가가 되라는 것이었다. 나는 25년 동안 그 전략을 충실히 지키며 살아왔다. 나는 또다시, 언제라도 돌아올 것이다." — **마크 버넷**, 에미상을 다섯 번 수상한 TV 프로듀서

"이 남자는 모두가 원하는 무언가를 가지고 있다. 그의 2미터 거구는 경이로움으로 똘똘 뭉쳐 있다."

— **다이앤 소여**, 'ABC 월드뉴스' '굿모닝 아메리카' 전 앵커

자신이 될 수 있고, 할 수 있고,
나눌 수 있고, 베풀 수 있는 것보다
낮은 수준에 안주하지 않을 모든 이에게

To those souls who will never settle for less than
they can be, do, share, and give

1부   절대 흔들리지 않는 부의 법칙

CONTENTS

흔들리지 않는 투자로
단단한 삶을 만들어라

내가 토니 로빈스를 처음 알게 된 것은, 국내 대부분의 독자들처럼 바로 2000년대 초반 자기계발서 《내 안에 잠든 거인을 깨워라》였다. 당시 접했던 저자의 소개는 현존하는 미국 내 최고 행동변화전문가이자 변화심리학 권위자라는 타이틀이었다.

그로부터 10년이 넘는 시간이 흐른 지난 2015년, 나는 다시 토니를 만나게 되었다. 그 유명한 경제경영 베스트셀러 《MONEY 머니: 부의 거인들이 밝히는 7단계 비밀Money: Master the Game》을 통해서였다. 난 그때도 감수를 맡았는데, 이제야 고백하자면 처음에는 선입견을 지우느라 고생을 좀 했다. 아마도 맘 한구석엔 '행동변화 카운슬러가 어떻게 재무설계를 말하고 투자의 대원칙을 전한다는 거야'라는 생각이 자리 잡고 있었던 것 같다. 하지만 그 책을 읽은 독자라면, 그리고 출간 후 3년이 지난 지금 그 책에 담긴 내용과 구체적인 포트폴리오가 얼마나 '정교하게' 맞아떨어졌는지 직접 확인했다면, 그때의 내가 얼마나 교만했는지 잘 알 것이라 생각한다. 참고로 하나 더 털어놓자면, 《머니》 감수 당시 토니의 미래 전망과 대치되는 부분이 하나 있었다. 바로 미국 증시에 대한 믿음이었다. 난 미국 증시는 성장성을 잃어버렸다고 보는 쪽이었기에 그가 전하는 포트폴리오가 조금 부담이 됐다. 하지만 2016년과 2017년 다우지수가, 나스닥이 급등하는 걸 지켜보면서 또 한 번 스스로를 반성하는 계기가 됐다.

그리고 이제 《흔들리지 않는 돈의 법칙Unshakeable》의 감수를 통해 세 번째로 토니와 만난다. 이 책은 900쪽에 달하는 전작 《머니》에 비하면 별로 위협적이지 않은 두께지만, 돈의 법칙부터 부자들의 투자 원칙까지 누구나 이해하기 쉽게 담고 있어 내용만큼은 《머니》의 무게를 상회한다. 특히, 감수자로서 내가 읽어낸 건 이번에도 아주 세련되게 시장에 대한 전망을 담아냈다는 점이다.(하지만 책은 시장을 예측했다 해서 거기에 과격하게 올인하라고 '절대' 말하지 않는다.)

책에서는 여러 차례, 다양한 표현으로 향후 찾아올 수 있는 약세장에 대한 대처법과 역사상 변치 않고 되풀이된 돈의 법칙을 특유의 진실된 어조로 전하고 있다. 그러면서도 여타 시장 예측서처럼 주가가 급락한다고 겁주지도 않는다. 대신 지난 2016년 여름 이후 급등했던 증시를 담담하게 기술하며 앞으로 더 오르든, 아니면 하락하든 꾸준히 수익을 낼 수 있는 '마법의 자산배분'에 대해 강조하고 있다. 이 부분에 대해서는 앞으로 3년쯤 지난 시점에 점검해볼 수 있을 듯하다.

감수를 하며 이 책에서 내가 가장 좋아했던 구절은 '삶은 어떤 상태가 아니라 우리가 내리는 결정에 의해 형성된다.'는 것이다. 성공적인 투자, 나아가 현재의 삶을 더 풍족하게 만드는 것은 이 책의 원제인 '흔들리지 않는Unshakeable' 결정에서 시작된다. 이 책을 통해 '흔들리지 않는 돈의 법칙'과 부자들의 투자 원칙, 나아가 진정한 부자로 사는 길에 대해 배우고 재정적 자유를 향해 굳건하게 실행에 옮기기를 응원한다.

정철진

경제컬럼니스트

돈의 노예가 아니라
주인이 되는 법

이렇게 짧고 주옥같으며 참신하면서도 시의적절한 책이 있을 수 있을까. 뿐만 아니라 여기 담긴 통찰력 가득한 혜안과 조언들은 시대를 초월하여 영원히 살아남을 것이다. 투자자는 물론, 지금 투자를 하지 않는 이들마저도 반드시 읽고 가슴 깊이 새겨야 한다.

증시가 오랫동안 강세를 유지하는 상황에서도, 우리는 이런 호황이 언제까지 지속될지에 대해서는 처음부터 소심함과 비관주의로 일관해왔다. 역사상 주가는 위로든 아래로든 곧은 직선을 그린 적이 없다. 2009년 이래, 우리는 그래프가 조금이라도 눈에 띄게 떨어질 때마다 깊숙한 수렁에 빠지기라도 한 양 비통하게 울부짖었다. 주식투자에 대한 혐오감은 지금쯤 시장에 참여하고 있어야 할 수천만 명의 사람들, 특히 밀레니얼 세대(1980년대 초~2000년대 초에 태어난 사람들─옮긴이)를 멀찌감치 쫓아냈다. 토니 로빈스는 사람들이 자산을 모으는 데만 집중한 나머지 게임 밖에서 서성이는 장기적이고 대가가 큰 실수를 저지르고 있다고 지적한다.

이 책이 특히 신뢰감을 주는 이유는 토니 로빈스가 우리 사회 전반에 만연할 뿐만 아니라 2016년 미 대통령 선거의 충격적인 결과를 가져온 원인이라 할 수 있는 미래 경제에 관한 불안과 염려를 해결하기 위해 이미 일선에서 지극히 노력하고 있는 인물이기 때문이다. 그렇다. 로빈스는 언젠가 진짜 하락장이 닥쳐오리라는 것을 알고 있다. 그러나 그럴 가능성이 얌전히 뒷전에 물러 앉아 손을 놓고 있을 이유는 되지 못한다. 하강국면이 정기적으로 발생하긴 해도, 주식시장은 장기적으로는 '늘' 상승한다. 투자의 가장 큰 적이 감정이라는 사실만 숙지한다면, 개인투자자도 '시장'과 노련한 '자산관리사'를 능가하는 성과를 내는 전략을 구상할 수 있다.

로빈스는 투자의 노예가 아니라 주인이 될 수 있는 방법을 신중하고 사려 깊게 보여준다. 경기장 밖 벤치에 앉아 벌벌 떨거나 시장의 변덕에 화들짝 놀라 헐값에 주식을 내던져봤자 손해만 볼 뿐이다. 주식이 폭락할 때는 어떻게 해야 할까? 다른 이들이 끔찍한 재앙을 볼 때, 당신은 어떻게 기회를 찾을 것인가? 로빈스는 쓰라린 실수를 피할 합리적인 규칙을 가르치고, 나아가 풍부한 수익 기반을 마련하려면 어떻게 행동해야 하는지(예컨대 자산배분을 재조정하는 법 등)를 알려준다.

투자자의 두 번째 적은 바로 수수료다. 겉으로 드러난 비용뿐만 아니라 생각지도 못한 여러 분야에 숨은 수수료가 도사리고 있다. 그리고 복리의 마법 덕분에 시간이 지날수록 이 비용들은 문자 그대로 당신의 저축을 수천, 수만 달러씩 갉아먹을 것이다. 이렇게 쓸데없이 빠져나가는 비용이 늘수록 계속 새끼를 쳐야 할 당신의 밑천이 줄어들고 있음을 명심하라. 그러므로 직장인 연금제도인 401(k)를 면밀하게 분석해 흰개미가 집을 갉아먹듯 무익한 지출비용이 원금을 축내고 있는 건 아닌지 알아보라. 심지어 인덱스펀드에도 불필요한 비용이 붙어 있을 수 있다. 꽤 인기 있는 투자 도구인 연금보험은 고질라가 도시를 짓밟듯이 수수료가 계좌 전체를 황폐화시킬 수도 있다. 현명한 투자자만이 더 부유한 투자자가 될 수 있다.

자산관리 세계에서는 수많은 관련 규정들이 끊임없이 변경되고 있다. 그중에서도 특히 미국 노동부US Department of Labor, DOL가 주관하는 법규들이 그렇다. 이 책은 당신이 그 울타리를 순조롭게 통과할 수 있게 도와줄 것이다.

마지막으로 로빈스는 사람들이 자주 간과하는 한 가지 사실을 지적한다. 부란 그 자체로 목적이 아니라 보다 뜻깊은 삶을 성취하는 데 필요한 중요한 요소일 따름이다. 100여 년 전 회사를 창립한 나의 조부 B. C. 포브스는 〈포브스〉의 창간호에서 이렇게 말했다.

"사업을 하는 목적은 부를 축적하는 것이 아니라 행복을 가져다주기 위해서다."

더 많은 사람들, 특히 이제 막 사회에 발을 디딘 젊은이들이 토니 로빈스의 조언을 진지하게 받아들이길 바랄 뿐이다. 그러니 어서 오라!

로빈스의 말이 옳다. 밀레니얼 세대는 수십 년 전 그들의 앞선 세대가 저지른 것과 똑같은 실수를 범하고 있다. 대공황으로 거대한 상흔을 입은 세대가 주식투자를 꺼리는 이유는 이해할 수 있다. 1929년부터 1932년 사이에 다우존스 산업평균 지수Dow Jones Industrial Average는 오늘날로 따지자면 자그마치 1만 7,000포인트나 폭락했다! 거의 90%에 달하는 낙폭인 셈이다. 1930년대에는 실업률이 기록적으로 치솟았고, 그 다음에는 제2차 세계대전이 찾아왔다. 그러니 당시의 미국인 대다수가 주식에는 근처에도 가지 않겠다고 맹세한 건 그리 놀랍지 않다.

그러나 제2차 세계대전 후에 미국은 전례 없는 부흥의 시대로 들어섰고 주가는 몇 배나 뛰어올랐다. 하지만 안타깝게도 너무나도 많은 사람들이 주식투자에 참여하지 않거나 상대적으로 안전해 보이는 채권에만 많은 돈을 투자했다. 그들은 채권시장이 그 뒤로 35년간 긴 하락세로 돌아설 줄은 꿈에도 생각지 못했을 것이다. 인플레이션은 채권의 원금 가치를 떨어뜨렸고 채권 투자자들은 상당한 자산을 잃었다. 그들은 그렇게 삶을 더 부유하게 만들 환상적인 기회를 놓쳤다.

자, 그러니 투자의 성공을 방해하는 가장 큰 적 두 가지를 항상 명심하라. 두려움과 수수료다.

이 현명하고 사려 깊은 책이 토니 로빈스를 더 부자로 만들어줄까? 아니다. 이 책의 모든 수익금은 배고픈 이들에게 무료로 음식을 제공하는 비영리재단인 피딩 아메리카Feeding America에 기부된다. 이로써 로빈스는 사람들이 종종 간과하는 또 다른 진실의 본보기가 되어주는 셈이다. 상업 활동과 자선사업은 양 극단이 아니라 그저 같은 동전의 양면일 뿐이다. 자유시장 경제에서는 다른 사람들이 원하는 상품이나 서비스를 제공함으로써 성공할 수 있다. 다시 말해 타인의 욕구와 니즈를 충족시키면 번영할 수 있다는 얘기다. 자선사업 역시 다른 사람의 니즈를 충족시키는 일이다. 각각의 영역에 필요한 기량은 다를지 몰라도 기본적인 목적은 같다. 실제로 성공한 사업가가 성공한 자선사업가가 되는 경우도 흔하다. 빌 게이츠를 보라.

토니 로빈스는 무언가를 생산하고 창출함으로써 동시에 다른 사람들을 도울 수 있다는 사실을 보여준다. 그의 저서를 안내서로 활용한다면 당신 역시 그와 같은 일을, 그것도 전혀 생각지도 못한 규모로 실천할 수 있을 것이다.

스티브 포브스
〈포브스〉 발행인 겸 포브스 사 CEO

낮은 위험으로 고수익을 내는 투자를 하라

2016년의 막이 오른 어느 토요일 아침, 나는 아침을 먹으며 〈뉴욕 타임스〉를 읽는 것으로 하루를 시작했다. 1면을 재빨리 훑은 다음(나중을 위해 낱말 퀴즈란은 따로 챙겨놓고) 곧장 비즈니스 섹션을 펼쳐들었다. 섹션 1면 상단에는 론 리버Ron Lieber의 '유어 머니Your Money' 칼럼이 커다랗게 자리 잡고 있다. 이번 주에는 개인 재무관리 전문가 여섯 명이 추천하는 필수적인 자산관리 전략이 인덱스카드 형식으로 소개되어 있었다.

칼럼의 요지는 효과적인 자산관리법은 그리 복잡할 필요가 없으며, 한 장의 인덱스카드로도 모든 핵심을 충분히 정리할 수 있다는 것이었다. 여섯 장의 인덱스카드 중 다섯 장은 돈을 모으는 방법에 대해 다루고 있었는데 전부 같은 조언을 하고 있었다.

"인덱스펀드에 투자하라."

투자자들은 메시지를 받아들였다. 나는 1975년에 세계 최초로 인덱스펀드를 창안했고, 그 뒤로 꾸준히 이를 전파하고 있다. 당시만 해도 나의 메시지는 청중에게 외치는 외로운 목소리였다. 그러나 오늘날에는 나와 함께 어마어마한 규모의 합창단이 전 세계를 향해 장엄한 노래를 부르는 중이다. 우리의 우렁찬 목소리를 들은 투자자들은 행동으로, 다시 말해 액티브펀드에 소중한 자산을 투자함으로써 자신의 찬동 의사를 표현하고 있다.

2007년 말 이래 뮤추얼펀드mutual fund의 주식형 인덱스펀드 투자액은 1조 6,500억 달러나 증가한 반면 액티브펀드 투자액은 7,500억 달러나 급격히 감소했다. 9년 사이에 투자액의 격차가 2조 4,000억 달러까지 벌어진 일은, 내 기억에 따르면 뮤추얼펀드 역사상 전례가 없던 일이다.

지난 7년간 토니 로빈스는 일반투자자들이 투자 게임에서 이길 수 있게 최선을 다해 조력했다. 그는 인덱스펀드를 전도하고 실적이 저조한 포트폴리오에 과분한 돈을 써서는 안 된다고 설득했다. 또 그러한 와중에도 금융계 최고의 거물들과 만나 이야기를 나눴다. 과연 나도 거기 해당될지는 의심스럽지만, 토니는 내게도 찾아와 투자에 관한 견해를 물었다.

이것만은 말해둬야겠다. 토니는 거역할 수 없는 대자연의 힘이다! 그를 만난 지 고작 몇 분 만에, 나는 토니가 어떻게 전 세계 수백만 명 사람들을 감화시킬 수 있었는지 완벽히 이해했다.

우리는 정말 즐거운 시간을 보냈다. 원래 45분으로 예정되어 있던 토니와의 인터뷰는 4시간이 훌쩍 넘도록 이어졌다. 뮤추얼펀드에 종사한 내 65년 인생에서 가장 크고 심오한 인터뷰였다. 토니의 에너지와 열정은 주변 사람들마저 전염시킨다. 나는 그의 책이 투자자들에게 엄청난 영향을 끼칠 것이라 확신했다.

하지만 그런 나조차도 토니의 실질적인 영향력에 대해서는 과소평가하고 있었다. 투자에 관한 그의 첫 저서인《머니: 부의 거인들이 밝히는 7단계 비밀》은 100만 부가 팔려나갔고 자그마치 7개월 동안이나 〈뉴욕타임스〉 비즈니스 분야 베스트셀러 목록의 정상을 지켰다. 그의 귀환작인《흔들리지 않는 돈의 법칙》은 독자들에게 그보다도 더 큰 가치를 부여해줄 것이다.

《흔들리지 않는 돈의 법칙》은 워런 버핏부터 예일대 기부금 펀드를 관리하는 데이비스 스웬슨David Swensen에 이르기까지 투자 세계의 최고 인사들의 식견과 통찰력을 제공한다. 워런 버핏과 데이비드 스웬슨은 인덱스펀드야말로 성공 가능성을 극대화할 수 있는 투자 방식이라고 이미 수차례나 공언한 바 있다. 이 책은 더 많은 투자자들에게 그 메시지를 전달할 것이다.

인덱스펀드는 매우 단순하다. 인덱스펀드는 시장을 예측하거나 개별 주식으로 다른 전문 자산관리사들을 능가하려는 대신, S&P500 같은 시장지수의 모든 주식을 매입해 보유한다. 인덱스펀드는 최소한의 비용으로 운용된다. 자산관리사에게 지불하는 높은 수수료도 없고, '사서 묵히기' 전략을 구사하기 때문에 거래비용 또한 낮다. 우리는 주가의 움직임을 통제할 수는 없어도 우리 자신의 투자비용은 통제할 수 있다. 인덱스펀드는 최소의 비용으로 극도로 다각화된 포트폴리오에 투자할 수 있는 수단인 것이다.

이런 식으로 설명하면 이해가 빠를까? 모든 투자자는 주식시장을 집단으로 소유하고, 따라서 시장의 총 수익(비용 지출 전)을 공유한다. 시장 전체의 주식을 보유한 인덱스펀드는 연간 최소한의 비용으로 (투자액의 0.05%) 시장수익률과 동일한 수익을 올린다. 한편 시장의 나머지를 구성하고 있는 다른 투자자와 자산관리사는 정신없이 주식을 거래하고 교환하며 시장의 평균수익률을 능가하려 애쓴다. 그러나 그들 역시 집단으로서 주식시장 전체를 보유하고 있고, 시장의 총 수익을 공유한다. 주식 거래에는 엄청난 돈이 지출된다. 펀드매니저들은 어마어마한 수수료를 챙기고 월스트리트도 주식이 오갈 때마다 두둑한 몫을 떼어간다. 그 밖의 숨은 비용도 연 2%는 충분히 될 것이다.

그러므로 인덱스펀드 투자자는 시장의 총 수익에서 수수료 0.05% (또는 그 이하)를 제외한 몫을 버는 반면 적극적인 투자자 집단은 같은 총 수익에서 2%(또는 그 이상)를 뺀 나머지를 얻게 된다.

'투자자의 순수익은 시장 총 수익에서 투자비용을 뺀 값'이라는 '비용 문제 가설'을 이해하고 나면, 인덱스 투자의 이점을 이해할 수 있다. 오랜 시간 투자를 하다 보면 매년 쌓이는 작은 차이가 결국 커다란 격차를 만든다. 이제야 사회생활을 시작한 젊은이들은 대부분 앞으로 60년이 넘는 긴 세월 동안 투자를 하게 될 것이다. 그렇게 긴 시간 동안 과도한 투자비용이 복리로 축적되면 평생 번 수익의 70%가 날아갈 수도 있다!

심지어 이는 현재 많은 투자자들이 부담 중인 비용을 '과소평가한' 수치다. 특히 403(b)와 401(k) 연금제도의 경우에는 더더욱 그렇다. 이 책의 3장에서 토니가 지적하듯이, 이런 추가비용(대개 은밀히 숨어 있는)은 당신의 펀드 수익에서 믿기 힘들 정도로 어마어마한 몫을 떼어간다.

내가 조금이나마 이 책에 기여하고 토니에게 도움을 줄 수 있어 기쁘다. 그와 함께 보낸 반나절은 참으로 즐거웠다. 이렇게 인덱스펀드의 강점을 전파할 수 있는 기회가 주어져, 평온한 은퇴생활과 자녀들의 등록금을 위해 아끼고 절약하고 있는 사람들을 도울 수 있게 되어 감격스럽다.

토니는 이 책에서 투자의 위험 및 수익률의 역사에 관해 넓고 깊게 다루고 있는데, 성공을 원하는 투자자라면 반드시 이에 대해 알아야 한다. 영국의 시인 새뮤얼 테일러 콜리지Samuel Taylor Coleridge의 말처럼 역사는 '선미에 달린 등불이어서 오로지 우리가 지나온 물결만을 비출 뿐' 우리가 향하는 앞길은 보여주지 않는다. 과거가 반드시 미래의 서막이 될 필요는 없다.

우리는 불확실한 세상에 살고 있다. 우리의 앞날에는 알고 있는 미지의 위험뿐만 아니라 우리가 알지 못한 미지의 위험까지 놓여 있다. '우리가 모르고 있다는 것을 모르는 것들' 말이다. 그런 위험이 존재함에도 불구하고, 만일 우리의 장기적인 재정적 목적을 성취할 기회가 있다면 우리는 반드시 투자를 해야 한다. 그렇지 않으면 궁핍한 삶을 살게 될 것이기 때문이다.

하지만 100%의 위험을 지고 재산의 100%를 투입해 고작 30%의 보상을 얻을 필요는 없다. 비용이 적게 들고 폭넓게 투자하는 인덱스 펀드를 구입하고 '영원히' 보유하면 금융 시장이 장기적으로 돌려주는 수익을 보장받을 수 있을 것이다.

존 보글
뱅가드 그룹의 창립자이자 전설적인 투자자

절대 흔들리지 않는 부의 법칙

UNSHAKEABLE

YOUR FINANCIAL FREEDOM PLAYBOOK

일러두기

• 본서는 돈과 투자에 대해 저자가 정확하다고 판단하는 정보를 제공하기 위해 저술되었다. 따라서 독자는 저자나 출판사가 특정 포트폴리오나 개인의 특수한 니즈에 맞춤화된 조언을 제공하거나 투자자문 또는 그 외 법률 및 회계 등의 전문 자문 서비스를 제공하는 것이 아님을 반드시 이해하고 숙지하여야 한다. 투자, 법률 및 회계 자문 등의 전문 서비스가 필요할 시에는 해당 자격을 지닌 전문가의 도움을 구하기 바란다. 이 책에 인용된 투자운용 및 실적 자료는 다수의 기간 동안 수집된 것이나 과거의 성과가 반드시 미래의 실적을 보장하지는 않는다. 투자 실적 정보와 법규 및 규제는 끊임없이 변화하므로 이 책에 게재된 정보 또한 언제든 변경될 수 있음을 유념하라. 본서는 오로지 과거의 데이터를 제공하고 그 아래 숨은 원리와 법칙을 밝히고 논할 뿐이다. 아울러 이 책은 재무 결정을 내리는 근거로 사용될 수 없으며, 특정한 투자상담사를 추천하거나 특정 증권의 매입 또는 매수를 제안하지도 않는다. 증권 매입 또는 매수를 추천할 때 사용되는 것은 투자설명서이며, 투자를 하거나 자금을 지출하기 전에는 반드시 투자설명서를 면밀히 읽고 숙고하기 바란다. 본서에 포함된 정보의 완전성 또는 정확성에 대해서는 어떠한 보증도 할 수 없으며, 이 책의 내용을 활용 또는 적용하며 직간접적으로 발생한 부채나 손실, 위험에 대해서는 저자와 출판사 모두 어떤 책임도 지지 않는다. 본서에 등장한 많은 사람들의 이름과 구체적인 특성은 임의로 변형했다.

법적 고지: 토니 로빈스는 크리에이티브 플래닝 사(Creative Planning Inc)에서 투자자 심리위원회 의장을 맡고 있다. 크리에이티브 플래닝은 미국 증권거래위원회(이하 SEC)에 등록된 독립투자상담사(RIA)로, 현재 미 50개 주 전역에서 당사의 자산관리팀이 활동 중이다. 토니 로빈스는 그의 기여로 인한 크리에이티브 플래닝의 영업 성장률에 상응하는 보수를 받으며, 따라서 투자자에게 크리에이티브 플래닝을 소개하고 홍보할 금전적 인센티브를 지닌다. 크리에이티브 플래닝의 실적 및 상찬에 대해서는 http://getasecondopinion.com/rankings에서 더 자세한 정보를 찾아 볼 수 있다.

• 저자가 단 각주는 해당 단어와 문장 뒤에 '1, 2, 3…'으로, 감수자가 단 주는 '●'로 표기하였으며, 옮긴이가 단 주는 '-옮긴이'로 적어 구분하였다.

01

흔들림 없이
굳건하게

불안정한 세상에서 재정적 자유를 얻는 법

un•shake•able
부동의, 확고한 자신감
진리에 대한 불변의 공약
자존감, 마음의 평화, 폭풍 속에서도 편안한

항상 부유하고 근심 걱정 없이 살 수 있다는 것을 확신하고 있다는 것은 어떤 기분일까? 경기나 주가, 부동산시장이 어찌되든 평생 재정적으로 안정적인 삶을 살 수 있다고 안심하며 살아가는 기분이란 어떤 걸까? 내 가족은 물론, 따뜻한 손길이 절실한 타인을 돕는 즐거움을 만끽할 수 있을 만큼 풍족하다는 건 어떤 느낌일까?

우리는 모두 그런 마음의 평화와 안정을 원한다. 독립적이고도 자유로운 삶을 꿈꾼다. 요컨대 우리 모두는 굳건하고 흔들림 없는 부동의 상태가 되기를 원한다.

그렇다면 그러한 부동의 상태란 무엇인가?

단순히 재정적인 안정만을 의미하는 것이 아니다. 그것은 일종의 심리 상태다. 진정한 부동의 상태에 다다른다면 거센 폭풍우 속에서도 동요하지 않고 확신과 자신감을 유지할 수 있다.

부동의 상태에 있다는 건 어떤 일에도 영향을 받지 않는다는 뜻이 아니다. 누구나 잠시 휘거나 구부러질 수는 있다. 다만 그 상태가 오래 가지 않는다는 얘기다. 그 무엇도 당신을 오랫 동안 뒤흔들 수는 없다. 두려움에 잠식되지도 않는다. 잠시 균형을 잃는다 해도 재빨리 털고 일어나 마음의 평온을 되찾는다. 다른 사람들이 불안과 공포에 휩싸일 때에도 당신만은 침착하게 마음을 추스르고 혼란스러운 상황을 최대로 이용한다. 이런 강인한 정신력은 당신을 '추종자'가 아니라 '리더'로 성장시킬 것이다. 체스의 '말'이 아니라 '플레이어'로 만들어줄 것이다. 당신은 입만 살아 있는 사람이 아니라 '행동하는' 사람이 될 것이다.

하지만 요즘 같은 혼돈의 시대에 어떻게 이런 부동의 상태에 다다를 수 있을까? 그저 헛된 몽상에 불과한 건 아닐까?

세계 경제를 유린했던 2008년 금융위기를 기억하는가? 세상이 무너질 것처럼 덮쳐온 절망과 두려움, 불안감이 기억나는가? 증시가 붕괴되면서 당신의 401(k)*도 반 토막이 났을 것이다. 부동산시장이 무

• 미국의 퇴직연금제도를 통칭하는 말. 1981년 도입된 제도로, 미국 근로자 퇴직소득보장법 401조 K항에 규정되어 있기 때문에 401(k)라 붙여졌다. 보통은 근로자 연봉의 12분의 1 이상을 주식, 채권, 보험 상품 등에 적립하는데, 401(k)의 경우 근로자 본인이 투자 결과에 책임을 지는 확정기여형(DC)이 주를 이룬다.

너져 당신의 집값도, 당신이 사랑하는 이들의 집값도 추락했다. 대형 은행들은 장난감 병정처럼 우수수 쓰러졌고 수백만 명의 선량하고 성실한 노동자들이 일자리를 잃었다.

이제야 터놓고 말하지만, 나는 당시에 만연했던 공포와 두려움을 절대 잊지 못한다. 사람들이 평생 모은 돈을 잃고, 자기 집에서 쫓겨나고, 아이들을 대학에 보낼 돈이 없어 발을 동동 구르는 모습을 보았다. 내가 자주 가던 이발소의 주인은 사람들이 머리 자르는 데 돈을 쓰지 못해 가게가 망할 지경이라고 말했다. 심지어 억만장자 고객들마저 공황상태로 내게 전화를 걸어왔다. 현금은 발 묶여 있고 신용대출 시장은 동결되어 하룻밤에 전 재산을 잃을까 두려웠기 때문이다. 두려움은 바이러스와도 같아 삽시간에 온 세상에 퍼져 나간다. 그것은 사람들의 삶을 점령하고, 수백만 명을 불안에 전염시킨다.

그런 불안감이 2008년에 끝났더라면 얼마나 좋았을까? 그랬더라면 지금쯤 세상은 다시 평온해졌을 테고, 세계 경제도 제자리를 찾고 다시 활기찬 성장 궤도로 들어섰을 것이다.

그러나 안타깝게도 우리는 '아직도' 그런 정신 나간 세상에 살고 있다. 거의 10년이 지난 지금까지 각국의 중앙은행은 '여전히' 경제성장률을 회생시키기 위한 장대한 전투를 계속하고 있고, 경제 사상 한 번도 본 적 없는 급진적이고 극단적인 정책들을 장기간 시험했다.

내가 너무 과장하는거 아니냐고? 글쎄, 한번 곰곰이 생각해보라. 스위스, 스웨덴, 독일, 덴마크, 일본 같은 선진국들이 '마이너스' 금리를 공표했다. 이게 얼마나 미친 짓인지 아는가?

은행이란 원래 당신이 이자를 받고 은행에 돈을 빌려주면, 은행은 그 돈을 다른 이들에게 빌려주고 돈을 버는 곳이다. 하지만 이제는 피땀 흘려 번 돈을 은행에 빌려주려면 오히려 돈을 '지불해야' 한다. 〈월 스트리트 저널〉이 경제사학자에게 인류가 마이너스 수익을 최초로 올린 적이 언제인지 묻자 그가 뭐라고 대답했는지 아는가? '인류의 경제사상 처음 있는 일'이라고 대답했다.

우리는 그만큼 비정상적인 세상에서 살고 있다. 차용인은 돈을 빌렸다는 이유로 돈을 벌고, 저축을 하는 사람들은 저축을 한 만큼 돈을 내야 한다. 이 거꾸로 된 세상에서 우량 채권처럼 '안전한' 투자는 비웃음이 날만큼 수익이 형편없다. 얼마 전 도요타가 발행한 3년 만기 채의 수익률은 0.001%인데, 그런 수익률이면 원금이 2배로 불어나기까지 6만 9000년이나 걸린다!

세계 경제의 미래에 있어 작금의 현상이 어떤 의미인지 고심하고 있다면, 동지여 환영한다. 전설적인 투자자이자 약 1,000억 달러 자산을 관리하는 하워드 막스Howard Marks는 내게 이렇게 말했다.

"당혹스럽지 않다면 지금 세상이 어떻게 돌아가고 있는지 전혀 모르고 있다는 뜻이지요."

세계 최고의 금융 전문가가 당혹스럽다고 말할 정도면 우리가 얼마나 이상한 시대에 살고 있는지 실감할 것이다. 나는 이를 작년에 뼈저리게 실감했다. 매년 가까운 친구와 고객들을 모아 최고의 금융 전문가로부터 지식과 통찰을 배우는 플래티넘 파트너스Platinum Partners 행사를 개최했을 때였다.

우리는 자수성가한 억만장자 7인의 이야기를 청취한 참이었고, 이번에는 지난 20년간 세계에서 가장 거대한 금융 권력을 갖고 있던 인물의 이야기에 귀를 기울일 차례였다. 나는 캐나다 브리티시컬럼비아주 휘슬러에 위치한 포시즌 호텔 컨퍼런스룸에서 커다란 가죽 윙백 의자에 앉아 있었다. 창밖에는 눈발이 부드럽게 흩날렸고, 내 맞은편에는 다름 아닌 앨런 그린스펀Alan Greenspan이 앉아 있었다.

그렇다. 전前 미국 연방준비제도이사회 의장 말이다. 1987년 로널드 레이건 대통령 시절, 연방준비제도이사회 의장으로 임명된 그는 2006년 은퇴하기까지 '4인'의 대통령을 거쳤다. 작금의 혼란을 잠재우고 미래에 대한 실마리를 제공할 인물로 이보다 더 풍부한 경험을 갖춘 전문가가 있겠는가.

두 시간에 걸친 담화가 끝이 날 무렵, 지난 19년간 온갖 고난 속에서도 미국 경제를 이끌며 모든 것을 보고 듣고 경험한 이에게 마지막 질문을 건넸다.

"앨런, 당신은 90년을 살면서 그동안 세계 경제가 어떤 변화를 거쳤는지 전부 목격하셨지요."

나는 이렇게 운을 뗐다.

"선생님께서 연방준비제도이사회를 여전히 이끌고 계시다면, 지금처럼 시장의 변덕이 극심하고 비상식적인 금융정책이 판치는 시대에 가장 중요한 조치로 무엇을 하시겠습니까?"

그린스펀은 잠시 생각에 잠겼다. 그리곤 몸을 앞으로 기울이며 대답했다.

"사임하겠소!"

불안의 시대,
든든한 발판을 만들라

앨런 그린스펀 같은 재계의 아이콘마저 두 손 두 발을 다 들고 지금 세상이 어떻게 돌아가고 있고 어떤 결과가 도출될지 짐작조차 못 하겠다 말한다면 우리는 어떻게 해야 할 것인가? '그린스펀' 같은 사람조차 모른다면, 나나 당신 같은 사람은 대관절 어떻게 미래를 예측할 수 있겠는가?

답답하고 초초하다고? 오, 나도 이해한다. 하지만 여기 좋은 소식이 하나 있다. 그 대답을 알고 있는 사람은 '거의 없다'는 것이다. 호황에도 불황에도 돈을 버는 비법을 꿰뚫고 있는 사람은 소수의 금융 대가들뿐이다. 나는 지난 수년간 이런 투자 게임의 귀재들을 만났고, 그들로부터 들은 대답과 통찰, 그리고 비결을 여기 함께 나눌 것이다. 그리하여 이 책을 읽는 이들도 오늘날처럼 불안정한 시대에 승리를 거두는 법을 알게 될 것이다.

무엇보다 내가 이 금융 대가들로부터 배운 가장 훌륭한 교훈 중 하나는 '게임에서 승리하기 위해서 반드시 미래를 예측할 필요는 없다.'는 것이다. 머릿속 깊이 항상 이 사실을 새겨 두어라. 무엇보다 가장 중요한 교훈이니까. 강조가 무의미할 정도로 중요하다.

당신이 해야 할 일은 '통제'할 수 있는 일에 집중하는 것이다. 우리는 경제의 향방을 좌우할 수도 없고 시장의 흥망을 제어할 수도 없다. 하지만 상관없다. 투자 게임의 승자는 미래를 원하는 대로 통제할 수 없다는 것을 '알고' 있으며, 자신의 예측이 종종 틀린다는 것도 안다.

예측하고 통제하기엔 세상은 너무 복잡하고 너무 빨리 변화한다. 그러나 그들은 자신이 '통제할 수 있는 것'에 초점을 맞춤으로써 경제 또는 금융 시장에 어떤 일이 일어나든 성공하고 승리한다. 그런 그들의 식견과 혜안을 모범으로 삼는다면 당신 역시 성공을 거둘 수 있다.

통제할 수 있는 것을 통제하라. 이것이 바로 핵심 비결이다. 이 책이 그것을 해내는 방법을 일러줄 것이다. 무엇보다도, 투자 게임에 요긴한 도구를 제공하는 전략 계획을 손에 넣게 해줄 것이다.

그저 머릿속으로만 바라거나, 스스로를 속이거나, 긍정적인 사고만으로 만족하거나, 이른바 '드림보드'에 끝내주는 외제차 사진을 붙이는 것만으로는 진정으로 굳건하고 흔들림 없는 부동의 상태에 도달할 수 '없다'. 믿는 것만으로는 충분하지 않다. 참되고 지속적인 번영을 누리기 위해서는 통찰력과 필수적인 도구, 기술과 전문지식, 그리고 '구체적인 전략'이 필요하다. 당신은 투자 게임의 규칙을 배우고, 게임에 참가한 다른 플레이어들을 알고, 그들의 목적은 무엇이며 당신의 약점은 무엇인지, 그리고 어떻게 해야 이길 수 있을지 배워야 한다. 지식이 당신을 자유롭게 하리라.

이 책의 가장 큰 목적은 필수적인 지식을 제공하는 것이다. 경제적 성공을 위한 이 유용한 실천서를 활용한다면 다시는 불안과 두려움에 떨지 않고 진정한 마음의 평화를 누릴 수 있을 것이다.

많은 사람들이 시험 삼아 투자를 건드려보다가 결국 어마어마한 비용을 치르고 나가떨어진다. 그들이 투자를 가볍게 여기기 때문이 아니다. 일상생활 속에서 이미 엄청난 긴장과 스트레스에 짓눌려 있기 때문이다. 투자에 대한 전문 지식이 부족한 까닭에 무섭고, 어렵고,

항상 어리둥절한 상태다. 잘 알지도 못하는 데다 자신이 성공할 수 있을 리가 없다고 미리 짐작하는 것에 누가 정성을 쏟겠는가! 사람들은 재정적 결정을 내려야 할 때 대개 두려움에 의해 행동하고, 그런 상태에서 나온 결정은 잘못되기 쉽다.

하지만 내가 당신을 이끌고 도와주겠다. 지금부터 이 책을 보며 함께 계획을 세우면 '원하는 곳'에 도달할 수 있다. 경제적 안정을 얻기엔 너무 늦었다고 걱정하는 베이비부머 세대(제2차 세계대전 이후 1946~1965년에 태어난 사람들—옮긴이)건, '벌써 빚이 너무 많아. 난 평생 빈곤에서 벗어나지 못할 거야.'라고 생각하는 밀레니얼 세대건, 아니면 다음 세대를 위한 유산을 구축하고자 하는 노련한 투자자건, 당신이 누구고 삶의 어느 단계에 있든 간에 걱정하지 마라. '길'이 있음을 내가 보여줄 테니까 말이다.

이 책이 열어주는 길을 따를 결심이 섰는가? 약속컨대 나는 당신에게 필요한 지식과 수단을 알려줄 것이다. 일단 지식을 흡수하고 계획을 세우고 나면 1년에 한두 시간의 투자만으로도 목표를 달성할 수 있다. 투자는 열렬한 헌신과 집중이 필요한 분야다. 그러나 이 책에 담긴 지혜를 이해하고 활용하면 상상을 초월하는 보상을 얻을 수 있다. 금융계를 지배하는 규칙에 통달하고 나면 강력한 힘과 자신감을 느낄 것이며, 관련 지식을 알고 '익히면' 진정한 이해에 기반한 현명한 재정적 결정을 내릴 수 있다.

결정이야말로 궁극적인 힘이다. 결정은 곧 운명과 같다. 이 책을 읽은 후에 당신이 내리는 결정들은 대부분의 사람들이 꿈꾸는 새로운 단계의 내적 평화와 충만함, 안락함, 그리고 경제적 자유를 가져다줄 것이다. 지금은 허황된 소리처럼 들릴지 몰라도 조금만 기다려보라. 전혀 과장이 아님을 알게 될 테니까.

금융계의 대가들

나는 사람들이 꿈꾸는 삶을 실현하도록 돕는 데 평생을 바쳐왔다. 나는 고통스러운 삶에서 벗어나는 법을 알려주는 것에 큰 기쁨을 느낀다. 왜냐하면 그게 어떤 느낌인지 너무나도 잘 알고 있기 때문이다.

나는 찢어지게 가난한 집에서 자랐고, 네 명의 아버지를 거쳤으며, 어머니는 알코올중독자였다. 다음 날 끼니를 때울 수 있을지 없을지도 모른 채 주린 배를 붙들고 잠드는 게 일상이었다. 너무 가난해서 헌옷 가게에서 25센트짜리 티셔츠를 사 입어야 했고, 고등학교 때는 발목이 10센티미터는 드러나는 짧고 낡은 청바지를 입고 다녔다. 생계를 위해 밤마다 은행 두 곳에서 청소부로 일한 다음, 버스를 타고 귀가했다가 네다섯 시간쯤 눈을 붙이고 다시 물먹은 솜처럼 무거운 몸을 끌고 등교했다.

현재의 나는 경제적으로 크게 성공한 사람이다. 하지만 고백컨대 미래에 대한 끊임없는 불안감 속에서 산다는 것이 어떤 느낌인지 결코 잊지 못한다. 과거의 나는 주변 상황에 짓눌려 늘 불안 속에서 벌벌 떨었다. 그래서 2008~2009년에 경제위기로 타격을 입은 사람들을 봤을 때 도저히 모른 척할 수가 없었다.

가장 참을 수 없던 것은 그런 경제 대혼란이 상당 부분 소수에 불과한 월스트리트 악당들의 무분별한 행동에서 기인됐다는 사실이다. 그러나 힘과 권력을 지닌 자들은 그런 짓을 저지르고도 아무 대가도 치르지 않았다. 감옥에 간 사람도 없었다.* 애초에 경제를 취약하게 만든 원인인 시스템적인 문제를 해결하려 한 사람도 없었다. 가장 큰 타격을 입은 평범한 이들을 걱정하거나 돌보는 이들도 없었다. 나는 평범한 사람들이 매일같이 이용당하고 유린당하는 것을 목격하고는 가만히 참을 수가 없었다.

나는 사람들이 재정적 삶을 제대로 되찾을 수 있도록, 그래서 다시는 잘 알지도 못하는 게임에 휩쓸려 희생양이 되지 않도록 돕기로 마음먹었다. 내게는 아주 커다란 이점이 있었다. 재계의 수많은 거인들과 개인적 친분이 있다는 점이었다. 내가 역사상 가장 위대한 금융트레이더 중 한 명인 폴 튜더 존스Paul Tudor Jones를 코칭한 경험이 있다는 사실이 중요한 장점으로 작용했다. 훌륭한 독지가이자 뛰어난 사고가이며 소중한 친구이기도 한 폴은 내게 새로운 문을 여럿 열어주었다.

지난 7년간 나는 50명이 넘는 금융 대가들과 만나 이야기를 나눴다. 어쩌면 당신은 그들의 이름을 들어도 아무 느낌도 없을지 모른다. 그러나 금융계에서 이들은 로버트 드 니로, 제이 지Jay Z, 비욘세, 르브론 제임스ReBron James와 맞먹는 슈퍼스타들이다!

---

* 2008년 말 세계 금융위기와 관련해 공식적으로 형사처벌을 받은 월스트리트 임원은 단 한 명뿐이었다. 나아가 당시 전격 파산하며 위기의 시작이 됐던 리먼브라더스의 리처드 풀드 회장은 약 2,200만 달러의 퇴직 보상금을 챙긴 것으로 알려졌다.

내게 통찰과 혜안을 나눠준 금융계의 전설들 중에는 역사상 가장 성공한 헤지펀드매니저인 레이 달리오Ray Dalio와 뱅가드 그룹의 창립자이자 인덱스펀드의 선구자인 존 보글John Bogle, JP모건JPMorgan Chase&Co에서 2조 4,000만 달러의 자산을 관리하는 메리 캘러핸 어도스Mary Callahan Erdoes, 억만장자 석유 사업가 분 피컨스T. Boone Pickens, 미국 최고의 행동주의 투자자 칼 아이컨Carl Icahn, 예일대학교를 세계 최고의 부유한 대학으로 만든 마법의 손 데이비드 스웬슨David Swensen, 2010년에 혼자 49억 달러의 수익을 올린 헤지펀드매니저 존 폴슨John Paulson, 그리고 역사상 가장 유명한 투자가인 워런 버핏도 포함되어 있다.

위에서 열거한 이름들을 모른다고 해도 걱정하지 마라. 금융계에서 일하지 않는 이상, 좋아하는 축구팀이나 온라인 쇼핑몰 베스트셀러 리스트가 더 친숙한 게 당연하니까 말이다. 그렇지만 그런 당신마저도 이런 금융계의 거인들에 대해서는 알고 싶을 것이다. 왜냐하면 이들은 문자 그대로 '당신의 인생을 바꿀 수 있는' 사람들이기 때문이다.

내 연구 및 조사 결과는 900쪽에 달하는 두꺼운 책《머니: 부의 거인들이 밝히는 7단계 비밀》로 새로이 탄생했고, 감격스럽게도 순식간에 〈뉴욕타임스〉 비즈니스 분야 베스트셀러 1위에 등극했다. 2014년에 처음 출간된 이래 이 책은 100만 부 이상 판매되었다. 더불어《머니》는 금융계의 거인들로부터 보기 드문 찬사를 들었다. 섣불리 칭찬을 하지 않는 칼 아이컨마저도 이렇게 평했다.

"어떤 투자자건 이 책에서 재미와 지식 두 가지를 모두 얻을 수 있을 것이다."

존 보글은 이렇게 썼다.

"이 책은 새로운 깨달음을 주고, 머니 게임에 통달하는 법을 알려준다. 나아가 장기적으로 경제적 자유를 안겨줄 것이다."

스티븐 포브스는 이렇게 평가했다.

"경제 투자서 부문에 퓰리처상이 있다면 틀림없이 이 책이 수상할 것이다."

그들이 내 문학적 역량을 높이 샀다고 생각하고 싶지만, 실제로 《머니》의 성공은 몇 시간 동안 나와 마주앉아 지식과 통찰을 나눠준 금융계의 거인들이 이룩한 것이다. 그들이 들려준 이야기를 분석해 실생활에 적용한다면 평생 쓰고도 남을 어마어마한 경제적 보상을 얻게 될 것이다.

그렇다면 나는 왜 또다시 재정 목표를 달성하는 방법에 관한 책을 쓰기로 마음먹었을까? 책을 집필한다는 괴로움을 겪을 필요 없이 훨씬 편하고 즐겁게 시간을 보낼 방법은 무수히 많은데 말이다. 나는 이 책을 통해 독자들에게 무엇이든 할 수 있는 힘과 능력을 부여하는 한편, 경제적 안정이 절실한 처지에 있는 수백 만 명의 변화를 이끌고 싶었다.

나는 《머니》로 얻은 수익을 전부 기부했다. 이 책 《흔들리지 않는 돈의 법칙》을 통해 얻은 수익 또한 배고픈 이들을 돕는 최고의 구호 단체인 피딩 아메리카에 전액 기부하여 굶주린 이들에게 끼니를 제공할 것이다. 이미 지난 2년간 《머니》와 내 개인적인 기부금을 이용해 빈곤 가정에 2억 5,000만 끼니를 제공했다. 내 목표는 앞으로 8년 내에 총 10억 끼니를 기부하는 것이다. 이 책을 구입한 당신 역시 이 거룩한 대의에 참여하는 것이기에 이 자리를 빌려 독자 여러분에게 감사하는 바이다. 친구와 가족들에게도 이 책을 적극 추천해준다면 더욱 고맙겠다.

앞에서 말한 사명 외에도《흔들리지 않는 돈의 법칙》을 집필한 데는 세 가지 이유가 있다. 가장 먼저 나는 며칠, 아니 주말만 투자해도 쉽게 읽을 수 있는 이 얇은 책을 통해 되도록 많은 이들에게 닿고 싶었다. 더 상세하고 구체적인 조언을 듣고 싶다면《머니》를 읽어보길 권하지만 그 크고 두꺼운 책에 손을 대기가 꺼려진다고 해도 충분히 이해한다.《흔들리지 않는 돈의 법칙》은 당신의 재정적 삶을 바꾸는 데 필요한 필수적 정보와 전략의 핵심을 빠짐없이 담고 있기 때문에 이 책으로도 충분하다.

책이 짧고 쉽다면 독자들이 내용을 꼼꼼히 읽고 숙지할 가능성뿐 아니라 그에 따라 '행동'할 가능성도 커진다. 아는 것이 힘이라고들 말한다. 엄밀히 말하자면 아는 것은 '잠재적 힘'일 뿐이다. 행동으로 옮기지 않는다면 아는 것만으로는 아무 쓸모가 없다. 따라서 이 책은 읽은 즉시 실천할 수 있는 유용한 행동 계획을 제공한다. 행동은 언제나 지식을 능가하기 때문이다.

이 책을 쓴 두 번째 이유는 요즈음 겁에 질린 사람들을 너무 많이 봤기 때문이다. 두려움에 가득 차 있는데 돈에 관련해서 현명하고 합리적인 의사 결정을 내릴 수 있을까? 머리로는 무엇을 해야 할지 '알아도' 두려움에 사로잡혀 있으면 행동으로 옮길 수가 없다. 나는 당신이 두려움에 압도돼 잘못된 행동을 할까 걱정스럽다. 쓸데없이 스스로를 상처 입히고 가정을 붕괴시킬까 봐 우려스럽다. 이 책은 그런 두려움에서 벗어날 수 있게 체계적으로 설명하고 도와줄 것이다.

이보게,
지금 밖은 매우 춥다네

내가 이 책을 쓰는 지금, 증시는 7년 반 동안 상승세를 지속하는 중이고 이는 미국 역사상 두 번째로 긴 강세장이다.*
사람들 사이에는 머지않아 시장이 추락하리라는 예측이 파다하다. 올라간 것은 언젠가 내려오기 마련이기 때문이다. 그렇다. 겨울이 오고 있다. 어쩌면 당신이 이 책을 읽고 있을 즈음이면 벌써 시장이 휘청이고 있을지도 모른다. 그러나 다음 장에서 자세히 논하겠지만, 주식시장의 향방을 꾸준하고 정확하게 예측할 수 있는 사람은 '아무도', 다시 한 번 강조하지만 '아무도' 없다. TV에 나와 유창하게 떠드는 자칭 전문가들도, 말쑥한 정장을 차려입은 월스트리트 경제학자들도, 만병통치약을 파는 장사꾼들도 그건 불가능하다.

우리는 모두 겨울이 오고 있다는 것을 안다. 주가가 언젠가는 하락하리라는 것도 안다. 그러나 우리 중 누구도 '언제' 겨울이 올지, 그리고 겨울이 얼마나 '혹독할' 것인지는 알지 못한다. 그렇다면 우리가 할 수 있는 일이 아무것도 없다는 뜻인가? 그럴 리가.

《흔들리지 않는 돈의 법칙》은 투자의 대가들이 어떻게 미래를 준비하고 겨울을 '예측'하여(겨울이 온 후에야 반응하는 것이 아니라) 수익

• 2009년 3월 6일 6,469포인트였던 다우지수는 2018년 1월 26일 2만 6,616포인트까지 상승했다. 8년여 동안 311% 넘는 수익률을 기록한 것이다. 연평균 수익률이 40%대에 달하는 대세상승장이었다.

을 올리는지 보여준다. 그리고 그 결과, 준비되지 않은 이들에게는 치명적일 수 있는 일들이 일어나도 당신은 돈을 벌 수 있게 될 것이다. 매서운 눈보라가 닥쳐왔을 때, 당신은 추운 바깥에서 벌벌 떨고 있고 있을 것인가, 아니면 따뜻한 난롯가에서 담요를 두르고 마시멜로를 구워 먹을 것인가?

미래에 대비하면 어떤 보상을 얻을 수 있을까? 2016년 1월, 주가가 폭락했다. 고작 며칠 만에 2조 3,000억 달러가 증발했다. 투자자들이 맞은 역사상 최악의 신년이었다. 세계는 공포에 질렸고 드디어 '대재앙'이 닥쳤다고 울부짖었다. 그러나 세계 최고의 헤지펀드매니저인 레이 달리오는《머니》를 통해서 그야말로 가치를 매길 수 없는 굉장한 일을 해준 적이 있다. '좋을 때든 나쁠 때든' 성공할 수 있는 독특한 투자 포트폴리오에 대해 말해준 것이다.

증시가 한창 하락하던 때, 레이는 매년 스위스에서 개최되는 세계 경제회담인 다보스포럼에 참석하고 있었다. 그는 TV에 나와 눈 덮인 풍경을 배경으로 지금처럼 두렵고 혼란스러운 상황에서 어떻게 살아남을 수 있는지 설명했다. 그가 뭐라고 했을 것 같은가? 내 책《머니》를 읽으라고 말했다.

"토니 로빈스는 어떤 상황에서도 끄떡없는 전천후 포트폴리오all-weather portfolio에 대해 보통 사람의 눈높이에서 설명합니다. 큰 도움이 될 겁니다."

그래서 당신이 레이의 조언에 따라 내 책을 읽고 전천후 포트폴리오를 구축했다면 어떻게 됐을까? 2016년의 첫 며칠 사이 S&P500 주가지수(미국 500대 기업의 목록으로, 특정 시장을 추적하는 전 세계 수많은 지수 중 하나)가 10% 하락했을 때, 당신은 조금이나마 '수익'을 올렸을 것이다(비록 1% 미만이라도 말이다). 전천후 포트폴리오는 만능도 아니고 한몫을 크게 잡기 위한 것도 아니다. 그저 주식 비율이 높은 포트폴리오의 변덕을 무서워하는 사람들에게 보다 안전하고 순탄한 길(그리고 더 높은 수익률로 이어질 수 있는)을 제시하는 것뿐이다.

그러나 무엇보다 놀라운 점은 이처럼 어떤 계절에도 적응할 수 있는 포트폴리오가 과거 75년 중 85%에 달하는 기간 동안 수익을 올렸다는 사실이다. 그것이 바로 올바른 전략의 힘이다. 최고 중의 최고로부터 직접 전수받은 전략의 힘이다.

상어를 피하라

내가 이 책을 쓴 세 번째 이유는, 상어에게 잡아먹히지 않고 도망칠 방법을 알려주기 위해서다. 뒤에서 다시 이야기하겠지만 재정적 성공의 가장 큰 장애물 중 하나는 바로 '신뢰할 만한 사람'을 식별하기 어렵다는 점이다.

금융계에는 착하고 친절한 사람들이 많다. 어머니의 생일을 잊지 않고 챙기는 사람, 동물을 사랑하는 사람, 멀끔하고 깔끔해 보이는 사람들도 있다. 그러나 그들이 항상 '당신'의 이익을 최우선으로 생각하는 것은 아니다. 당신이 '객관적인 조언'을 얻고 있다고 여기는 대부분의 사람들은 사실 브로커, 즉 중개인이다. 그들 자신은 다른 호칭으로 불리는 걸 선호하겠지만 말이다.

그들은 상품을 판매하는 대가로 두둑한 수수료를 받는다. 주식, 채권, 뮤추얼펀드, 퇴직계좌, 보험, 어튼 카리브해로 휴가 갈 비용을 벌어줄 상품이라면 뭐든 상관없다. 그리고 곧 알게 되겠지만, 그런 재무상담사 중에서 고객의 이익을 최우선으로 여겨야 할 '법적 의무'를 지닌 이는 소수에 불과하다.

내가 《머니》를 출판한 뒤에 사람들이 월스트리트에 얼마나 쉽게 속을 수 있는지 다시 한 번 깨닫게 된 계기가 있었다. 내가 존경해 마지않는 공인재무설계사이자 변호사인 피터 멀록Peter Mallouk이 '매우 중요한 정보'에 대해 논하고 싶다며 만나자고 연락을 해온 것이다. 투자 전문지인 〈배런스Barron's〉는 피터가 운영하는 크리에이티브 플래닝을 2013년에서 2015년까지 3년 연속 미국 제일의 독립투자자문업체로 선정했고, 〈포브스〉는 과거 10년간의 성장률을 바탕으로 크리에이티브 플래닝을 2016년 투자자문업체 1위로 선정했다. CNBC 역시 2014년과 2015년에 크리에이티브 플래닝을 미국 자산관리기업 중 1위로 꼽은 바 있다. 나는 경험상 피터처럼 명성 높은 전문가가 먼저 연락을 취해온다는 것은 진짜 중요한 것을 배울 기회를 의미한다는 것을 잘 알고 있었다.

피터는 당시에 LA에서 '네 안에 잠든 힘을 깨워라Unleash the Power Within' 행사를 진행 중이던 나를 만나기 위해 캔자스주에서부터 날아왔다. 정직한 사람이라고 자찬하는 일부 '재무상담사'들이 실은 법의 회색지대를 이용해 사익을 챙기는 상품들을 판매하고 있다는 그의 폭로는 내게 거대한 폭탄이나 다름없었다. 그들은 자신이 고객의 이익을 최우선으로 여길 법적 의무를 지닌 자산관리 수임자fiduciary라고 주장하지만, 실제로는 정체를 숨기고 금전적 이득을 챙기는 파렴치한 세일즈맨일 뿐이다.《흔들리지 않는 돈의 법칙》은 이런 어린 양의 탈을 쓴 늑대로부터 자산을 보호하는 데 필요한 정보를 일러줄 것이다. 그에 못지않게 중요한 것은 우리가 정직하고 이해관계의 충돌이 없으며 진심으로 고객의 이익을 위해 일하는 재무상담사를 구분할 기준과 방법을 알려줄 것이라는 점이다.

그날의 만남은 피터와 내가 탄탄한 우정을 쌓는 계기가 되었고, 결국 그는 이 책의 일부를 집필, 공저자로 참여하게 되었다. 이 여정을 함께함에 있어 그보다 더 박식하고 정직하고 솔직한 안내인은 없을 것이다. 피터는 정말 가감 없이 사실만을 말하는 인물일 뿐만 아니라, 금융계의 진짜 비밀을 알고 있다.

220억 달러의 자산을 관리하는 피터의 크리에이티브 플래닝은 참으로 독특한 곳이다. 많은 억만장자들이 투자와 보험, 세금부터 상속과 증여에 이르기까지 모든 분야에 전문적 조언을 듣기 위해 이른바 '패밀리 오피스family office'를 운영한다면, 피터는 최소 50만 달러의 자산을 보유한 고객들에게도 동등한 수준의 종합적 자문을 제공한다. 평범한 의사, 치과의사, 변호사, 자영업자들에게 말이다. 피터는 그들이야말로 미국 경제의 심장이며, 억만장자들만큼이나 중요한 관심과 보살핌을 받을 자격이 있다고 믿는다.

나는 '모두를 위한 패밀리 오피스'라는 피터의 목표에 깊은 감명을 받은 나머지, 크리에이티브 플래닝 이사회에 직접 참여하여 투자자심리위원회 의장을 맡았다. 그리곤 피터에게 투자에 처음 발을 들여놓은 사람들, 즉 총 자산이 10만 달러 정도인 고객들에게도 같은 서비스를 제공하는 부서를 신설할 계획은 없는지 상당히 급진적인 아이디어를 제시했다. 되도록 많은 사람을 돕고 싶어 하던 피터는 조금도 망설이지 않았다. 피터의 크리에이티브 플래닝은 당신의 재무 상태와 목표를 점검하고, 나아가 알맞은 맞춤형 재무계획을 무료로 제공한다. 어떤 이들은 혼자서 재무계획을 세우는 편을 선호할지도 모르겠다. 하지만 미국 내 최고의 자산관리회사로부터 조언을 듣는 것도 나쁘지 않다고 생각한다면 웹사이트 getasecondopinion.com에 들러보라.

우리가 나아갈 길

재정적 자유로 가는 여정을 본격적으로 시작하기에 앞서, 지금부터 어떤 길을 걷게 될지 간단한 지도를 살펴보자. 그래야 이 책이 당신에게 어떤 도움이 될지 대략 짐작할 수 있으니 말이다. 《흔들리지 않는 돈의 법칙》은 3부로 구성되어 있다.

1부는 부와 경제적 성공을 위한 흔들리지 않는 돈의 법칙을 다뤘다. '게임의 법칙을 모르면 이길 수가 없다.' 많은 사람들이 투자를 꺼리는 이유 중 하나가 투자를 너무 어렵게 느끼기 때문이다.

금융계는 골치가 아플 정도로 복잡하다. 오늘날 주식시장에는 4만 종 이상의 주식이 있고, 그중 3,700종이 미국 증권거래소에서 거래된다. 2015년 말에는 미국에만 9,500개의 뮤추얼펀드가 존재했다. 다시 말해 주식보다 펀드의 종류가 더 많다는 얘기다! 이게 얼마나 말도 안 되는 소리인지 아는가? 여기에 1,600개의 상장지수펀드exchangetraded funds, ETF까지 더하면 머리가 핑핑 돌아갈 지경이다. 아이스크림을 먹으러 갔는데 5만 개나 되는 맛 중에 골라야 한다고 상상해보라!

그러므로 우리에게는 확고한 규칙이 필요하다. 그래야 어지러운 혼돈 속에 질서를 유지할 수 있기 때문이다. 3장에서 알게 되겠지만 우리에게 가장 중요한 규칙은 아주 단순하다. '수수료는 중요하다.'

뮤추얼펀드의 대다수는 적극적으로 운용·관리되는 액티브 펀드를 취급하고 있고, 이는 다시 말해 최적의 시기에 최적의 투자를 하고자 하는 사람들에 의해 운용되고 있음을 뜻한다. 그들의 목표는 '시장을 능가'하는 것이다. 이를테면 그들은 S&P500 같은 시장 벤치마크(지수)로 사용되는 주식 꾸러미보다 더 높은 수익을 내길 원한다.* 여기서 가장 큰 차이점은 적극 운용되는 뮤추얼펀드 회사들이 상당한 서비스 수수료를 부과한다는 것이다. 어찌 보면 이는 당연한 권리인 것도 같다.

하지만 문제는 대부분의 펀드가 높은 수수료를 부과하는 일에는 탁월한 반면, 성공적인 투자주식을 선택하는 데 있어서는 실력이 형편없다는 데 있다. 한 연구 결과에 의하면 뮤추얼펀드의 96%가 지난

---

* 뮤추얼펀드는 투자를 목적으로 설립된 회사로, 주식을 발행해 투자자를 모집하고 투자자금을 전문 운용사에 맡겨 주식, 채권, 선물옵션 등에 투자한 뒤 투자자에게 배당금 형태로 이익을 돌려주는 투자다. 뮤추얼펀드는 독립된 회사로 구분, 투명성이 높지만 운용비용이 많이 든다. 액티브펀드active fund는 펀드 투자 형태로 주식시장 변동을 뛰어넘는 성과를 내기 위해 펀드매니저가 투자자금을 적극적이고 공격적으로 선별해 운용하는 펀드를 말한다. 펀드매니저가 적극 개입해 투자를 주도하므로, 판매수수료와 보수, 거래비용이 높고 운용사나 펀드매니저의 역량에 따라 성과 차이가 크다. 액티브펀드와 대치되는 개념으로 소극적으로 운용하는 패시브펀드passive fund가 있다. 주로 인덱스펀드index fund라고 불리며 시장의 주가지표 변동을 동일하게 따른다. 펀드매니저의 판단보다 시장 흐름을 따르므로 운용비용이 매우 낮은 수준이다.

> ### 헤지펀드 vs 뮤추얼펀드 vs 인덱스펀드
>
> 잘 모르는 사람들을 위해 설명하자면, 헤지펀드는 고액자산가만이 참가할 수 있는 폐쇄형 펀드다. 헤지펀드매니저는 독자적 판단에 따라 시장의 상승이나 하락 어느 쪽에든 돈을 걸 수 있는 고도의 융통성을 지니며, 상당한 운용수료(대개 2%)와 투자수익(대개 수익의 20%)을 가져간다. 한편 뮤추얼펀드는 누구나 참가할 수 있는 공모 펀드다. 대부분의 경우 주식이나 채권, 또는 다른 자산 포트폴리오를 적극적으로 active 운용하며 '시장'을 능가하기 위해 보유주를 지속적으로 거래한다. 인덱스펀드도 공모 펀드지만 '적극적인' 펀드매니저는 필요하지 않다. 인덱스펀드는 시장지수의 모든 주식을 보유한다.(예를 들면 S&P500의 500종 주식을 모두 산다.)

15년간 시장수익을 능가하는 데 실패했다.[1] 이는 즉 투자자들이 낮은 수익률에 대해 과다한 수수료를 지불하고 있다는 얘기다. 그래서야 페라리 가격을 주고 낡은 진흙투성이 트랙터를 사들고 돌아온 것과 뭐가 다른가. 최악은 그런 수수료가 시간이 지날수록 기하급수적으로 불어난다는 것이다. 만일 1년에 1%를 초과 지출하고 있다면 총 10년 어치의 은퇴 소득을 날리게 된다.[2] 따라서 이 책에서 저실적 고수수료

---

1 리서치 애필레이트Research Affiliates의 창립자이자 이 부문 최고의 권위자인 로버트 아노트Robert Arnott가 1억 달러 이하 액티브 뮤추얼펀드 203개의 15년간 실적을 연구했다.
2 10만 달러 원금과 30년의 투자 기간, 그리고 수익률 8%라는 동등한 조건 하에서 수수료만 각각 1%와 2%로 다른 두 명의 투자자를 비교해 얻은 수치다. 은퇴 후 동일 금액을 수령한다고 할 때, 2%의 수수료를 지불한 투자자는 노후자금이 10년 일찍 바닥난다.

펀드를 피하는 방법을 배운다면 최대 20년에 달하는 노후자금을 더 저축할 수 있을 것이다.

1부에서 배운 것만으로도 당신의 미래가 바뀔 것이다. 하지만 거기서 끝이 아니다. 이미 말했지만 우리는 당신의 재무건전성에 타격을 주고 자기 잇속만 차리는 '조언'을 제공하는 세일즈맨을 피하는 방법을 알려주고, 나아가 고객과 이해가 상충하지 않는 전문 투자상담사를 선택하는 방법에 대해서도 알려줄 것이다. 옛말에 '경험을 가진 사람과 돈을 가진 사람을 만나면, 경험이 있는 사람은 돈을 얻게 되고 돈이 있는 사람은 경험을 쌓게 된다.'고 했다. 우리는 당신이 다시는 이 게임에서 지지 않을 방법을 알려줄 것이다.

이 책의 2부는 견고한 투자 실천서다. 2부에서는 행동 계획을 '즉시' 실천하려면 정확히 무엇을 해야 하는지부터 가르친다. 여기서 당신이 배울 가장 중요한 투자 지침은 '4대 핵심 원칙'으로, 세계 최고의 투자자 50명과의 인터뷰에서 도출한 단순하고도 매우 효과적인 원칙이다. 그들 모두는 각자 여러 가지 방식으로 부를 쌓았지만 투자 결정에 있어서만큼은 공통적인 기본 원칙을 실행하고 있다. 나 역시 재정적 부분에 있어 이 4대 핵심 원칙을 활용하고 있는데, 마침내 독자들과 이 지식을 나눌 수 있게 되어 기쁘기 그지없다.

다음으로 배울 것은 '곰을 죽이는' 방법이다. 포트폴리오를 다각화하면 곰 시장bear market, 즉 약세장이 시작되더라도 바구니 속 달걀을 무사히 지킬 수 있다. 뿐만 아니라 당신은 시장의 혼란과 두려움 속에서 새로운 기회를 발견하여 큰 수익을 올리는 법을 배우게 될 것이다. 대부분의 사람들은 투자의 성공 여부가 현명한 '자산배분'에 달려 있다는 사실을 깨닫지 못한다. 주식과 채권, 부동산, 귀금속, 현금 등의 다양한 자산군에 어떤 비율로 투자할 것인지 결정하는 것은 굉장히 중요하다. 좋은 소식을 알려주자면, 당신은 이 중요한 전략을 투자 관리의 귀재인 레이 달리오와 데이비드 스웬슨, 그리고 이 책의 공저자인 피터 멀록에게 배우게 될 것이다.

투자에 대해 약간의 지식이 있는 사람이라면 예전에 한 경제부 기자가 내게 질문한 것과 같은 의문을 갖고 있을지도 모르겠다.

"정말로 인덱스펀드를 사서 갖고 있기만 하면 되나요?"

달리오와 스웬슨, 워런 버핏과 존 보글은 나나 당신 같은 평범한 이들에게 인덱스펀드야말로 가장 현명한 전략이라고 말한다.[3] 무엇보다 인덱스펀드는 시장 성장률과 일치하도록 설계된 도구다. 워런 버핏이나 레이 달리오 같은 슈퍼스타가 아닌 이상, 섣불리 시장을 능가하려고 들기보다는 (대개 실패하기 때문에) 시장 성장만큼의 수익률만 달성할 수 있어도 이득이다. 더구나 인덱스펀드는 수수료가 매우 낮기 때문에 장기적으로 거금을 절약할 수 있다.

그렇게 간단할 수만 있다면 정말 좋겠다. 인간 행동을 한평생 연구한 내가 한 가지 확신하는 게 있다면 대부분의 사람들은 일이 엉망이 되면 진득하게 앉아 있지를 못한다는 것이다. 매수 후 보유 전략 따위

3 　투자전문 웹사이트인 '인베스토피디아Investopedia'에 따르면 '액티브펀드매니저는 분석과 예측, 그리고 독자적인 판단과 경험에 의존해 어떤 주식을 매수하고 보유하고 매도할 것인지 적극적으로 운용·결정한다. 적극적 운용의 반대는 소극적passive 운용이라고 불리며, 흔히 '인덱스펀드'를 들 수 있다.'

는 머릿속에서 금세 증발해버린다. 당신이 워런 버핏이나 존 보글처럼 강철 정신의 소유자라면 더할 나위 없겠지만, 대부분의 사람들이 극심한 스트레스 상황에서 어떻게 행동하는지 알고 싶다면 금융시장 조사 회사인 달바Dalbar의 보고서를 확인해보라.

달바는 '시장' 수익률과 사람들의 '실제' 수익률 사이에 어마어마한 차이가 있음을 밝혀냈다. 이를테면 1985년부터 2015년까지 S&P 500은 연평균 10.28%의 수익률을 올렸다. 다시 말해 투자금이 7년마다 2배로 불어났다는 의미다. 만일 당신이 지난 30년간 S&P500 인덱스펀드를 보유하고 있었다면 복리의 위력에 힘입어 그것만으로도 한몫 톡톡히 잡았을 것이다. 가령 1985년에 5만 달러를 투자했다면 2015년 현재 얼마로 불었을 것 같은가? 94만 1,613.61달러다. 그렇다. 거의 100만 달러다!

그러나 시장이 매년 10.28%의 수익을 올린 반면, 달바의 조사에 따르면 같은 기간 동안 일반투자자의 수익률은 연 3.66%에 불과했다! 이 계산대로라면 투자금이 2배로 늘어나는 데 20년이 걸렸다는 얘기다. 그게 무슨 뜻이냐고? 같은 돈을 투자해도 100만 달러가 아니라 고작 14만 6,966달러밖에 못 벌었다는 의미다.

이런 거대한 격차가 발생하는 이유는 무엇일까? 부분적으로는 3장에서 논할 과다한 운용수수료와 터무니없는 중개수수료, 그리고 다른 숨은 비용 때문이다. 이런 지출은 당신의 수익을 끊임없이 갉아먹는다. 마치 밤마다 당신이 잠든 사이에 찾아와 피를 빨아먹는 뱀파이어처럼 말이다!

다른 범인도 있다. 바로 인간의 본성이다. 알다시피 우리는 감정적인 동물이며, 두려움이나 탐욕 같은 감정의 지배를 받으면 정신 나간 짓을 하는 놀라운 재능을 갖고 있다. 프린스턴 대학의 전설적인 경제학자 버튼 맬킬Burton Malkiel은 내게 이렇게 말했다.

"우리 투자자들은 감정에 사로잡히면 아주 멍청한 짓을 하는 경향이 있습니다. 예를 들어 주식에 투자를 하고서 잘못된 시기에 돈을 빼내는 실수를 하지요."

당신도 주식시장의 상승곡선에 눈이 돌아간 나머지 절대로 잃으면 안 될 돈까지 무모하게 몽땅 투자하는 사람을 본 적이 있을 것이다. 반대로 2008년 시장위기 때 지레 겁을 먹고 가진 주식을 전부 팔아 이듬해 시장이 반등했을 때 한몫 잡을 기회를 놓쳐버린 사람도 알고 있을 것이다.

나는 거의 40년 동안 인간의 심리를 가르쳐왔다. 3부에서는 감정에 휘말려 저지르기 쉬운 돈 실수들을 피하고 행동을 교정하는 법을 알려줄 계획이다. 3부가 중요한 까닭은 '내면의 적을 침묵시키는' 법을 배우지 못한다면 이 책의 승리 전략을 실천할 수가 없기 때문이다.

그런 다음에는 가장 중요한 질문에 답할 것이다. 당신이 '진정으로' 원하는 것은 무엇인가? 어떻게 행복한 삶이라는 궁극적 목표를 성취할 수 있을까? 당신은 정말로 '부'를 원하는 것일까, 아니면 부가 가져올 수 있다고 믿는 '상태'를 추구하는 것일까?

많은 사람들이 돈을 벌면 마침내 안전하고 자유롭고 활기차고 신나고 즐겁고 생동감 있는 삶을 살 수 있다고 믿거나, 아니면 그렇게 될 수 있다고 꿈꾼다. 그러나 사실 그런 완벽하고 아름다운 상태에 몰입하는 것은 '지금 당장'이라도 가능하다. 얼마나 많은 물질적 부를 갖고 있는지는 상관없다. 왜 돈이 손에 들어올 때까지 행복한 삶을 사는 것을 미루려 하는가?

　마지막으로 당신의 재무상담사와 변호사가 활용할 수 있는 유용한 로드맵을 부록으로 준비했다. 네 개의 체크리스트를 활용해 자산을 보호하고, 유산을 구축하고, 미지의 사태로부터 안전하게 지켜라. 뿐만 아니라 덤으로 세금을 절약할 방법도 배울 수 있다!

뱀과 밧줄

　　　우선 다음 장에 대해 간단히 설명하고 넘어가자. 왜 나하면 다음 장이야말로 당신의 재정적 삶을 완전히 바꿀 도구이기 때문이다. 심지어 '2장'만 읽고 이 책을 덮어버리더라도 재정적 삶을 새로이 꾸릴 수 있을 것이다!

　앞에서도 언급했지만, 극심한 불안감이 지배하는 시대다. 글로벌 경제는 아직도 삐그덕대고 있고 중산층 소득은 수십 년이 넘게 정체되어 있다. 첨단 기술들이 너무 많은 분야에 침투하고 있어 미래에 어떤 직업들이 살아남을지도 알 수 없다. 한동안 상승세였던 주식시장은 몇 년 후면 하향세로 돌아설 것이라는 전망이 우세하다. 이런 불확실성은 사람들을 겁에 질리게 만들고, 금융시장에 투자해 재산을 불려 단순한 소비자가 아닌 소유주가 되는 것을 가로막는다.

　다음 장은 그러한 두려움을 중화시킬 해독제가 되어줄 것이다. 앞으로 설명할 7가지 구체적 사실들이 시장의 움직임과 이를 유도하는 경제 상황 및 감정적 패턴을 이해하게 돕는다. 당신은 조정장과 하락장이 신기할 정도로 정기적으로 발생하며 '결코' 지속되지 않는다는 사실을 알게 될 것이다. 뛰어난 투자자들은 시장의 변덕성(급격한 기복)에 항상 대비하고 유리하게 활용한다. 일단 패턴을 이해하고 나면 두려움을 극복하고 행동을 취할 수 있다. 사실을 부정하기 때문이 아니라, 올바른 결정을 내릴 수 있는 충분한 지식과 강력한 정신력을 갖추고 있기 때문이다.

이런 이야기를 들어본 적이 있는지 모르겠다. 한 불교 승려가 밤중에 시골길을 걷다가 길 한복판에 똬리를 틀고 있는 독사 한 마리를 보고는 무서워서 오던 길로 도망쳐버렸다. 다음 날 밝은 대낮에 다시 그곳을 찾아간 그는 똬리를 틀고 있던 뱀이 그저 바닥에 놓인 밧줄 한 가닥이었음을 알게 되었다.

2장은 주식시장에 대한 당신의 불안감이 그만큼 터무니없는 것임을 보여줄 것이다. 당신이 무서워하던 뱀은 실은 밧줄일 뿐이다. 그게 뭐 그리 중요하냐고? 게임에 참가해 오래 버티겠다는 정신적 각오가 없다면 게임에서 이길 수가 없기 때문이다. 뱀이 없다는 사실을 알면 차분하고 침착하게 재정적 자유의 길로 나아갈 수 있다.

자, 준비됐는가? 그럼 시작해보자.[4]

---

4   우리 여행의 속도를 높일 수 있는 몇 가지 방법을 소개한다. 첫 번째로 우리는 영상과 전략 도구, 그리고 재정적 안정과 자유를 달성하려면 얼마나 많은 자산이 필요한지를 알려주는 맞춤계산기가 포함된 모바일앱을 개발했다. 두 번째는 피터 멀록과 내가 출연해 흔들림 없는 투자의 핵심 원칙에 관해 짧은 대화를 나누는 '언셰이커블' 팟캐스트다.

02

겨울이 오고 있다!
그런데 언제 올 것인가

시장 폭락의 공포를 잠재우는 7가지 팩트

"증권투자로 돈을 버는 비결은
그것을 두려워하지 않는 것이다."

• 피터 린치[1] •

힘. 삶에 영향을 미치고 주변 환경을 조성하는 능력. 탁월한 결과를 낳는 연료. 그런 힘은 어디에서 나오는가? 무엇이 사람을 강하게 만드는가? 무엇이 당신의 삶에 힘을 부여하는가?

인류가 사냥과 채집으로 생존하던 시절, 우리에게는 힘이 없었다. 인간은 대자연의 자비에 의존해야 했다. 먹을 것을 구하러 나갔다가 흉포한 육식동물에게 갈가리 찢길 수도 있었고, 혹독한 날씨에 목숨

---

1 피터 린치Peter Lynch, 연 수익 29%를 기록한 피델리티 인베스트먼트Fidelity Investment 펀드 매니저

을 잃을 수도 있었다. 그 위험을 무릅쓴다고 항상 식량을 구할 수 있는 것도 아니었다. 하지만 시간이 지나고 수천수만 년이 흐르면서 우리는 매우 귀중한 기술을 몸에 익혔다. 바로 패턴을 인식하고 '활용하는' 능력이다.

그중에서도 가장 중요한 것은 계절이라는 패턴을 인식한 것이었다. 우리는 '적절한' 시기에 씨를 뿌리고 수확하는 법을 배웠고, 이는 인류에게 풍족한 생활을 안겨주었다. 부락이 형성되고 사회가 구축되고, 결과적으로 도시와 문명이 발전했다. 패턴 인식 능력은 문자 그대로 인류의 역사를 만들었다.

그 과정 중에 우리는 매우 귀중한 교훈을 배웠다. 아무리 바른 일을 해도 시기가 잘못되면 보상을 얻을 수가 '없다.' 겨울에 씨앗을 뿌린다면 아무리 열심히 일해도 헛고생에 불과하다. 살아남아 번성하려면 올바른 시점에 올바른 일을 해야 한다.

패턴 인식 능력은 재정적 성공을 이룰 힘을 부여하는 최상의 기술이다. 일단 금융시장의 패턴을 인식하면 그에 적응하고 활용하여 수익을 얻을 수 있다. 이번 장은 당신에게 이 귀중한 힘을 선사해줄 것이다.

> 대부분의 투자자는 가치를 기하급수적으로 성장시키는 복리의 놀라운 힘을 완전히 활용하지 못하고 있다.
> — 버튼 맬킬Burton Malkiel

핵심으로 들어가기 전에 딱 2분만 시간을 내서 당신도 이미 알고 있을 법한 기본 개념에 대해 먼저 살펴보자. 지속적인 부를 축적하려면 이를 최대로 활용해야 한다.

우리가 반드시 알아야 할 첫 번째 패턴은 모두가 부를 구축할 수 있는 매우 효과적인 방법이 존재한다는 것이다. 워런 버핏이 650억 달러에 이르는 막대한 재산을 모을 수 있었던 것도 바로 이 덕분이다. 그의 비결이 뭐냐고? 버핏의 말에 따르면 아주 단순하다.

"나의 부는 내가 미국에 산다는 것과 운이 좋은 유전자, 그리고 복리가 결합된 결과다."

유전자의 경우에는, 확신할 수는 없어도 어쨌든 당신도 상당히 뛰어날 것이라고 믿는다! 하지만 내가 '확신'하는 것이 있다면 복리야말로 완전한 재정적 자유를 가져다줄 강력한 힘을 지니고 있다는 것이다. 복리가 뭔지 모르는 사람은 없겠지만, 그게 어떻게 도움이 되는지 정확히 아는 것만으로도 얼마나 큰 효과를 거둘 수 있는지 다시 짚어본다고 해가 되지는 않을 것이다. 복리의 힘을 인식하고 활용하는 능력은 과거 우리 조상들이 올바른 시기에 씨앗을 뿌리면 풍성한 곡식을 수확할 수 있다는 사실을 깨달은 것과 맞먹을 정도로 굉장한 위력을 지니고 있다!

먼저 단순하면서도 충격적인 예시를 통해 복리의 놀라움에 대해 알아보자. 조와 밥이라는 두 친구가 있다. 그들은 각각 한 달에 300달러를 투자하기로 결심했는데, 조는 19세에 저축을 시작해 8년 동안 지속하다가 27세에 중단했다. 그가 이제까지 모은 돈은 총 2만 8,800달러다.

그 뒤로 조의 종잣돈은 연 10% 복리(대략 지난 세기의 미국 증시 수익률)로 불어났다. 65세에 퇴직했을 때 조가 얻게 된 돈은 얼마일까? 186만 3,287달러다. 별로 많다고 할 수 없는 2만 8,800달러가 거의 200만 달러로 불어난 것이다. 놀랍지 않은가?

한편 그의 친구 밥은 투자를 조금 늦게 시작했다. 조와 똑같이 매달 300달러를 납입했지만 투자를 시작한 것은 27세 때였다. 그러나 그는 대단히 성실한 사람이었고 65세가 될 때까지 자그마치 39년 동안 매달 300달러를 꼬박꼬박 납입했다. 그의 돈도 연 10% 복리로 불어났고, 그 결과 65세에 은퇴한 밥은 159만 8,733달러를 손에 넣게 되었다.

여기서 잠시 생각해보자. 밥은 총 14만 달러를 투자했다. 조의 투자금인 2만 8,800달러의 거의 5배에 달하는 액수다. 하지만 결과를 보면, 조는 밥보다 27만 3,554달러나 더 많은 수익을 얻었다. 그렇다. 조는 밥보다 더 많은 돈을 벌었다. 27세 이후로는 한 푼도 더 넣지 않았는데 말이다!

조가 이렇게 성공할 수 있었던 이유는 무엇일까? 아주 단순하다. '일찍 시작했기 때문이다.' 시간이 지날수록 복리 이자는 그가 투자한 돈보다도 더 많은 가치를 더해주었고, 조가 53세가 되었을 무렵 복리 이자는 계좌에 매년 6만 달러 이상을 얹어주고 있었다. 60세에는 매년 자그마치 10만 달러 이상씩 증가했다! 수십 년 동안 계좌에 동전 하나도 더 넣지 않았는데 말이다. 밥의 총 수익률은 1,032%지만 조의 총 수익률은 6,370%다.

이번에는 조가 27세에 납입을 중단하지 '않고' 밥처럼 65세가 될 때까지 매달 300달러를 넣었다고 가정해보자. 그럴 경우 65세가 되었을 때 그의 순자산은 345만 3,010달러다! 고작 8년 일찍 시작한 덕분에 186만 달러를 더 버는 것이다.

이것이 바로 복리의 힘이다. 복리는 시간이 흐름에 따라 적은 돈도 '방대한' 재산으로 불려준다.

여기서 진짜 신기한 점이 뭔지 아는가? 대부분의 사람들이 이 복리의 힘을 제대로 활용하지 못한다는 것이다. 거금을 축적할 수 있는 기적이 바로 눈앞에 놓여 있는데 말이다! 대신에 사람들은 돈을 좀 더 '벌면' 부자가 될 수 있다고 믿는다. 충분한 소득을 벌면 경제적으로 자유로워질 수 있다는 믿음은 아주 흔한 착각이다.

실은 절대로 그렇게 간단한 문제가 아니다. 우리는 세상 전부를 소유할 수 있을 만큼 큰돈을 벌고도 어떻게 '투자'할지 몰라서 빈털터리가 된 수많은 영화배우와 가수, 운동선수를 알고 있다. 전성기에 출연료를 편당 1,000만 달러 받던 배우 킴 베이싱어는 결국 파산하고 말았다. 심지어 한때 10억 달러짜리 음반 계약을 맺고 7억 5,000만 장의 판매고를 올린 팝의 황제 마이클 잭슨도 2009년 사망 당시 추정한 전 재산은 3억 달러에 불과했다.

여기서 얻을 수 있는 교훈은 무엇인가? '수입'만으로는 재정적 자유를 얻을 수 '없다.' 부자가 되는 진정한 길은 자산의 일부를 투자하여 오랜 기간 동안 복리로 불리는 데 있다. 그것이 바로 아무것도 하지 않고 부자가 되는 길이다. 돈의 노예가 아니라 돈의 주인이 되는 길, 진정한 재정적 자유를 이룩하는 방법이다.

어쩌면 지금쯤 속으로 이렇게 생각하고 있을지도 모르겠다. "그래서 내가 원하는 목표에 이르려면 수입의 얼마를 따로 떼어 투자해야

월 $300(연 $3,600), 투자 수익률 10%				
나이	조의 투자($)	누적액($)	밥의 투자($)	누적액($)
19	3,600	3,960		
20	3,600	8,316		
21	3,600	13,108		
22	3,600	18,378		
23	3,600	24,176		
24	3,600	30,554		
25	3,600	37,569		
26	3,600	45,286		
27	–	49,815	3,600	3,960
28	–	54,796	3,600	8,316
29	–	60,276	3,600	13,108
30	–	66,303	3,600	18,378
31	–	72,934	3,600	24,176
32	–	80,227	3,600	30,554
33	–	88,250	3,600	37,569
34	–	97,075	3,600	45,286
35	–	106,782	3,600	53,775
36	–	117,461	3,600	63,112
37	–	129,207	3,600	73,383
38	–	142,127	3,600	84,682
39	–	156,340	3,600	97,110
40	–	171,974	3,600	110,781
41	–	189,171	3,600	125,819
42	–	208,088	3,600	142,361
43	–	228,897	3,600	160,557
44	–	251,787	3,600	180,573
45	–	276,966	3,600	202,590
46	–	304,662	3,600	226,809
47	–	335,129	3,600	253,450
48	–	368,641	3,600	282,755
49	–	405,506	3,600	314,990
50	–	446,056	3,600	350,449
51	–	490,662	3,600	389,454
52	–	539,728	3,600	432,360
53	–	539,701	3,600	479,556
54	–	653,071	3,600	531,471
55	–	718,378	3,600	588,578
56	–	790,216	3,600	651,396
57	–	869,237	3,600	720,496
58	–	956,161	3,600	796,506
59	–	1,051,777	3,600	880,116
60	–	1,156,955	3,600	972,088
61	–	1,272,650	3,600	1,073,256
62	–	1,399,915	3,600	1,184,542
63	–	1,539,907	3,600	1,306,956
64	–	1,693,897	3,600	1,441,612
65	–	1,863,287	3,600	1,589,733
조기 투자 이익		273,554		

하는 거지?" 훌륭한 질문이다![2] 개인의 사정은 각자 다르기 마련이니, 필요하다면 재무상담사와 마주 앉아 어떻게 목표를 달성할 수 있을지 논의해라. 하지만 경고하건대 대부분의 재무상담사는 재정적 독립과 안전, 자유를 누리는 데 필요한 자금을 과소평가하는 경향이 있다. 어떤 사람들은 노후자금으로 현재 소득의 10배가 필요하다고 할 것이고, 그보다 현실적인 이들은 최소 15배는 필요하다고 말할 것이다. 간단히 말해 연 소득이 10만 달러라면 150만 달러가 필요하다는 얘기다. 20만 달러를 벌고 있다면 300만 달러가 필요하다.

그러나 당신이 '실제로' 목표로 삼아야 할 금액은 소득의 20배다. 즉 현재 10만 달러를 벌고 있다면 200만 달러를 모아야 한다는 뜻이다. 까마득한 수치처럼 보일지 몰라도, 우리의 친구 조가 겨우 2만 8,000달러로 거기 이르렀다는 사실을 기억하라. 더구나 당신은 앞으로 조보다 더 많은 돈을 투자하게 될 것이다.

더 자세한 내용을 알고 싶다면 한 장을 통째로 이 주제에 할애하고 있는 《머니》를 읽어보라. 이런 어마어마한 숫자를 보면 처음에는 입이 쩍 벌어지지만 작은 목표부터 차근차근 이뤄나가면 크게 벅차지는 않다. 예를 들어 당신의 첫 번째 목표가 재정적 안정(완전한 재정적 자유가 아니라)이라고 치자. 다시는 일하지 않고도 주택대출과 식비, 관리비, 공과금, 교통비, 보험비를 전부 낼 수 있다면 그것만으로도 충분히 안심할 수 있을 것 같지 않은가? 반가운 소식은 그런 필수 지출 비

---

2   앞에서 말했듯이, 당신의 이런 질문에 대답하기 위해 우리는 당신에게 필요한 저축액을 계산하는 모바일앱을 개발했다. www.unshakeable.com을 방문하여 내려 받아라.

용이 완전한 재정적 자유에 필요한 자금의 40%에도 미치지 않기 때문에 목표를 훨씬 빨리 달성할 수 있다는 것이다. 일단 '첫 번째' 목표에 도달하고 나면 추진력이 붙어 보다 큰 목표도 아주 멀게 느껴지지 않는다.

그러나 그곳에 도달하려면 어떻게 해야 할 것인가? 먼저 돈을 모아 투자해야 한다. 단순한 소비자가 아니라 자산가가 되어야 한다. 소득의 일정 비율이 급여나 은행계좌에서 자동으로 빠져나가게 설정해야 한다. 이것이 당신의 자유를 위한 프리덤 펀드freedom fund가 되어 다시는 일할 필요 없이 평생 수입원이 되어줄 것이다. 이미 이런 방식으로 저축을 하고 있다면 이제는 비율을 높여야 할지도 모른다. 지금까지 수입의 10%를 저축했다면 15%, 기존에 15%를 저축하고 있다면 20%로 비중을 늘려라.

어떤 사람들에게는 10%가 불가능한 숫자일지도 모른다. 어쩌면 아직 학자금 대출을 갚고 있을 수도 있고 사업이나 가족에 대한 의무를 실천해야 할 수도 있다. 하지만 어떤 상황에 있든 반드시 지금 첫발을 내디뎌라. 이미 효과가 입증된 바 있는 '내일은 저축을 늘리자Save More Tomorrow' 방법을 활용하라. 소득의 3%를 저축하는 것으로 시작해 15%나 20%에 이를 때까지 저축 비율을 꾸준히 늘려가는 것이다.

자, 이제 돈을 모으기 시작했다면 목표에 더 빨리 도달하기 위해 수익을 최대화할 수 있는 방법은 무엇일까?

돈을 장기간 동안 복리로 굴릴 수 있는 최고의 선택은 주식시장이다. 6장에서 다양한 자산군으로 구성된 다각화 포트폴리오의 중요성에 대해 이야기하게 될 텐데, 지금은 일단 주식시장에 초점을 맞추자.

왜냐하면 그곳은 정말이지 비옥한 토지이기 때문이다. 우리도 조상님들처럼 수확량이 많은 땅에 씨앗을 뿌려야 하지 않겠는가.

어디에
투자할 것인가?

알다시피 주식은 많은 이들을 부자로 만들어주었다. 지난 200년간 급격하고 무수한 기복이 있었던 것은 사실이나 주식시장은 장기투자자가 부를 쌓을 수 있는 '최상'의 공간이다.[3] 그러나 이를 위해서는 시장의 패턴을 인지하고 오고가는 계절의 흐름을 이해해야 한다. 이번 장은 그에 관한 얘기다.

오늘날 우리 모두가 품고 있는 가장 중요한 재테크 질문은 무엇인가? 내 경험에 따르면 우리 모두는 거의 동일한 질문에 대한 답을 찾아 헤매고 있다.

'어디에 투자할 것인가?'

특히 최근에는 이에 대한 해답이 더욱 시급해졌는데, 이제껏 제시된 어떤 대답도 설득력이 부족했기 때문이다. 저금리 시대에는 예금 계좌에 현금을 넣어두어도 아무것도 '벌지' 못한다. 우량채권을 구입하면(예를 들어 스위스나 일본 정부에 돈을 빌려준다면) 심지어 손해마저

---

3   더 자세한 정보를 알고 싶다면 《머니》 430쪽에 실려 있는 노벨경제학상 수상자 로버트 실러**Robert Schiller**의 표를 참고하기 바란다.

입게 된다! 요즘에는 과거의 안전한 투자들이 '무위험 수익'이 아니라 '무수익 위험'을 돌려준다는 농담이 있을 정도다!*

그렇다면 주식은 어떨까? 전 세계 수백억 달러가 미국 증시에 투입되고 있고, 미국은 다른 불안정한 지역에 비해 상대적으로 안전한 시장으로 간주된다. 그러나 이곳에도 불안감은 팽배하다. 미국의 주가(그리고 시장평가)가 지난 7년 반 사이에 급등한 관계로, 머지않아 당연히 추락할 것이라는 두려움이 양산되고 있기 때문이다. 상승장에서 상당한 재미를 본 투자자들마저 시장이 무너지고 중앙은행과 정신 나간 경제 정책만 남을까 봐 우려하고 있다.

그렇다면 어떻게 해야 할까? 시장 붕괴에 대비해 가진 것을 전부 팔고 산 속으로 들어가야 하나? 아니면 주가가 하락할 때를 기다리며 가진 자산을 전부 (수익이 수반되지 않는) 현금으로 바꿔뒀다가 주식이 바닥을 쳤을 때 다시 헐값에 사들일까? 하지만 그때까지 얼마나 기다려야 할까? 너무 오래 기다리다 상승장에서 돈 벌 기회를 놓쳐버린 불쌍한 영혼들은 또 어떻고? 아니면 그저 충격에 대비해 '안전자세'를 취한 채 가만히 눈을 감고 앉아 있어야 할까? 아무리 생각해도 이 가운데 그럴싸한 해답은 없는 것 같다.

인류는 늘 불확실성의 굴레에서 벗어나기 위해 발버둥쳐왔다. 그렇다면 지금처럼 '모든 게' 불확실한 상황에서 현명하고 옳은 결정을

• 최근까지 저금리 시대, 아예 마이너스 금리 시대가 지속되면서 과거 원금 보장 매력을 뽐내던 '금리 상품'들이 오히려 인플레이션도 따라가지 못하는 위험 자산으로 평가받는 현실을 빗대어 말하고 있다.

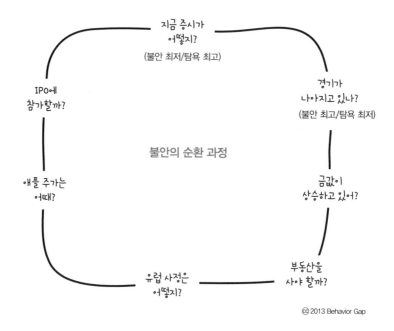

불안의 순환 과정

지금 증시가
어떻지?

(불안 최저/탐욕 최고)

경기가
나아지고 있나?

(불안 최고/탐욕 최저)

IPO에
참가할까?

애플 주가는
어때?

금값이
상승하고 있어?

유럽 사정은
어떻지?

부동산을
사야 할까?

ⓒⓒ 2013 Behavior Gap

내리려면 어떻게 해야 할까? 시장이 언제 급락할지, 언제 겨울이 찾아올지 한 치 앞도 모르는 우리는 무엇을 할 수 있을까?

뜻밖일지도 모르겠지만, 사실 우리는 겨울이 언제 올지 '알고' 있다. 그런 걸 어떻게 아느냐고? 과거 100년간의 주식시장을 되돌아보면 굉장히 놀라운 사실을 발견할 수 있다. 겨울은 온다. 그것도 평균적으로 '매년' 말이다.

이런 장기적 패턴을 알고 나면 우리가 할 일은 정보를 활용하는 것뿐이다. 더욱 좋은 점은 시장의 불확실성에 대한 우려를 없앨 수 있다는 것이다. 왜냐하면 금융시장의 중요한 측면들은 당신이 생각하는 것보다 훨씬 예측이 용이하기 때문이다.

이제 주식시장이 어떻게 작동하는지 7가지 팩트를 바탕으로 자세히 알아보자. 당신은 곧 시장이 늘 일정한 패턴으로 반복되며, 그러한 패턴을 기반으로 결정을 내려야 한다는 사실을, 씨앗을 봄에 뿌려야 싹이 난다는 사실을 알게 된 우리 조상들처럼 배우게 될 것이다. 물론 농사든 주식시장이든 우리의 삶이든 확신할 수 있는 것은 아무것도 없다. 때로 겨울은 평소보다 더 일찍 시작하기도 하고 늦게 찾아오기도 한다. 어떤 겨울은 평소보다 훨씬 혹독하고 또 어느 해는 온화하다. 그러나 이미 효과가 입증된 접근법을 장기간 고수한다면 당신이 성공할 가능성은 놀랍도록 증가할 것이다. 돈의 귀재들이 일반 대중보다 훨씬 자주 성공적인 결과를 내는 것은 이런 승리 전략을 발견하고 실천하는 능력을 갖고 있기 때문이다.

앞으로 설명할 7가지 명백한 사실을 이해하고 나면 시장이 어떻게 순환하는지 이해하고 투자 게임의 기본 원칙과 규칙들을 익힐 수 있다. 또한 이로써 게임에서 고도로 유리한 고지를 점령할 수 있을 것이다. 풍부한 경험을 지닌 전문투자가도 이 같은 사실을 모르는 경우가 허다하기 때문이다. 정확한 지식으로 무장한 채 투자 게임에 참가하면 오랫동안 고지를 지키고 결국 승리할 수 있다. 무엇보다 당신은 대다수 사람들을 지배하는 재정적 불안과 두려움에서 해방될 것이다. 내가 이 7가지 사실들을 '프리덤 팩트Freedom Facts'라고 부르는 것도 그런 이유에서다.

두려움을 떨치고 투자하는 능력은 몹시 중요하다. 왜냐하면 너무나도 많은 사람들이 두려움에 마비돼 시장에 발끝을 담그기조차 꺼려하기 때문이다. 그들은 증시가 붕괴해 힘들게 모은 재산이 날아갈까 봐 무서워한다. 투자 직후에 주가가 곤두박질칠까 봐 두려워한다. 자신이 뭘 하고 있는지 모르기 때문에 손해를 입을까 봐 두려워한다. 그러나 다음 페이지에서 실제 존재하는 패턴들을 확인하고 나면 두려움은 눈 녹듯 사라질 것이다.

시작하기에 앞서 자주 사용되는 투자 용어 몇 가지를 짚고 넘어가자. 시장이 최고가에서 최소 10% 하락하면 이를 '조정장correction'이라고 부른다. 대다수 사람들이 치과 시술처럼 불쾌하게 받아들이는 경험을 무미건조하고 중립적으로 부르는 용어라 할 수 있다. 시장이 최고가에서 최소한 20% 하락한 경우에는 약세장, 또는 곰 시장bear market이라고 한다.

먼저 조정장에 관한 일곱 가지 놀라운 사실에 관해 알아본 다음, 약세장으로 관심을 돌렸다가 마지막으로 가장 중요한 사실에 대해 설명하겠다. 바로 가장 크고 중요한 위험은 조정장도 약세장도 아니라, 시장에서 '퇴장'하는 것이라는 사실이다.•

프리덤 팩트 1:
1900년 이후 조정장은 평균적으로 거의 매년 발생했다

CNBC나 MSNBC 같은 방송에서 금융 전문가들이 나와 주식시장에 관해 떠드는 이야기를 들어본 적이 있는가? 너무 극단적인 소리만

• 자신만의 투자 원칙을 세우지 못해, 순간적인 두려움으로 아예 투자를 포기하는 것을 경계하라고 말하고 있다.

늘어나서 의아했던 적은 없는가? 그들은 늘 시장의 변동성과 혼란에 대해 말한다. 당신에게 겁을 주고 싶기 때문이다. 그들은 항상 이른바 예언가들이 예측하는 자잘한 위기들이 증시 대란을 촉발할 것이라고 말한다.

그런 위기들은 중동의 불안정한 상황일 수도 있고, 유가 폭락이나 미국 국채의 하향조정, 재정 절벽, 의회의 예산안 교착 상태, 브렉시트, 중국의 경제성장률 저하, 또는 그 외에 호들갑을 짜낼 수 있는 무엇이든 될 수 있다. 그게 다 무슨 소린지 모르겠어도 걱정하지 마라. 전문가들도 이해하지 못하기는 마찬가지니까!

그들이 과장된 이야기를 판다고 비난하는 게 아니다. 어쨌든 그것이 그들의 직업이니까 말이다. 우리끼리 하는 말이지만, 그것들은 별로 '호들갑을 떨 만한' 사건도 아니고 상당수는 시청자가 채널을 돌리지 않게 막으려는 미끼에 불과하다. 문제는 이런 허튼소리가, 드라마가, 이 모든 고조된 감정들이 우리의 명확하고 냉정한 사고를 방해한다는 것이다. 소위 '전문가'들이 엄숙한 목소리로 시장 조정이나 증시 붕괴, 경제위기에 대해 떠드는 이야기를 듣고 있노라면 정말로 하늘이 무너질 것처럼 불안해지기 쉽다. 하지만 시청률을 올릴 프로그램에는 적당할지 몰라도 재정적 결정을 불안한 상태에서 성급하게 내리고 싶은 사람은 없다. 즉 우리는 이 게임에서 감정을 최대한 배제해야 할 필요가 있다.

왁자지껄한 소음에 한눈팔기보다는 몇 가지 명백한 핵심 사실에 집중하는 편이 훨씬 이득이다. 예를 들어 1900년 이후 조정장은 평균적으로 거의 매년 발생했다.* 이 이야기를 처음 들었을 때, 나는 그야말로 어안이 벙벙해졌다. 생각해보라. 나이 50에 평균 수명이 85세인 세상에서, 앞으로 조정장을 35번이나 더 경험해야 한다니! 다시 말해 당신은 일평생 동안 생일과 맞먹는 횟수의 조정장을 경험해야 한다!

이 사실이 중요한 이유는 시장 조정이 실은 늘 일어나는 흔한 일임을 말해주기 때문이다. 그러니 두려워하지 말라. 봄, 여름이 지나면 가을과 겨울이 오듯이 해년마다 일어나는 세상의 이치라고 생각해라. 또 있다. 역사적으로 조정장의 지속 기간은 평균 54일이다. 두 달도 안 된다는 얘기다! 즉 대부분의 조정장은 당신이 미처 알아보기도 전에 끝나버린다. 이제 좀 안심이 되는가?

그럼에도 막상 조정장에 들어서면 감정적으로 동요해 주식을 팔아버리고 싶어질지도 모른다. 인간은 원래 고통과 괴로움을 질색하기 때문이다. 당신만 그런 게 아니니 안심하기 바란다. 불안의 전파는 위기감을 조성한다. 하지만 명심하도록, 지난 100년간 조정장의 하락폭은 평균 13.5%에 불과하다. 1980년부터 2015년까지 평균 하락률은 14.2%였다.

주가 하락은 금전적으로 꽤 견디기 힘든 타격이고, 불확실성은 많은 사람들에게 커다란 실수를 부추긴다. 하지만 거기에 굴복하지 않고 흔들림 없이 버틴다면 폭풍우는 금세 지나갈 것이다.

• 우리나라 증시(코스피)가 처음 개장한 건 1956년이다. 아직 50년 정도의 역사로, 미국에 비해 통계의 유의미성은 떨어진다. 우리나라의 경우도 거의 매년 조정은 있었지만 1988년, 1999년, 2005년, 2017년 등 1년 내내 올랐던 경우도 있다.

프리덤 팩트 2:

조정장이 약세장으로 들어설 가능성은 20% 이하이다

증시가 동요하면, 특히 10% 이상 하락하면 많은 사람들이 참다못해 주식을 팔기 시작한다. 내리막세가 돌이킬 수 없을 만큼 악화될까봐 두렵기 때문이다. 과연 상식적이고 이성적인 판단일까? 아니, 그렇지 않다. 실제로 조정장이 약세장으로 악화되는 경우는 다섯 번 중한 번도 되지 않는다. 다시 말해 80% 이상은 약세장으로 진입하지 않는다.

너무나도 당황해서 조정장 중에 주식을 현금화했는데 그 직후에주가가 반등할 수도 있다. 조정장이 악화되는 경우가 드물다는 사실을 깨닫고 나면 난기류를 만나자마자 탈출 버튼을 누르고 싶은 충동에 보다 쉽게 저항할 수 있을 것이다.

프리덤 팩트 3:

시장의 흥망을 지속적으로 예측할 수 있는 사람은 아무도 없다

언론매체들은 똑똑한 사람이라면 시장의 움직임을 예측해 하향세를 피할 수 있다는 신화를 끊임없이 내보낸다. 금융계도 똑같은 환상을 판매한다. 경제학자와 거대 투자은행 출신의 시장전략가들은 마치신통한 마법구슬이라도 갖고 있거나 탁월한 혜안이라도 지니고 있는것처럼(말이 안 되기는 둘 다 마찬가지다) S&P500이 올해 말에 어디에있을지 자신만만하게 예언하곤 한다.

뉴스레터 발행인들은 자신이 노스트라다무스라도 되는 양 '다가올

시장 붕괴'를 경고하며 불운한 미래를 피하고 싶다면 회원 가입을 하라고 부추긴다. 이렇게 수많은 이들이 매년 똑같이 우울한 전망을 내놓다 보면 당연히 가끔씩은 맞아 떨어지기도 한다. 고장 난 시계도 하루에 두 번은 시간을 정확히 맞춘다고 하지 않는가. 그러면 자칭 선견자들은 그런 '정확한' 예측을 내세워 자신이 위대한 '마켓타이머market timer'라고 홍보한다. 그 기저에 깔린 속임수를 간파하지 못하면 그들에게 속아 넘어가기가 쉽다.

그중 일부는 정말로 자신의 예지력을 믿고 있는지도 모르지만 나머지는 그저 말재간 좋은 세일즈맨일 뿐이다. 그러므로 신중하게 판단하라. 그들은 바보인가, 아니면 거짓말쟁이인가? 나도 모르겠다! 하지만 이것만은 말할 수 있다. 그들의 이야기에 마음이 혹할 때마다 물리학자 닐스 보어Niels Bohr의 명언을 기억하라.

"예측은 어렵다. 특히 미래를 예측하는 것은 더 어렵다."

산타클로스나 오늘의 운세를 믿는 사람이라도 재정과 관련된 문제일 때는 사실을 직시해야 한다. 여기서 사실이란 시장의 흥망 여부를 지속적으로 예측할 수 있는 사람은 '아무도' 없다는 것이다. 당신이나 내가 '시장의 타이밍을 예측'하고 정확한 시점에 뛰어들거나 빠져나올 수 있다고 믿는 것은 엄연한 착각이다.

그래도 믿기지 않는다면 금융계 최고의 대가들이 마켓타이밍market timing과 시장 동향 예측에 대해 어떻게 생각하는지 한번 들어보라. 3조 달러를 관리하는 뱅가드 그룹의 창립자 존 보글은 내게 이렇게 말했다.

"당연히 주가가 최고점일 때 탈출해 바닥일 때 다시 진입할 수 있다면 더할 나위 없겠죠. 하지만 나는 65년 평생 동안 그럴 수 있는 사람은 단 한 명도 본 적 없습니다. 그런 사람을 안다는 사람도 못 봤지요."

워런 버핏은 말했다.

"주가 예언자들의 유일한 장점은 차라리 점쟁이들이 용해 보이게 만드는 데 있습니다."

솔직히 고백하자면, 예의 전문가나 평론가, 경제학자들이 시장 예측을 한답시고 스스로를 바보로 만드는 모습을 구경하는 것도 꽤 재미있긴 하다. 다음 표를 보면 이게 무슨 말인지 이해할 것이다. 특히 내가 좋아하는 사례는 2013년에 경제학자 누리엘 루비니Nouriel Roubini 박사가 주식시장이 '상당한' 조정에 들어갈 것이라고 '잘못' 예측했던 일이다. 루비니는 우리 시대 가장 유명한 시장예측가 중 한 명인데, 워낙 우울한 경제 전망을 자주 내놓는 까닭에 '닥터 둠Dr. Doom(불운 박사)'이라는 별명이 붙었다. 2008년 글로벌 금융위기를 예견한 바 있는 그는 2004년, 2005년, 2006년, 2007년에도 경기 침체를 경고했고, 전부 틀렸다.

내 경험에 따르면 루비니 같은 시장예측가들은 똑똑하고 표현력이 뛰어나며 굉장히 설득력 강한 주장을 펼친다. 그러나 그들은 다른 이들의 삶에 두려움의 그늘을 드리움으로써 성공하고 번창하며, 계속해서 틀리고 틀리고 또다시 거듭해서 틀린다. 그렇다. 가끔은 그들의 말이 옳을 때도 있다. 그렇지만 매번 그들의 무시무시한 경고에 귀를 기울인다면 당신은 결국 침대 밑으로 기어들어가 전 재산이 담긴 양철 상자를 껴안고 벌벌 떨며 살게 될 것이다. 살짝 귀띔하자면, 그것은 절대 장기적으로 재정적 성공을 거둘 수 있는 전략이 될 수 없다.

공포의 상인들

잠시 자칭 시장예측가들의 참패한 예언을 살펴보자. 그래프의 숫자들은 아래 목록을 각 예측 날짜에 맞춰 표시한 것인데, 그들이 증시 하락을 예견할 때 현실에서는 주가가 상승하는 패턴이 반복되고 있다.

1. "목전에 다가온 조정장", 버트 도먼Bert Dohmen, 도먼 캐피털 리서치 그룹Dohmen Capital Research Group, 2012년 3월 7일

2. "주식이 시장 조정에 추파를 던지고 있다", 벤 루니Ben Rooney, CNN 머니CNN Money, 2012년 6월 1일

3. "10% 시장 조정이 다가온다: 버틸 것인가 탈출할 것인가?", 맷 크란츠Matt Krantz, 〈USA 투데이〉, 2012년 6월 5일

4. "상당한 증시 조정이 2013년 미국의 전면적인 경제 수축을 불러올 수 있다", 누리엘 루비니, 루비니 글로벌 이코노믹스Roubini Global Economics, 2012년 7월 20일

5. "2013년, 증시 붕괴에 대비하라", 조너선 예이츠Jonathan Yates, 머니모닝moneymorning.com, 2012년 6월 23일

6. "닥터 둠의 2013년 예측: 루비니가 최악의 세계 경제 혼란을 예측하는 다섯 가지 요인", 쿠킬 보라Kukil Bora, 〈인터내셔널 비즈니스 타임스International Business Times〉, 2012년 7월 24일

7. "시장 조정, 또는 그보다도 더 나쁜 상황이 다가온다", 마크 헐버트Mark Hulbert, 마커와치MarkerWatch, 2012년 8월 8일

8. "우리는 9월에 8-10% 시장 조정이 발생할 것이라고 생각합니다", 메리앤 바텔스MaryAnn Bartels, 뱅크오브아메리카-매릴린치Bank

| 증시 하락 예견 기사와 주가 비교 |

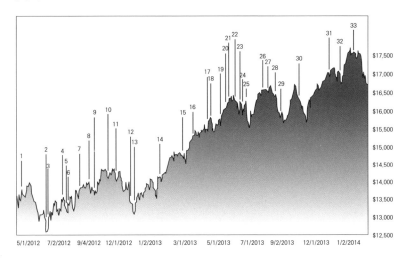

of America-Merrill Lynch, 2012년 8월 22일

9. "전문가가 10일 내에 거대한 주식 매도가 발생할 것이라 예고", 존 멜로이John Melloy, CNBC, 2012년 9월 4일

10. "경고: 주식 조정이 다가오고 있는지도 모른다", 히바 유수프Hibah Yousuf, CNN 머니, 2012년 10월 4일

11. "난 헤지펀드 고객들에게 미국 경제가 침체에 들어섰다고 말하고 있습니다", 마이클 벨킨Michael Belkin, 벨킨리미티드Belkin Limited, 2012년 10월 15일

12. "재정 절벽이 조정장으로 이어질지도 모른다", 캐롤라인 발레트케비치Caroline Valetkevitch와 라이언 블라스텔리카Ryan Vlastelica, 로이터Reuters, 2012년 11월 9일

13. "심각한 시장 조정이 임박한 이유", 미첼 클라크Mitchell Clark, 롬바르

디파이낸셜Lombardi Financial, 2012년 11월 14일

14. "여름 즈음에는 주가가 또 폭락할 겁니다", 해리 덴트Harry Dent, 덴
    트리서치Dent Research, 2013년 1월 8일

15. "주식시장 조정은 이미 시작됐는지도 모른다", 릭 뉴먼Rick Newman,
    〈US 뉴스 & 월드 리포트US News & World Report〉, 2013년 2월 21일

16. "경제 부진은 시장 조정의 징조일지도", 모린 파렐Maureen Farrell,
    CNN 머니, 2013년 2월 28일

17. "시장이 조정에 들어갈 것 같습니다", 바이런 윈Byron Wien, 블랙스
    톤Blackstone, 2013년 4월 4일

18. "오랫동안 늦춰진 시장 조정이 드디어 시작되는 듯 하다", 조너선
    캐슬Jonathan Castle, 파라곤 웰스 스트래티지스Paragon Wealth Strategies,
    2012년 4월 8일

19. "시장 조정의 다섯 가지 조짐", 돈 베넷Dawn Bennett, 베넷 그룹 파이
    낸셜 서비스Bennet Group Financial Services, 2013년 4월 16일

20. "주식시장의 불길한 경고", 사이 하딩Sy Hadring, 스트리트스마트리
    포트StreetSmartReport.com, 2013년 4월 22일

21. "사지 말고, 위험한 자산은 파십시오", 빌 크로스Bill Cross, PIMCO,
    2013년 5월 2일

22. "줄행랑을 칠 시점은 아니지만, 적어도 천천히 뒷걸음질해야 할
    시기입니다", 모하메드 엘 에리안Mohamed El-Erian, PIMCO, 2013년
    5월 22일

23. "곧 조정이 있을 겁니다", 바이런 윈, 블랙스톤, 2013년 6월 3일

24. "멸망의 날 여론조사: 연말까지 주식시장 붕괴 위험 87%", 폴 파

렐Paul Farrell, 마켓와치, 2013년 6월 5일

25. "주가 위축: 극심한 시장 조정이 예상되다", 애덤 셸Adam Shell, 〈USA 투데이〉, 2013년 6월 15일

26. "안심은 금물. 조정장이 오고 있다", 사샤 시케러백Sasha Cekerevac, 역발상투자자들의 블로그Investments Contrarians, 2013년 7월 12일

27. "내 분석모델은 7월 19일에 거대한 주식매도가 시작될 것이라는 예측을 두 달째 내리고 있는 중이다", 제프 소트Jeff Saut, 레이먼드 제임스raymondjames.com, 2013년 7월 18일

28. "시장 조정의 징조들", 존 키멜만John Kimelman, 〈배런스〉, 2014년 8월 13일

29. "시장 조정 주의보: 얼마나 빨리 올까? 얼마나 나쁠까? 어떻게 대비해야 할까?", 케빈 쿡Kevin Cook, 잭스Zacks.com, 2013년 8월 23일

30. "주가 붕괴 가능성이 상당하다고 생각한다", 헨리 블로젯Henry Blodget, 〈비즈니스 인사이더Business Insider〉, 2013년 9월 26일

31. "조정장이 예상되는 다섯 가지 이유, 제프 리브스Jeff Reeves, 마켓와치, 2013년 11월 18일

32. "20% 시장 조정에 대비할 시간", 리처드 레시뇨Richard Rescigno, 〈배런스〉, 2013년 12월 14일

33. "블랙스톤의 바이런 윈: 주식시장이 10% 조정을 준비하고 있다", 댄 웨일Dan Weil, 머니뉴스Moneynews.com, 2014년 1월 16일

프리덤 팩트 4:

주식시장은 단기적 후퇴는 있을지언정 꾸준히 상승한다

1980년부터 2015년 사이에 S&P500 지수는 연중 평균 14.2% 하락했다. 달리 말해 지난 36년 동안 굉장히 주기적으로 주가 하락이 발생했다는 얘기다. 하지만 무서워하지 마라. 그저 평소처럼 때가 되어 겨울이 찾아왔을 뿐이다. 진짜 놀라운 부분은 따로 있다. 다음 표에서 볼 수 있듯이, 주가는 궁극적으로 지난 36년 중에서 27년간 상승했다. 즉 해당 기간 중 75%는 항상 상승세였다는 의미다!*

해피엔딩

미국 주식시장은 해년마다 평균 14.2% 하락을 겪으면서도 지난 36년 중 27년 동안 긍정적인 수익을 안겨주었다.

이 사실이 중요한 이유가 뭘까? 왜냐하면 시장이 가끔은 중간에 구덩이에 빠지긴 해도 장기적으로는 늘 상승한다는 의미기 때문이다. 앞서 언급한 36년 동안 얼마나 많은 사건사고가 발생했는지 당신도 잘 알 것이다. 두 번의 걸프전이 있었고, 9·11 사태가 일어났으며, 이라크와 아프가니스탄에서 무력 충돌이 발생했고, 대공황 이후 최악의 금융위기도 있었다. 그럼에도 증시는 9년을 제외하고는 꾸준히 상승했다.

다시 말해 이는 단기적으로는 시장이 타격을 입고 우울한 소식만

● 한국 증시(코스피)는 1981년 93.14포인트로 장기 대저점을 찍은 후 꾸준히 상승해왔다. 1987년 500포인트를 처음으로 돌파했고 1994년 처음으로 1,000포인트를 돌파했다. 이후 2007년 2,000포인트 돌파, 2018년 2월엔 2,600포인트를 상향 돌파했다.

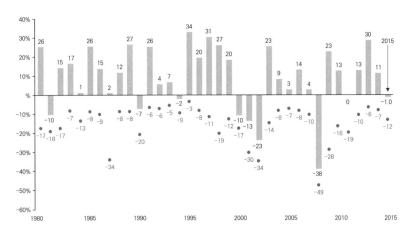

들려오더라도 장기적으로는 반드시 긍정적인 궤도로 돌아간다는 의미다. 여기서 복잡한 경제 이론은 제쳐두더라도 미국 주식시장이 전반적으로는 시간이 지남에 따라 항상 상승한다는 사실을 언급하고 지나가야겠다. 기업 수익이 증가하고 노동자들의 효율성과 생산성이 향상되고 인구가 증가하고 새로운 혁신 기술이 발전할수록 주가는 계속해서 상승한다.

그렇다고 모든 기업 또는 주식이 무조건 성장한다는 의미는 아니다. 알다시피 비즈니스 세상은 약육강식의 원칙이 지배하는 정글이다! 어떤 기업은 죽고, 일부 주식은 휴지 조각이 된다. S&P500 같은 지수 전체를 따라가는 인덱스펀드의 장점 중 하나는 약한 회사들은 필연적으로 도태되는 한편, 보다 강하고 튼튼한 회사들이 그 자리를 메운다는 것이다. 적자생존의 법칙이 적용되는 것이다! 무엇보다 인덱스펀드의 구성이 이렇게 저절로 업데이트됨으로써 당신은 이득을 얻는다.

인덱스펀드의 주주는 해당 지수에 속한 회사들의 미래 현금 흐름 일부를 보유하고 있기 때문이다. 즉 당신이 잠을 자는 사이에도 미국 경제가 알아서 열심히 돈을 벌어준다는 뜻이다!

하지만 만일 미국 경제의 앞날이 영 변변찮다면 어쩌지? 아주 좋은 질문이다. 우리 앞에 만만치 않은 장애물이 놓여 있다는 사실은 명백하다. 테러의 가능성과 지구온난화, 사회보장 부채도 빠트릴 수 없다. 그러나 우리는 대단히 역동적이고 회복력이 뛰어나며, 강력한 성장 주도 원동력을 지닌 경제에서 살고 있다.

워런 버핏은 2015년 연례보고서에서 인구성장과 생산성 향상으로 인한 특별이익이 어떻게 다음 세대의 부를 증가시킬지 각별히 상세하게 설명한 바 있다.

"이 같은 강력한 추세는 앞으로도 계속될 것이다. 미국의 경제적 마법은 여전히 건재할 것이다. … 과거 240년간 미국의 실패에 돈을 거는 일은 항상 끔찍한 실수로 판명 났고, 지금 역시 아직은 때가 아니다."

프리덤 팩트 5:

약세장은 역사적으로 3~5년마다 발생했다˙

이쯤 되면 어째서 주식시장에 장기투자를 하는 것이 유리한지 깨

˙ 국내 증시도 정확히 궤를 같이한다. 다만 2011~2016년의 5년 반 동안은 1,850~2,050선에서 장기 박스권에 갇혀 있었다. 일명 '박스피'라 불렸던 시기다. 큰 하락은 없었지만 큰 상승도 없어 투자자들을 굉장히 괴롭게 했다.

닫기 시작했을 것이다. 시장 조정에 대한 두려움에 떨 이유가 없다는 사실도 깨달았길 바란다. 자, 조정장은 주기적으로 발생한다. 시장 조정이 '언제' 일어날지는 아무도 모르며, 시장은 대개 재빨리 반등하고 장기적으로는 항상 상승세를 그린다. 이제까지 당신을 지배했던 두려움은 실은 반대로 강력한 원동력이 될 수 있다. 나 또한 사실을 알게 되었을 때는 두 눈이 번쩍 뜨이는 것 같았다. 시장 조정에 대한 걱정도 언제 그랬냐는 듯이 사라졌다. 무서운 독사가 아니라 밧줄 토막에 불과했던 것이다. 여기 증거를 보라!

그렇다면 약세장은 어떨까? 약세장은 당연히 '두려워해야' 하지 않을까? 대답을 알고 싶은가? 놀랍게도 정답은 '아니다'이다. 거듭 말하지만 몇 가지 핵심 정보를 알고 나면 감정이 아니라 지식에 기반해 행동할 수 있게 된다.

당신이 첫 번째로 알아야 할 사실은 1900년부터 2015년까지 115년 동안 약세장이 발생한 것은 겨우 34번에 불과하다는 것이다. 평균 3년에 한 번 꼴이다. 그나마 최근에는 그보다도 더 드물다. 1946년 이후로 70년간 약세장이 발생한 것은 14차례, 즉 5년마다 한 번 꼴이다. 따라서 기준이 언제냐에 따라 다르겠지만, 역사적으로 약세장이 대략 3년에서 5년마다 발생했다고 결론지을 수 있을 것이다. 이런 확률대로라면 50세 투자자의 경우 앞으로 8~10번 정도의 약세장을 더 경험하게 된다.

물론 과거는 완벽하게 되풀이되지 '않는다.' 그러나 과거를 연구하면 사건의 발생 패턴에 대해 폭넓은 판단력을 키울 수 있다. '역사는 반복되지는 않지만 각운을 맞춘다.'라는 말도 있지 않은가. 그렇다면 지난 100년간의 금융 역사로부터 우리는 무엇을 배울 수 있는가? 마음에 들든 그렇지 않든, 약세장은 몇 년마다 한 번씩 꾸준히 출현할 것이다. 그렇다. 겨울이 오고 있다. 그러므로 우리는 그에 적응하고 대비해야 한다.

증시가 '진짜로' 무너지면 어떻게 될까? 역사적으로 S&P500은 약세장에서 평균 33% 하락했다. 그리고 3분의 1 이상의 경우에서 40%가 넘는 폭락을 기록했다. 달콤한 사탕발림 따위는 하지 않겠다. 이런 혼란 속에서 패닉에 빠진 사람들은 가진 것을 전부 팔아 결국 자산의 40% 이상을 날렸을 것이다. 어쩌면 '진짜'로 곰의 습격을 받은 것처럼 절망했을지도 모른다. 불굴의 의지와 지식으로 무장한 이들도 시장이 추락할 때는 뱃속이 철렁 내려앉는 경험을 하게 된다.

내 친구 존 보글처럼 산전수전을 다 겪은 인물도 하락장에서 버티는 것은 결코 쉬운 일이 아님을 시인한다.

"증시가 반 토막이 나면 어떤 기분이 드느냐고요?"

그는 쓸쓸하게 대답했다.

"솔직히 비참하지요. 뱃속에 바윗덩이가 들어앉은 느낌입니다. 그래서 어떻게 했느냐고요? 내가 직접 쓴 '그런 때는 죽어도 끝까지 버텨라'는 책들을 몇 권 꺼내서 통독했습니다."

안타깝게도 이런 격동의 시간이 닥치면 많은 자산관리사들이 고객과 똑같은 두려움에 희생돼 책상 밑에 숨어버린다. 피터 멀록은 이런 거센 폭풍우 속에서도 의사소통을 한다. 그는 그것이 크리에이티브 플래닝의 가장 큰 장점 중 하나라고 설명했다. 그의 회사는 거친 비바람 속에서도 "항로를 지키시오!"라고 외치는 등대와 같다.

그러나 약세장은 결코 영원히 지속되지 않는다. 다음 표는 지난 70년간 미국에서 발생한 14번의 약세장을 기록한 것이다. 한 달에서 45일, 심지어 근 2년에 이르기까지(694일) 다양하긴 해도 약세장의 지속 기간은 평균적으로 약 1년 정도다.

하락장세가 지속되다 보면 대부분의 사람들이 비관주의에 물든다. 그들은 주가가 다시는 상승하지 않을 것이며, 시간이 지날수록 손해만 보고 겨울이 영원히 이어질 것이라고 믿는다. 하지만 명심하라. 겨울은 '절대로' 영원히 지속되지 않는다. 봄은 항상 다시 온다!

| 1946년 이후 약세장 추이 |

년도	지속 기간(일)	S&P500 낙폭(%)
1946–1947	353	−23.2%
1956–1957	546	−19.4%
1961–1962	195	−27.1%
1966	240	−25.2%
1968–1970	543	−35.9%
1973–1974	694	−45.1%
1976–1978	525	−26.9%
1981–1982	472	−24.1%
1987	101	−33.5%
1990	87	−21.2%
1998	45	−19.3%
2000–2001	546	−36.8%
2002	200	−32.0%
2007–2009	515	−57.6%

최고의 투자자들은 이런 혼란의 시기를 시장에 만연한 비관주의와 두려움을 이용해 더 적은 돈으로 더 많은 투자를 할 수 있는 기회로 여긴다. 20세기의 가장 위대한 투자자 중 한 명인 존 템플턴 경Sir John Templeton도 타계하기 전 나와의 인터뷰에서 이 주제에 관해 몇 차례 자세히 설명한 적이 있다. 제2차 세계대전 중에 저가의 주식을 구입해 거금을 번 그는 이렇게 말했다. "최대의 기회는 비관주의가 절정에 이르렀을 때 찾아온다."

프리덤 팩트 6:
약세장은 강세장이 되고, 비관주의는 낙관주의가 된다

2008년 은행들이 무너지고 증시가 자유낙하를 시작했을 때, 세상이 얼마나 위태롭고 깨지기 쉬워 보였던가? 당신은 어둡고 위험한 미래를 보았는가, 아니면 드디어 좋은 시절이 왔다며 신이 났는가?

2009년 3월 9일, 마침내 주가가 바닥을 쳤다. 그런 다음 무슨 일이 일어났을까? 그 후로 이어진 12개월 동안 S&P 지수가 69.5% 상승했다. 세상에 이럴 수가! 증시가 바닥에 곤두박질치나 했더니, 다음 순간 역사상 가장 혈기왕성한 황소bull market(강세장)가 되어 도약한 것이다! 내가 이 글을 쓰고 있는 2016년 현재, S&P500 지수는 2009년 최저점 이후 266%나 상승했다.

어쩌면 당신은 이것이 예외적인 사례에 불과하다고 말할지도 모른다. 하지만 아래 표를 보면 곰 시장이 황소장에 밀려나는 이런 패턴은 지난 75년간 미국 시장에서 꾸준히 반복되었다.

약세장 최저점	12개월 후 (S&P500)
1949년 06월 13일	42.07%
1957년 10월 22일	31.02%
1962년 06월 26일	32.66%
1970년 05월 26일	43.73%
1974년 10월 03일	37.96%
1982년 08월 12일	59.40%
1987년 12월 04일	22.40%
2001년 09월 21일	33.73%
2002년 07월 23일	17.94%
2009년 03월 09일	69.49%

이제 워런 버핏이 왜 다른 사람들이 가장 겁을 낼 때 욕심을 부리는지 알겠는가? 그는 두려움과 의기소침함이 얼마나 빨리 활기찬 낙관주의로 변하는지 알고 있었다. 실제로 시장 전체가 암울한 분위기에 빠지면 버핏 같은 슈퍼투자자들은 이를 앞으로 호전될 것이라는 '긍정적' 신호로 본다.

소비자 신뢰지수에서도 이와 비슷한 패턴을 볼 수 있다. 소비자 신뢰지수는 소비자들의 미래의 경제 상황에 대한 낙관과 비관 정도를 나타내는 수치인데, 평론가들은 종종 약세장에 대해 소비자들이 미래를 불안하게 여기기 때문에 지출이 감소한다고 말한다. 상당히 골치 아픈 상황이 아닐 수 없다. 소비자가 지출을 줄이면 기업의 수익이 '하락'한다. 그리고 기업이 돈을 벌지 못하면 주가가 회복될 리가 없다. 그러나 이처럼 소비자들이 비관적일 때야말로 투자에는 최적의 시기다. 다음 표를 보면 소비자 신뢰지수가 낮을 때 시장의 오름세가 시작된다는 사실을 알 수 있을 것이다.

이게 어찌된 일일까? 왜냐하면 주식시장은 '오늘'을 보지 않기 때문이다. 시장은 늘 '내일'을 내다본다. 중요한 것은 경제가 지금 어디 있느냐가 아니라 '어디로 향하고 있는가'다. 뿐만 아니라 세상만사가 끔찍해 보일 때, 추는 궁극적으로 반대쪽으로 기울기 마련이다. 실제로 미국 역사상 모든 약세장에는 강세장이 뒤따랐다. 단 한 번의 예외도 없이 말이다.

이런 놀라운 회복력은 미국 증시 장기투자자의 삶을 상대적으로 편하게 만들어준다. 암울한 시기는 늘 호시절로 이어졌다. 그렇다면 다른 국가들은 어떨까? 그들도 하락세가 끝나고 나면 늘 상승장이 뒤따랐을까?

넓은 관점에서 보자면 그렇다. 다만 일본만큼은 굉장히 힘든 경험을 한 적이 있지만 말이다. 1980년대에 일본 기업들은 세계 경제를

| 소비자 신뢰지수와 주가지수 추이 |

소비자 신뢰지수＜60%	12개월 후(S&P500)
1974	+37%
1980	+32%
1990	+30%
2008	+60%
2011	+15%

거의 지배했다. 낙관주의가 팽배하던 시절 일본의 닛케이Nikkei 225 지수는 자그마치 6배나 뛰어 올랐고, 1989년에는 3만 8,957포인트까지 상승했다. 그러다 시장이 붕괴했다. 2009년 3월, 닛케이지수는 7,055포인트까지 하락했다. 20년 동안 시장가치가 82%나 실종된 것이다. 최근에는 크게 회복세로 들어서 1만 7,079포인트까지 상승했지만 전반적으로 일본 시장은 거의 30년이 지난 지금까지도 최고점을 회복하지 못하고 있다.*

나중에 다시 논하겠지만, 이런 종류의 재앙은 자산을 전 세계에 다각적으로 분산한 복합형 투자로 방지할 수 있다.

> 주식시장은 인내심 없는 사람의 돈을 인내심 있는 사람에게 이동시키는 도구이다.
> – 워런 버핏

뉴스를 보다가 주가가 사상 최고치를 기록했다는 소식을 들은 적이 있는가? 그럴 때마다 이카루스가 너무 높이 날아올라 머지않아 바닥으로 추락할 거라는, 증시가 결국 바닥으로 내려오고 말 거라는 느낌을 받았는가?

내가 지금 이 책을 쓰고 있는 시점에서 S&P500 지수는 사상 최고치를 목전에 두고 있고 몇 주일 전부터 여러 차례 최고가를 갱신하고

• 2018년 1월 23일 장중 2만 4,000포인트를 넘기도 했다.

있다. 그리고 알다시피 이 강세장은 벌써 7년 이상 지속 중이다. 그러므로 나뿐만 아니라 당신의 머릿속에도 주가가 곧 하락하리라는 불길한 예감이 자리 잡고 있을 것이다. 수년 연속 주가가 상승했으니 쓸데없는 위험은 감당하지 않는 편이 이치에 맞다. 우리가 일본 시장으로부터 배운 교훈이 하나 있다면, 인간은 주가가 폭등할 때 위험에 대한 감각을 잃고 분위기에 휩쓸리는 경향이 있다는 것이다.

그러나 증시가 사상 최고치에 가까워지고 있다고 해서 반드시 문제가 기다리고 있다는 의미는 아니다. 앞에서도 말했지만 미국 증시는 대개 상승 추세를 따른다. 경제가 발전하기 때문에 장기적으로는 항상 성장 중이다. 실제로 미국 증시는 모든 거래일 중 약 5%에 사상 최고점을 기록하는데 이는 평균 한 달에 한 번 꼴이다.[4]

인플레이션 덕분에 거의 '모든' 것이 거의 항상 최고가를 찍게 된다. 내 말이 믿기지 않는다면 빅맥과 카페라테, 초콜릿, 칠면조, 신차의 가격을 확인해보라. 지금이 바로 사상 최고가일 테니까 말이다.

프리덤 팩트 7:
가장 위험한 행동은 시장에 참여하지 않는 것이다
지금쯤이면 주식시장을 원하는 대로 드나드는 것이 불가능하다는

---

4   초강세장이 이어질 때는 한 달에도 9번 이상 최고가를 경신할 수 있다. 따라서 현실은 평균이 아니라는 점은 반드시 기억해야 한다. 당신은 최고의 경험을 할 수도 있고 자칫 최악을 경험할 수도 있다. 하지만 평균치를 아는 것은 늘 도움이 된다.

데 의견이 모아졌을 것이다. 우리 같은 평범한 사람이 시장의 행보를 예측하기란 어려운 일이다. 존 보글의 말처럼 "주식시장에 뛰어들 때와 빠져나올 때를 알리는 종이 있어서 울릴 것이라는 생각은 터무니없다." 그럼에도 주가가 꼭대기에 머무를 때면 당신은 내리막세로 돌 때까지 현금을 쥐고 경기장 밖에서 얼쩡거리는 편이 안전하다고 생각할지 모른다.

문제는 아무리 짧은 기간이라도 경기장 밖에 앉아 있으면 값비싼 대가를 치를 수 있다는 것이다. 이게 무슨 소린가 할지도 모르겠지만 아래 표를 보면 시장에서 가장 좋은 거래일을 며칠만 놓쳐도 수익률에는 치명적일 수 있음을 알 수 있다.

| 최고거래일 이탈에 따른 수익률 격차 |

연간 총 수익률(1996~2015)

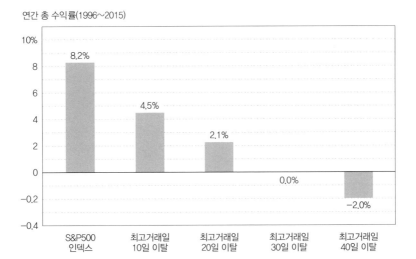

출처: Schwab Center for Financial Research(데이터 제공 Stadard and Poor's)

숏을 날리지 않으면 골인은 100% 불가능하다.

— 웨인 그레츠키|Wayne Gretzky, 명예의 전당에 오른 하키 선수

1996년부터 2015년까지 S&P500지수는 연 평균 8.2% 수익을 기록했다. 그러나 이 20년 동안 최고거래일 10일을 놓쳤다면 수익은 겨우 4.5%에 불과했을 것이다. 믿어지는가? 20년 중 고작 열흘을 빠트렸다고 수익이 절반으로 줄다니!

심지어 이게 다가 아니다! 만일 최고거래일 20일을 놓쳤다면 수익은 연간 8.2%에서 무려 2.1%로 급락한다. 30일을 놓쳤다면? 심지어 0%다!

한편 JP모건의 연구에 따르면 지난 20년간 최고 수익을 올린 거래일 10일 중 6일이 최악의 10일이 포함된 2주일 이내에 발생했다. 여기서 배울 수 있는 교훈은 무엇인가? 두려움에 떨며 잘못된 타이밍에 주식을 매각한다면 뒤이어 찾아올 풍요로운 시기를 놓친다는 것이다. 참을성 있는 투자자들이 수익의 '대부분'을 거둬들이는 시기 말이다.

시장의 혼란기를 두려워하지 말라. 그것은 재정적 자유로 도약할 최고의 기회다. 벤치에 가만히 앉아서는 돈을 벌 수가 없다. 게임에 뛰어들어야 한다. 두려움은 아무것도 가져다주지 않는다. 당신에게 필요한 것은 용기와 대담함이다.

여기서 알 수 있는 메시지는 명확하다. 재정적 안정을 쟁취하는 데 있어 가장 큰 위험 요소는 증시 붕괴가 아니다. 바로 시장에 '참여하지 않는' 것이다. 장기적인 재정적 성공에 필수적인 기본 규칙 중 하나는 시장에 '참여해 자리를 지키는 것'이다. 그래야 수익을 챙기고 돈

을 벌 수 있다. 이에 관해 존 보글이 완벽한 조언을 한 적이 있다.

"아무것도 하지 말고 그냥 거기 있기만 하면 됩니다."

지옥은 너무 늦게 발견한 진실이다.
－토머스 홉스, 17세기 영국 철학자

하지만 그러다 만약에 잘못된 시기에 시장에 진입한다면? 운이 지독히도 나빠 시장에 참가하자마자 시장 조정이나 폭락이 발생할지도 모르지 않은가? 아래 표는 슈워브 금융센터Schwab Center for Financial Research가 다섯 명의 투자자가 1993년부터 20년 동안 매년 2,000달러의 현금을 투자했다고 가정할 경우, 투자 시점이 수익률에 미치는 영향을 연구한 것이다.

| 투자 시점 및 형태에 따른 수익률 차이 |

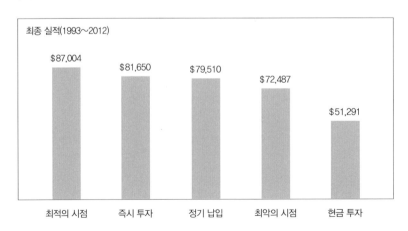

출처: Riepe 2013.

이 다섯 명의 가상 투자자 중에서 가장 큰 성공을 거둔 사람을 '완벽 여사'라고 하자. 완벽 여사는 매년 '가장 유리한 시점', 즉 그해 주가가 최저점에 있을 때 돈을 투자했다. 이 전설적인 투자자는 20년 동안 매년 '완벽'한 시점에 주식에 투자했고, 그 결과 8만 7,004달러의 실적을 올렸다. 반면에 최악의 시점을 선택한 투자자를 '불행 씨'라고 부르자. 불행 씨는 매년 시장이 최고점을 친 '최악의 날'에 돈을 투자했고 7만 2,487달러를 벌었다.

여기서 놀라운 사실은 20년 동안 불운의 극치를 달린 불행 씨마저 최종적으로는 상당한 수익을 올렸다는 점이다. 여기서 얻을 수 있는 깨달음은 무엇인가? 주식시장에서 오래 버틸 수만 있다면 복리의 마법 덕분에 적지 않은 수익을 손에 넣을 수 있다. 설사 한심할 정도로 최악의 타이밍만을 선택하더라도 말이다. 그리고 다시 한 번 강조하지만, 가장 큰 손해를 본 투자자는 운이 나쁜 사람이 아니라 현금을 갖고 벤치에 앉아 있는 사람이다. 그에게 남은 돈은 기껏해야 5만 1,291달러에 불과하다.

마침내 자유다!

지금까지 당신은 시장이 어떤 패턴으로 움직이는지 배웠다. 당신은 지난 100년간의 금융 역사를 바탕으로 조정장과 약세장, 그리고 시장 회복이 유사한 패턴으로 반복되고 있음을 이해하게 되었다. 또 장기적인 패턴을 '인식'하고 그것을 활용할 능력도 갖추게 됐을 것이다.

이 책의 후반부에서는 이런 주기적 패턴을 유리하게 활용할 수 있는 특정한 전략에 대해서 설명한다. 이를테면 이상적인 분산투자 전략을 세울 때 약세장에서 손실을 최소화하고 회복장에서 수익을 최대화할 수 있는 방법 말이다. 하지만 지금은 일단 마음껏 기뻐하라! 당신은 중요한 사실들을 알게 됐다. 게임의 규칙을 배웠다. 시장 조정과 하락이 다가올 것임을 알았고, 그것을 활용하는 법을 배우게 될 것이다. 당신은 진정한 '부동의 상태'에 한 발짝 더 다가섰다.

무엇보다 이제 당신은 재정적 삶을 통제할 수 있게 됐다. 스스로 책임지고 통제할 수 있는 삶은 귀중하다. 대부분의 사람들은 책임을 지려하지 않기 때문이다. 그들은 자신에게 불리한 일이 생길 때마다 시장을 비난한다. 그러나 '주식시장은 그들에게서 동전 한 푼도 빼앗아간 적이 없다!' 투자로 돈을 잃었다면 그것은 '당신' 스스로 그런 결정을 내렸기 때문이다. 투자로 돈을 벌었다면 '당신'이 그런 선택을 했기 때문이다. 시장은 시장이 해야 할 일을 한다. 당신의 승리와 패배를 결정하는 것은 바로 '당신'이다. 모든 책임은 당신에게 있다.

앞에서 우리는 겨울이 온 뒤에는 항상 봄이 기다리고 있다고 말했다. 이제 당신은 두려워할 필요가 없다. 적어도 예전처럼 과도하게 두려워할 필요는 없다. 지식은 이해를 부르고, 이해는 해결책을 낳는다. 당신은 더 이상 주가가 추락해도 화들짝 놀라 가진 돈을 끌어모아 도망치지는 않을 것이다! 항상 게임 안에 오래 머무르는 사람, 올바른 씨앗을 심고 참을성 있게 물을 주고 수확하는 사람이 될 것이다.

하지만 다음 장에서는 두려워하는 편이 '바람직'한 경우도 있음을 배울 것이다. 바로 실적은 형편없지만 나나 당신 같은 평범한 고객들에게 터무니없는 수수료를 부과하는 금융회사들이다. 앞으로 보게 되겠지만 숨겨진 과도한 비용을 잘라내는 것만큼 재정 건전성을 확보하는 데 좋은 방법도 없다. 얼마나 좋냐고? 최소 10년 소득과 맞먹는 돈을 아낄 수 있다! 자기 삶을 책임지는 보답으로 이 정도면 괜찮지 않을까?

자, 페이지를 넘겨라. 그리고 숨은 비용과 반쪽에 불과한 진실을 파헤쳐보자.

03

숨은 비용과
가려진 진실

금융사들이 고객 몰래 바가지를 씌우는 법

"이게 무슨 게임이냐고?
고객들 돈을 우리 주머니로 옮기기 게임이지."

• 영화 〈더 울프 오브 월스트리트〉 •

나는 종종 사람들에게 "무엇을 위해 투자하십니까?"라고 묻는다. 대답은 대개 "수익을 얻으려고요."부터 "경제적 안정을 얻으려고요." "세계일주를 하고 싶어요." "노후대책입니다." "하와이에 별장을 갖고 싶어요."까지 각양각색이다. 그렇지만 조금만 기다리면 거의 모든 이들의 대답이 하나로 귀결된다.

대부분의 사람들이 진정으로 원하는 것은 자유다. 지금 돈을 얼마나 많이 갖고 있느냐는 상관없다. 그들은 원하는 사람과 함께, 내킬 때마다 원하는 것을 즐길 수 있는 완전한 자유를 원한다. 굉장히 근사한 꿈이기도 하고 실현이 불가능한 것도 아니다. 그렇지만 타고 있는 보트에 구멍이 나 있다면 아름다운 석양을 향해 얼마나 오랫동안 항해할 수 있을까? 조금씩이지만 어디선가 꾸준히 물이 새고 있다면 목적지에 다다르기 전에 배가 가라앉지 않을까?

이런 말을 하고 싶지는 않지만, 대부분의 사람들이 바로 이런 상황에 처해 있다. 사람들은 높은 수수료가 그들의 재정적 안녕에 점진적으로 (그러나 최종적으로는 어마어마한) 어떤 영향을 끼치고 있는지 모른다. 그보다 더 안타까운 일은 심지어 그런 일이 벌어지고 있다는 사실조차 '까맣게' 모르고 있다는 사실이다. 그들은 자신이 은근슬쩍 그러나 '체계적으로' 과도한 요금을 부과하는 금융산업의 피해자라는 사실을 전혀 모르고 있다.

믿을 수가 없다고? 그렇다면 자료를 확인해보자. 비영리재단인 미국은퇴자협회American Association of Retired Persons; AARP의 보고서에 따르면 미국인의 71%가 401(k)에 수수료가 없다고 믿고 있다. 그렇다. 10명 중 7명이 수수료의 존재에 대해 아예 '모르고' 있는 것이다! 이건 패스트푸드에는 칼로리가 없다고 믿는 것이나 다름없다. 한편 응답자 중 92%는 자신이 수수료로 '얼마나' 내고 있는지 모른다고 대답했다.[5] 다시 말해 이들은 금융업계가 알아서 최선을 다해줄 것이라고 맹목적으로 믿고 있는 것이다! 세계 금융위기를 불러온 바로 그 금융업계가 말이다! 지갑을 꺼내 던져주고 인출카드의 비밀번호까지 알려준 것과

---

5 "미국인 10명 중 9명이 저지르는 401(k) 실수: 은퇴계획 살펴보기Nine in 10 Americans make the 401(k) mistake: Retirement Scan", http://www.financial-planning.com/news,ning-in-10-americans-make-thks-401-k-mistake-retirement-scan.

뭐가 다른가.

"무지는 축복이다."라는 말이 있다. 당신의 재무 상태에 관한 한 무지는 결코 축복이 '아니다.' 무지는 고통과 빈곤이다. 무지는 당신의 무관심을 이용하는 금융회사에게는 축복일지 몰라도 당신과 당신 가족에게는 거대한 재앙이다!

이 장에서는 수수료에 대해 파헤친다. 당신은 그 안에서 '정확히' 무슨 일이 벌어지고 있는지 알게 될 것이다. 좋은 소식은 일단 상황을 정확히 파악하고 나면 당신의 삶을 완전히 바꿀 수 있다는 것이다. 이 장이 중요한 이유는 과다한 수수료가 당신이 소중히 간직해온 바구니 속 달걀을 3분의 2나 깨트릴 수 있기 때문이다! 존 보글이 이에 대해 내게 간단히 설명한 적이 있다.

"주식시장이 50년간 연 7% 수익을 낸다고 합시다." 그는 말했다. 이 계산대로라면 복리가 '1달러를 30달러까지' 불릴 수 있다. 그러나 펀드는 일반적으로 연 2% 수수료를 부과하고, 이는 당신의 연평균 수익률을 5%까지 떨어뜨린다. 이런 비율이라면 "당신에게 돌아오는 건 10달러밖에 안 됩니다." 30달러를 벌 수 있는데 손에 들어오는 건 10달러뿐인 겁니다. 돈을 투자한 것도 100% 당신이고 위험부담도 전부 당신 몫인데, 돌아온 것은 총 수익의 33%에 불과하죠!"

무슨 뜻인지 알겠는가? 당신이 번 수익의 3분의 2가 '한 푼도' 투자

- 1달러를 50년간 투자할 때, 연 5% 복리로 불어난다면 1달러는 10배인 10달러 정도로 불어난다. 연 7% 복리로 50년간 투자할 경우 1달러가 30달러 정도로 불어난다. 2% 차이가 50년 뒤에는 3배 차이로 대폭 커지는 것이다.

하지 않고 '아무' 위험도 지지 않고, 심지어 실적마저 '형편없는' 펀드 매니저의 주머니로 들어간다는 얘기다! 그렇다면 궁극적으로 하와이에 꿈의 별장을 갖게 될 사람은 누구인가?

이 장을 읽고 나면 투자의 통제권을 되찾을 방법에 대해 알 수 있을 것이다. 수수료를 최소로 줄이면 수 년, 심지어 수십 년에 달하는 은퇴 소득을 확보할 수 있고 재정적 자유로 가는 여행에도 박차를 가할 수 있다. 하지만 그게 다가 아니다. 당신은 세금을 줄이는 방법에 대해서도 배우게 될 것이다. 사실 이건 굉장히 중요한 주제인데, 세금도 수수료처럼 당신의 재정적 삶에 지극히 파괴적인 위협을 가하기 때문이다.

이 두 주적主敵을 발굴해 물리치고 나면 진정 흔들림 없이 우뚝 설수 있게 될 것이다!

월스트리트의
늑대들

재정적 안정을 누리고 싶다면 가장 확실한 방법은 뮤추얼펀드에 투자하는 것이다. 어쩌면 당신 사촌은 아마존이나 애플, 구글 주가가 하늘 높이 치솟기 전에 운 좋게 주식을 사뒀을지도 모르지만 우리 같은 평범한 사람이 주식을 선별 투자하는 것은 부질없는 짓이다. 모르는 게 많고 변수도 너무 많아 일이 잘못될 확률이 크기 때문이다. 한편 뮤추얼펀드는 단순하고 합리적인 대안을 제시한다.

일단 폭넓은 분산투자로 전반적인 위험을 줄여준다.

하지만 적절한 펀드를 고르려면 어떻게 해야 할까? 선택의 폭은 넓다. 앞에서도 말했지만 미국에만 9,500개의 뮤추얼펀드가 존재한다. 미국 상장기업 수의 '2배'에 이르는 숫자다! 그러니 뮤추얼펀드 시장이 포화 상태에 이르렀다고 표현해도 과언은 아닐 것이다. 그렇다면 왜 그렇게 많은 회사들이 아직도 이 바닥에 들어오길 원하는가? 오, 정답은 간단하다. 수익성이 끝내주기 때문이다!

문제는 뮤추얼펀드가 우리 같은 고객이 아니라 월스트리트에 더 많은 돈을 안겨주는 경향이 있다는 것이다. 오해는 말도록. 금융계가 우리를 의도적으로 속이고 있다는 얘기가 아니다. 업계에 사기꾼과 돌팔이가 가득하다고 말하는 것도 아니다! 그와는 반대로 전문 금융인의 대다수는 매우 지적이고 근면성실하며 사려 깊은 사람들이다. 그렇지만 월스트리트는 투자 수익을 극대화하는 방향으로 진화한 생태계다. 악독한 인간들이 사는 악독한 세계는 아닐지라도 그들의 가장 우선적인 목적은 주주들의 수익을 최대화하는 것이다. 그것이 그들의 직업이다.

의도가 아무리 좋아도 이런 시스템 안에서 일한다면 도리가 없다. 직원들은 이익을 내라는 극심한 압박에 시달리고, 목표를 달성할 때마다 보상을 얻는다. 그러는 과정에서 우리 고객들도 좋은 결과를 얻을 수 있다면 그보다 더 좋을 수는 없을 것이다! 하지만 솔직해지자. 그들의 우선순위는 당신이 아니다.

나는 예일대학교의 최고 투자담당자인 데이비드 스웬슨의 도움으로 뮤추얼펀드 업계가 대다수 고객들을 얼마나 태만하게 다루고 있는지 배울 수 있었다. 기관투자계의 슈퍼스타인 스웬슨은 10억 달러 가치의 포트폴리오를 245억 달러까지 성장시킨 것으로 유명하다. 하지만 그는 내가 만난 사람들 가운데 가장 진실하고 따스한 마음의 소유자다. 스웬슨은 언제든 예일대학교에서 나와 개인 헤지펀드를 운영하며 억만장자가 될 수도 있었지만 모교에 대해 깊은 의무감과 봉사 정신을 품고 있었고, 그래서 많은 펀드회사들이 고객을 대우하는 방식에 환멸을 느꼈다. 그는 내게 이렇게 말했다.

"뮤추얼펀드는 전반적으로 고객들에게 형편없는 서비스를 제공하는 대신에 막대한 돈을 빼앗아갑니다."

펀드는 어떤 서비스를 '제공해야' 하는가? 우리가 적극적으로 운용되는 액티브펀드를 구입할 때 펀드매니저에게 수수료를 지불하는 이유는 시장을 능가하는 수익을 얻기 위해서다. 만일 그런 수익을 얻지 못한다면 시장 수익과 일치하고 비용은 적게 드는 인덱스펀드*에 투자하는 편이 나을 것이다.

짐작하다시피 액티브펀드매니저들은 바보가 아니다. 그들은 학창 시절 수학 우등생이었고, 경제학과 회계학을 공부했으며 세계 최고의 대학원에서 MBA를 수료했다. 그중 많은 이들이 정장을 입고 넥타이를 매고 다니며, 펀드의 수익률을 향상시킬 최적의 주식을 조사하고 선택한다.

그런데 고작 얼마나 잘못될 수 있단 말인가? 매우 많이 잘못된다.

• 또는 ETF(상장지수펀드)

인적 요소

펀드매니저는 주, 달, 혹은 연 단위로 어떤 기업이 뛰어난 성과를 낼지 예측함으로써 수익을 창출한다. 그들은 전망이 밝지 않아 보이는 부문 또는 국가를 기피하거나 '투자 비중을 축소'한다. 매입할 만한 주식이 없다고 생각되면 현금을 보유하기도 하고, 예감이 좋을 때는 공격적으로 투자하기도 한다. '그러나 미래 예측에 관해서는 전문가나 우리나 별 다를 바가 없다.' 사실 우리 인간은 미래를 예측하는 데 있어서는 대체로 실적이 형편없다! 신문에서 '용하기로 소문난 점쟁이가 로또에 당첨되다!' 같은 기사를 볼 수 없는 건 다 이유가 있는 법이다.

액티브펀드매니저들이 주식을 매매할 때 실수를 저지를 가능성은 다분하다. 그들은 '어떤' 주식을 사고팔지 결정할 뿐만 아니라 '언제' 사고팔지도 결정한다. 나아가 그들의 모든 결정은 뒤이어 또 다른 결정에 영향을 미친다. 내려야 할 결정이 많아질수록 실수를 할 확률은 더욱 증가한다.

그보다 더 나쁜 점은 주식을 거래할 때마다 상당한 비용이 든다는 것이다. 당신이 투자한 펀드에 주식이 들고 날 때마다 증권회사는 수수료를 부과한다. 카지노를 떠올리면 이해하기 쉬울지 모르겠다. 카지노는 게임을 계속 진행하든 안 하든 테이블에 앉은 손님들에게 요금을 부과하고, 결국에는 항상 '카지노'가 딴다. 펀드매니저가 거래를 할 때마다 요금을 부과하는 증권회사는(스위스 금융사인 UBS가 됐든 아니면 뱅크오브아메리카의 자산관리 부문인 메릴린치가 됐든) 금융계의 카지노다. 이 같은 비용은 시간이 지날수록 차곡차곡 높이 쌓여간다. 마침 나는 내 친구 스티브 윈Steve Wynn이 경영하는 호텔, 윈 라스베이거스에 묵으며 이 글을 쓰는 중이다. 스티븐은 세계 최고의 카지노로 억만장자가 되었는데, 그의 말처럼 통행료를 내는 사람보다 '징수'하는 사람이 되는 편이 낫다.

테이블 위에 칩이 너무 많아 실감이 잘 안 날 뿐, 실은 투자도 포커와 똑같은 제로섬 게임이다. 두 사람이 주식을 거래할 때 한 사람은 반드시 이기고 다른 한 사람은 반드시 잃게 되어 있다. 주식을 산 후에 주가가 상승한다면 당신이 게임에서 이긴다. 그러나 진정으로 게임에서 이기기 위해서는 중간 거래비용을 빼고도 수중에 돈이 남아야 한다.

잠깐, 헌데 그게 다가 아니다! 만일 당신이 보유한 주식의 주가가 올랐다면 주식을 매도할 때 시세 차익으로 인한 수익에 대해 세금도 납부해야 한다. 액티브펀드 투자가들에게 있어, 높은 거래비용과 세금은 말없이 펀드 수익을 야금야금 먹어치우는 침묵의 킬러다! 세금과 수수료를 납부한 후에도 이득이 남으려면 펀드매니저들은 '정말로' 두둑한 수익을 올려야 한다! 그런데 곧 알게 되겠지만 그건 절대로 쉬운 일이 아니다.

세금 이야기가 나오니 눈이 슬슬 감기는가? 그래, 나도 안다. 그다지 흥미로운 주제는 아니다. 그렇지만 '관심을 가져야 한다!' 왜냐하면 세금은 당신의 삶에서 가장 거대한 지출 부문이며 굳이 필요 이상의 세금을 내는 것은 미친 짓이기 때문이다. 특히 세금을 피할 방도가 있다면 더더욱 그렇다! 두 눈을 부릅뜨고 감시하지 않는다면 세금은 당신의 투자수익률에 돌이킬 수 없는 피해를 입힐 것이다. 조금 극단적이긴 해도 꽤 흔히 볼 수 있는 예시를 들어보겠다.

12월에 당신이 한 펀드에 들었다. 그런데 다음 날 펀드매니저가 지난 10개월간 주가가 급등한 주식을 매도했고 당신은 펀드 소유주 중 한 명이므로 수익에 대한 세금고지서를 받게 된다. 당신은 어제 막 펀드를 구입해서 주가 상승으로 이득 본 게 한 푼도 없는데 말이다.[6] 이런데도 세법이 공정하다고 말할 수 있을까?

또 다른 흔한 문제는 액티브펀드의 주식 보유 기간이다. 대다수 펀드는 지속적으로 주식을 거래하며, 많은 주식의 보유 기간이 1년 미만에 불과하다. 다시 말해 펀드를 얼마나 오래 보유하고 있든 세율이 낮은 자본이득세의 혜택을 받지 못하고 높은 세율의 경상소득세를 납부해야 한다는 의미다.

왜 이런 것에 일일이 관심을 기울여야 하냐고? 왜냐하면 개인퇴직연금계좌individual retirement account; IRA나 401(k) 같은 세금이연 계좌가 아닐 경우 펀드 수익이 30% 이상 깎일 수 있기 때문이다. 별로 놀랍지도 않겠지만, 펀드 회사들은 고객들의 세금 문제에 대해서는 별 생각 없이 '세전' 수익만을 대대적으로 홍보한다!

수수료로 잠재 자산의 3분의 2를 잃고 남은 밑천의 30%도 불필요한 세금 때문에 사라진다고 상상해보라. 당신과 당신 가족에게 '진짜'

---

6   이를 자본이득세라고 부르며, 이런 경우 자본이득을 얻은 적이 없음에도 세금을 납부해야
     한다. 펀드를 장기간 보유한다고 반드시 장기간의 자본이득이 보장되지는 않는다. 오히려
     그 반대라 해야 할 것이다. 적극적으로 운용되는 액티브펀드를 보유한다는 것은 매년 펀드
     매니저가 창출한 수익에 대해 세금을 내야 한다는 뜻이며, 그런 수익은 대개 높은 경상소
     득세율로 과세된다.

남는 돈은 얼마나 되겠는가?[*]

그렇다면 해결책은 무엇일까.

인덱스펀드는 '소극적인' 접근법으로 거의 모든 거래 활동을 최소화한다. 액티브펀드와 달리 거래를 자주 하는 것이 아니라 S&P500 같은 시장지수의 모든 주식을 골고루 보유하는데, 그중에는 애플과 알파벳Alphabet, 마이크로소프트, 엑손모빌ExxonMobil, 존슨앤드존슨 같은 거물급 주식들도 포함된다. 인덱스펀드는 거의 자동으로 운용되며 주식 거래를 거의 하지 않기 때문에 거래비용과 세금도 지극히 적다. 다른 비용도 꽤 많이 아낄 수 있는데, 예를 들면 인덱스펀드는 펀드매니저와 아이비리그 학위를 가진 애널리스트들에게 막대한 급여를 줄 필요가 없다!

또한 인덱스펀드를 가지고 있으면 혹시 모를 액티브펀드매니저들의 멍청하고 잘못되거나 불운한 결정들로부터 보호받을 수 있다. 가령 어떤 펀드매니저들은 불시에 매력적인 투자 기회가 나타나거나 투자자들이 한꺼번에 펀드를 매각하는 경우에 대비해 일정 비율을 현금

• 여기서 국내 주식형 펀드의 비용과 세금에 대해 정리해야 할 필요가 있다.
국내 주식형펀드의 비용(판매수수료 및 운용보수)은 2017년 이후 빠르게 하락해 연 1.5% 이하까지 떨어졌다. 그럼에도 불구하고 국내 인덱스펀드는 연 0.5% 선으로 일반 주식형에 비해 매우 저렴하다. 특히 운용보수만 보면 연 0.05% 이하로 일반 주식형펀드의 20분의 1 수준이다.(다만 인터넷 가입 국내 인덱스펀드는 연 0.1%대 비용의 상품도 존재하고, 해외 주식형펀드나 인덱스펀드는 상대적으로 비용이 높아 가입 시 개별적으로 확인해야 한다)
한편, 세금 부분에서는 미국과 큰 차이가 존재한다. 바로 국내 주식형펀드에는 세금이 '거의' 붙지 않는다는 점이다. 왜냐하면 한국에서는 일부 대주주를 제외하고 주식 양도 차익에 대해 과세를 하지 않는다. 따라서 주식형펀드의 수익에 대해서도 배당 수익 등 일부에만 과세할 뿐 주식 매매에 따른 수익에는 세금을 부과하지 않는다.

"행운을 빕니다"

주식시장의 상승과 하락을 정확하게 예측하는 것은 왜 그렇게 어려울까? 우리는 왜 적시에 주식시장에 진입해 상승세의 이득을 보고 주가 하락의 고통을 맛보기 전에 탈출하지 못하는 것인가? 사람들은 대개 올바른 타이밍을 절반 이상만 잡을 수만 있다면 원하는 투자 성과를 얻을 수 있다고 생각한다. 그러나 노벨경제학상 수상자인 윌리엄 샤프William Sharpe의 연구조사에 의하면 마켓타이밍 투자가 성공하려면 예측 정확성이 69~91%에 달해야 한다. 이는 거의 불가능한 수치다.

한편 리처드 바우어Richard Bauer와 줄리 달퀴스트Julie Dahlquist는 1926년부터 1999년까지 100만 건 이상의 마켓타이밍 사례를 연구한 결과, '시장에 머무르는 전략(인덱스펀드를 이용해)이 마켓타이밍 전략보다 80% 이상 더 좋은 실적을 올렸다'는 결론을 내렸다.

으로 보유하는 것을 선호한다. 일정분의 현금을 보유하는 것은 그리 나쁜 생각이 아니고 사실 증시가 하락할 때는 꽤 괜찮은 대비책이기도 하다. 그러나 현금은 수익을 안겨주지 않기 때문에 시장이 완만한 상승곡선을 그릴 때조차도 시간이 흐르면 펀드 수익률은 감소하게 된다. 결과적으로 현금 보유분의 '기회손실비용'이 액티브펀드의 수익률에 부정적 영향을 끼치는 것이다.

그렇다면 인덱스펀드는 어떨까? 인덱스펀드는 현금을 쌓아놓기보다 가진 돈을 항상 거의 전부 투자한다.

어떻게 이럴 수가 있느냐고? 나도 처음 진실과 마주친다는 게 어떤 기분인지 안다. 어쩌면 당신은 이렇게 질문할지도 모른다.

"그럼 액티브펀드에 투자해서 얻는 게 뭐야?"

글쎄, 아마도 인적 오류와 높은 수수료, 그리고 피하고 싶은 세금명세서 정도일까? 데이비드 스웬슨이 재정적 자유를 향한 여정에서 액티브펀드의 유용성에 강한 의문을 제기한 것도 당연하다. 그는 이렇게 경고했다.

"충분히 오랜 시간을 두고 수수료와 세금을 제한 결과를 살펴보면 액티브펀드가 인덱스펀드를 능가할 확률은 거의 없다는 걸 알 수 있습니다."

지불한 만큼 얻는다? 그렇지 못할 때도 있다

뮤추얼펀드 업계는 세계 최대의 사기꾼들이다. 펀드매니저와 중개인, 기타 내부자들이 미국의 평범한 가정과 대학, 은퇴저축을 아우르는 7조 달러의 밥그릇에서 지나치게 많은 몫을 꾸준히 빨아들이고 있다.
— 피터 피츠제럴드Peter Fitzgerald, 일리노이 주 상원의원, 2004년 뮤추얼펀드 개혁법안 공동입안자

10대 때 나는 가끔 좋아하는 여자아이와 데니스Denny's 식당에서 데이트를 했다. 하지만 음료수 두 잔을 시킬 돈이 없어 아이스티 한 잔을 시키고 나는 이미 마신 척을 하곤 했다. 가난은 내게 '지불해야 할' 비용과 '실제' 비용에 대해 예리한 감각을 키우게 해주었다. 고급 레스토랑에서 저녁식사를 할 때, 당신은 당연히 비싼 비용을 치러야 한다고 예상할 것이다. 하지만 2달러밖에 안 되는 타코에 20달러나 내야

한다면 어떨까? 말도 안 되는 소리 하지 말라고? 하지만 놀랍게도 그게 바로 액티브 뮤추얼펀드에 투자하는 대부분의 사람들이 하고 있는 일이다.

당신이 보유한 펀드에 대해 '실제로' 수수료를 얼마나 내고 있는지 확인해본 적이 있는가? 확인한다고 해도 펀드 회사의 '투자 자문 수수료'와 우편 및 기록보관 같은 관리비용, 그리고 공짜 음료수나 커피 같은 사무비용이 포함된 '보수비용비율'에만 신경을 썼을 것이다. 일반적인 주식투자펀드의 보수비용비율은 대체로 1~1.5%다. 다만 당신이 모르는 점이 있다면 그것이 그저 수수료라는 거대한 무덤의 시작일 뿐이라는 것이다.

몇 년 전 〈포브스〉는 실제 펀드 비용이 얼마나 되는지 파헤친 '뮤추얼펀드의 실제 비용The Real Cost of Owning a Mutual Fund'이라는 기사를 게재했다. 펀드를 보유하게 되면 단순히 높은 수수료뿐만 아니라(기사는 수수

총 합계

비과세 펀드	과세 펀드
비용비율: 0.90%	비용비율 0.90%
거래비용: 1.44%	거래비용: 1.44%
기회손실비용: 0.83%	기회손실비용: 0.83%
	세금비용: 1.00%
총 비용: 3.17%	총 비용: 4.17%

출처: '뮤추얼펀드의 실제 비용', 포브스, 2011년 4월 4일

료율을 꽤 보수적으로 1%도 되지 않는 0.9%를 책정했다) '거래비용(주식을 사고팔 때 지불해야 하는 판매수수료)'에도 터무니없는 액수를 지불해야 하는데, 〈포브스〉는 이를 연 1.44%로 추정했다. '현금 보유분의 기회손실비용'은 약 연 0.83%, 과세펀드의 '세금비용'은 연 1%로 추산했다.

총 수수료는 얼마나 될까? 401(k) 같은 비과세 계좌의 경우, 1년에 3.17%의 수수료를 지불해야 한다! 과세펀드라면 당신이 잃는 총 비용은, 놀라지 마시라. 연 4.17%다! 결론을 말하자면, 심지어 20달러짜리 타코가 괜찮은 거래로 보일 정도인 것이다.

> 작은 글자를 신중하게 읽어봐야 한다. 사실 나는 작은 글자가 필요한 것들을 좋아하지 않지만.
> — 존 보글

지금부터는 모쪼록 온 신경을 다해 주목해주기 바란다. 숨은 수수료에 대해 알기만 해도 거금을 절약할 수 있기 때문이다! 앞으로 설명하는 내용을 읽고도 "그래, 하지만 연 3~4%밖에 안 되잖아. 친구 사이에 그 정도면 뭐 어때?"라고 느낀다면, 제발 다시 신중하게 생각해보길 바랄 뿐이다.

얼핏 보기에는 숫자가 별로 크게 느껴지지 않을지도 모르겠다. 그렇지만 이런 소소해 보이는 비용들이 수년에 걸쳐 얼마나 크게 불어날 수 있는지 계산해보면 깜짝 놀랄 것이다.

이런 식으로 비교해보자. 연 3% 수수료를 부과하는 액티브펀드는 수수료가 0.05%에 불과한 인덱스펀드에 비해 60배나 비싸다! 친구와 함께 스타벅스에 갔다. 친구는 카페라테 벤티 사이즈를 주문하고 4.15달러를 내는데, 당신은 그 60배를 내야 한다. 자그마치 249달러다! 이런 상황이라면 누구나 고민하지 않을까?

너무 극단적인 예시처럼 느껴진다면, 이번에는 두 명의 친구를 생각해보자. 조와 데이비드는 둘 다 35세로, 노후를 위해 각자 10만 달러를 투자하기로 결심했다. 이후 30년간 그들은 동일하게 연 8%의 수익을 올렸다. 다만 인덱스펀드에 투자한 조는 연 0.5%의 수수료를 지불했고, 액티브펀드에 투자한 데이비드는 연 2%의 수수료를 지불했다.(여기서 나는 액티브펀드와 인덱스펀드의 수익률이 동일하다는 매우 관대한 가정을 하는 중이다.)

그리하여 어떤 결과가 나타났는지 표를 보고 확인해보라. 10만 달

| 수수료 2%의 차이 |

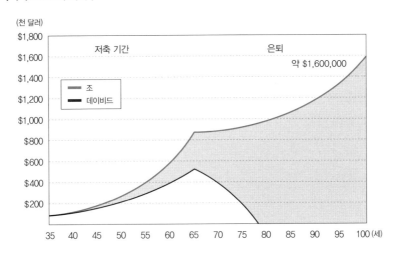

러였던 조의 자산은 65세가 되자 86만 5,000달러로 증가했다. 데이비드의 경우에는 54만 8,000달러로 늘어났다. 두 사람의 차이는 수수료율뿐이었지만, 결과적으로는 조의 자산이 58%, 즉 31만 7,000달러나 더 많이 불어난 것이다.

표에서 볼 수 있듯이 이 두 친구는 퇴직 후에 매년 6만 달러의 생활비를 인출했다. 데이비드는 79세에 자금이 바닥나지만 조는 완전히 다른 노후를 즐길 수 있다. 그는 매년 8만 달러를 쓸 수 있고(데이비드보다 33% 더 많다.) 심지어 88세까지 버틸 수 있다! 부디 조가 데이비드에게 자택의 지하실을 임대해줬기를. 그것도 공짜로 빌려줘야 할 것이다.

이제 왜 수수료에 관심을 기울여야 하는지 알겠는가? 그것이 당신의 미래를 빈곤과 풍족함, 비참한 삶과 행복한 삶으로 가를 수 있기 때문이다.

별점 5개의 함정

황당하게 높은 수수료를 징수할 뿐만 아니라 투자실적마저 형편없는 펀드매니저를 찾고 싶다면 어디로 가야 할까? 오, 걱정 마시라. 우리에게는 금융 서비스산업이 있다. 세상에 차고 넘치도록 흔한 게 있다면 바로 수익률은 바닥이면서 수수료 바가지를 씌우는 펀드매니저일 것이다.

액티브펀드는 과도한 비용만 떠안기는 게 아니다. 장기간 실적마저 지독하니 이중으로 모욕을 당하는 기분이다. 249달러를 주고 카페라테를 샀는데 한 모금 마셔보니 심지어 상한 우유였다니!

뮤추얼펀드와 관련해 내가 접한 가장 충격적인 연구는 리서치 애필레이트의 창립자이자 금융리서치 분야의 최고 권위자인 로버트 아노트의 뮤추얼펀드 투자 실적 조사였다. 그는 1억 달러 이상의 자산을 보유한 203개 액티브 뮤추얼펀드를 대상으로 1984년부터 1998년까지 15년간의 실적을 추적했는데, 그 결과가 어땠는지 아는가? 203개 펀드 가운데 수익률이 S&P500을 능가한 것은 8개에 불과했다! 전체의 4%도 되지 않는 숫자이며, 그중 96%가 15년간 가치를 창출하는 데 실패했다는 의미다!

만일 아직도 액티브펀드를 구입할 생각인가? 당신은 자신의 능력을 과신한 나머지, 시장수익률을 능가할 4% 펀드를 찾는 도박을 하는 셈이다. 그러고 보니 이를 도박에 비유한 〈패스트컴퍼니Fast Company〉 매거진의 '뮤추얼펀드의 신화The Myth of Mutual Funds'라는 기사가 있었다. 기사를 쓴 칩 히스Chp Heath와 댄 히스Dan Heath는 이 4%의 실적 좋은 펀드를 엄선할 수 있다는 가정이 얼마나 황당한지 지적한다.

"비교하자면 블랙잭에서 두 장의 그림 카드를 갖고 있는데(그림 카드는 각각 10점을 의미하므로 현재 당신의 점수는 20점이다) 당신 내면의 바보가 '한 장 더!'라고 소리친 것이다. 이때 당신이 이길 확률은 8%다."(블랙잭은 자신이 가진 카드의 점수 합이 21점에 가장 가까울 때 승리하는 카드 게임이다.-옮긴이)

당신은 어떨지 몰라도 나라면 절대 이 내면의 바보에게 넘어가지 않겠다! 도대체 자신이 시장수익률을 능가할 수 있는 '소수'의 펀드매니저를 알아볼 수 있다는 자신감은 어디서 비롯되는 걸까?

어쩌면 당신은 〈월스트리트 저널〉과 〈모닝스타Morningstar〉 소식지를 꼼꼼히 챙겨 읽으며 시장수익률을 능가하는 별점 5개 펀드를 찾는 열혈 투자자인지도 모른다. 그러나 대다수가 간과하는 또 다른 문제점이 있다. 오늘의 승자가 내일은 패자가 된다는 사실이다. 〈월스트리트 저널〉은 1999년에 〈모닝스타〉에서 '별 5개' 평가를 받은 최고 실적 펀드들이 그 후 10년간 어떤 성적을 냈는지 추적한 연구에 관해 보도한 적이 있다.

"초반에 별점 5개를 받은 248개 액티브 뮤추얼펀드 가운데 10년 후까지 정상을 지킨 것은 단 4개에 불과했다."

이 같은 과정을 조금 멋들어진 용어로 말하자면 '평균으로의 회귀'라고 할 수 있겠다. 상위권자들이 추락하여 평범한 수준으로 돌아가는 현상을 객관적이고 정중하게 표현한 것이다.

그러나 안타깝게도 많은 이들이 '잘 나가는 주식을 사라'는 함정에 빠졌다는 사실을 자각하지 못하고 최고등급 펀드를 구입한다. 그것도 가치가 하락하기 직전, 가격이 최고조에 있을 때 말이다. 데이비드 스웬슨은 이렇게 설명했다.

"별점 1개나 2개짜리 펀드를 수두룩하게 갖고 있다고 자랑하는 사람은 없습니다. 보통 사람들은 별 4개나 5개짜리 펀드를 사서 사무실에서 떠벌리고 싶어 하지요. 하지만 별점 5개의 최상위 펀드는 이미 성과를 '낸' 펀드지, 앞으로 성과를 '낼' 펀드가 아닙니다. 이미 성과를 낸 별 5개 펀드를 매입하고 성과가 좋지 않은 별 1개 펀드를 매도한다면 결국 당신의 성과는 별 볼일 없을 겁니다."

이보다 더 나빠질 수도 있을까?

뮤추얼펀드 회사들은 운 좋게 몇 개가 얻어 걸리기를 바라며 무작정 많은 펀드를 출시하기로 악명 높다. 그런 다음 성공한 펀드 몇 개를 열렬히 홍보하고 실적 나쁜 펀드들은 조용히 닫는다. 아무리 기름칠을 한들 과거 실적이 형편없는 펀드는 판매할 수가 없기 때문이다. 존 보글은 이렇게 말한다.

"뮤추얼펀드 회사들은 인큐베이션 펀드 5개를 시작해서 5개 펀드 모두 좋은 성과를 내려 합니다. 하지만 당연히도 4개는 실패하고 그중 하나만 살아남죠. 그러면 그들은 실패한 펀드 4개를 버리고 실적이 좋은 하나만을 공개해 판매합니다."

보글은 펀드를 무수히 조성하면 통계적으로 그중 몇 개는 반드시 성공할 수 있다고 덧붙인다.

"체육관에 고릴라 1,024마리를 모아 두고 동전 던지는 법을 가르친다고 합시다. 그러면 그중에는 10번 연달아 앞면이 나오는 고릴라도 있을 수 있겠죠. 대부분은 그걸 운이 좋았다고 할 테지만 펀드업계에서는 그를 천재라고 부릅니다!"

그렇다면 장기간에 걸쳐 주식시장을 능가하는 것은 '불가능'한 걸까? 아니다. 극도로 어렵긴 해도 수십 년 동안 시장수익률을 능가한 몇 명의 '유니콘'이 존재하는 것도 사실이다. 그들은 워런 버핏과 레이 달리오, 칼 아이컨, 폴 튜더 같은 금융계 슈퍼스타들로, 감탄스러울 정도로 똑똑할 뿐만 아니라 주식시장이 추락해 대다수가 공황에 빠질 때조차 침착함과 이성을 유지할 수 있는 이상적인 성격의 소유자들이다. 그들이 게임에서 승리할 수 있는 이유는 감정이나 욕구, 행운이 아니라 확률과 가능성에 대한 깊은 이해를 바탕으로 투자 결정을 내리기 때문이다.

그러나 이런 유니콘들이 운영하는 대규모 헤지펀드는 대개 폐쇄적이어서 외부 투자자가 접근할 수 없다. 예를 들어 레이 달리오의 헤지펀드는 순보유자산이 50억 달러 이상에 투자액이 최소 1억 달러인 투자자만이 참가할 수 있으며 현재는 설사 침대 매트리스 안에 수십억 달러를 숨겨두고 있더라도 '새' 고객을 유치하지 않는다.

내가 레이에게 장기적으로 시장을 능가하기가 얼마나 어려운지 묻자, 그는 돌려 말하지 않았다.

"시장을 이길 수는 없습니다. 시장과 경쟁하는 것은 올림픽에서 금메달을 따는 것보다 더 어렵습니다. 참가자도 많고, 만일 이길 수만 있다면 얻을 수 있는 보상도 훨씬 크지요. 올림픽과 똑같이 금메달을 딸 가능성은 극미하지만, 올림픽과는 달리 대부분의 사람들이 자신은 이길 수 있다고 믿습니다. 설불리 시장을 능가하려고 덤비기 전에 성공 가능성이 극도로 낮다는 사실을 미리 인지하고, 소수의 승자가 되기 위해 시간을 투자하여 충분한 교육을 받고 만반의 준비를 갖췄는지

자문해야 합니다."

지난 수십 년간 실제로 시장을 '능가해온' 거물이 쓸데없이 노력하지 말고 인덱스펀드를 고수하라고 충고한다면 그 말을 무시할 수 있겠는가?

어마어마한 격차로 시장을 압도해온 워런 버핏은 일반투자자들에게 인덱스펀드에 투자해서 높은 수수료를 피하라고 조언한다. 그는 거의 모든 펀드매니저가 운용하는 액티브펀드가 장기적으로 보면 인덱스펀드보다 수익률이 낮다는 사실을 입증하기 위해 2008년에 뉴욕에 기반을 둔 프로테제 파트너스Protege Partners와 상대로 내기를 했다. 앞으로 10년간 S&P500 지수의 수익률이 프로테제가 선발한 자사 최고의 펀드매니저 5명의 수익률을 앞설 것이라는 데 100만 달러를 건 것이다.

그래서 어떻게 됐느냐고? 그로부터 8년이 지났을 무렵, 〈포춘〉은 5개 헤지펀드의 평균 수익률이 21.87%인 반면 S&P500의 수익률은 65.67%라고 보도했다! 물론 시합이 아직 끝난 건 아니지만 지금까지의 경과를 볼 때, 이 헤지펀드매니저들은 세계에서 가장 빠른 단거리 선수인 우사인 볼트를 상대로 2인 3각으로 겨루고 있는 듯하다.

한편 버핏은 유언장에 자신이 사망한 뒤 아내에게 남긴 재산을 저비용 인덱스펀드에 투자하라고 지시했다고 한다.

"나는 인덱스펀드가 연금펀드든 기관이든 개인이든 높은 수수료를 받는 펀드매니저를 고용하고 있는 대부분의 투자자보다 훨씬 탁월한 결과를 낼 것이라고 믿는다."

버핏은 심지어 무덤에서조차 높은 수수료의 파괴적인 영향을 벗어나고 싶었던 것이다! 그러니 당신도 오마하의 현인의 가르침을 새겨들어라.

앞에서 내가 지식은 '잠재적' 힘일 뿐이라고 한 말을 기억하는가? 지식을 활용하여 '행동'할 때라야 우리는 진정한 힘을 가질 수 있다. 이 장에서 우리는 수수료가 당신의 재정적 미래에 얼마나 치명적인 영향을 끼칠 수 있는지 배웠다. 그렇다면 이 지식으로 '무엇'을 할 것인가? 어떻게 행동하여 이익을 얻을 것인가?

지금 즉시 과도한 수수료를 부과하는 액티브펀드를 해지하고 인덱스펀드에 투자한다고 생각해보라. 그러면 어떻게 될까? 아마 펀드 수수료로 떼어가는 비용을 최소 연 1%는 줄일 수 있을 것이다. 하지만 이미 알고 있다시피, 인덱스펀드로 갈아타는 장점은 이뿐만이 아니다. '이론적으로' 인덱스펀드의 수익률은 액티브펀드 수익률을 연 1% 이상 능가할 것이다. 즉 수수료는 줄고 수익은 늘어 지금보다 연 2% 수익을 더 지킬 수 있다는 의미다. 이것만으로도 퇴직 후 20년에 달하는 소득을 확보할 수 있다.[7]

이제 당신이 얼마나 큰 힘을 지녔는지 알겠는가? 그 힘을 발휘해 쓸데없는 비용을 낮춰라. 바위처럼 굳건하고 흔들림 없이 설 수 있을 것이다!

자, 이번에는 심호흡을 한 번 크게 한 다음 중요하고도 상당한 돈

---

[7] 이는 두 명의 투자자가 종잣돈 10만 달러로 30년간 연 8% 수익을 올리되, 한 명은 1%, 다른 한 명은 2% 수수료를 냈을 경우를 가정한 것이다. 매년 동일한 액수를 생활비로 사용할 경우, 2% 수수료를 낸 투자자는 노후 자금이 10년 일찍 바닥나게 된다.

을 아낄 수 있는 또 다른 분야로 들어가 보자. 바로 퇴직연금보험인 401(k) 연금제도다. 페이지를 넘겨라. 당신의 노후 자금을 구출하는 막대한 임무에 뛰어들어야 하니까.

04

위험에 빠진
노후 자금 구출하기

퇴직연금보험사가 숨겨놓은 진실

401(k) 연금제도는 기가 막힌 발명품이다. 1984년에 출시된 이 상품은 우리처럼 평범한 이들이 월급에서 곧장 연금계좌로 돈을 부으면서 세금 공제까지 받을 수 있게 해준다. 이 얼마나 훌륭한 제도인가! 우리는 아메리카 드림의 일부인 이 멋진 기회를 이용해 미래를 위해 직접 투자하고 재정적 자유를 성취할 수 있다. 현재 거의 9,000만 명에 달하는 미국 국민이 401(k)에 가입돼 있다. 미국의 주택보유자가 7,500만 명이라는 점을 감안하면 엄청난 숫자다. 현재 401(k) 보유액은 6조 달러이며, 미국인의 경제적 안녕을 책임지는 가장 중요한 수단이기도 하다.

그런데 어디선가부터 잘못되기 시작했다. 수조 달러를 쥐게 된 금융회사들이 그 거대한 자금원에 손가락은 물론 발가락까지 담글 방법들을 궁리하기 시작한 것이다. 이것이 바로 미국이 지닌 혁신적 재능의 추악한 부분이다! 그 결과 우리는 이제 이런 무자비한 강도들로부터 돈을 보호해야 한다는 부담감에 시달리게 되었다.

믿기지 않겠지만, 지난 30년간 401(k) 총괄 금융회사들(은행, 증권, 보험사 등이 될 수 있다)은 고객들에게 얼마나 많은 수수료를 부과하고 있는지 밝혀야 할 법적 의무조차 없었다! 정부는 2012년에야 401(k) 금융회사들이 국민들의 저축을 얼마나 뜯어가고 있는지 구체적인 명세 내역을 공개할 것을 명령했다. 도대체 어떤 업계가 이제껏 고객들에게 "우리만 믿어 주십시오!"라는 말만 되풀이하면서 생존할 수 있었단 말인가. 가격표 없는 옷 가게를 본 적 있는가? 휴가를 갔는데 호텔과 항공사가 당신에게는 통보하지도 않고 은행계좌에서 돈을 인출한다면 어떻게 하겠는가?

물론 우리의 금융회사들은 이런 비공개 방침을 최대한 이용하고 싶은 유혹에 훌륭하게 저항했다. 노후자금 관리는 고객과의 신성한 신뢰관계를 기반으로 하기 때문이다. 대관절 내가 무슨 소리를 하는 건지. '당연히' 자기 잇속을 차렸고말고!

어쩌면 법이 바뀌었으니 문제가 해결된 것 아니냐고 생각할지도 모르겠다. 천만의 말씀이다. 401(k) 제도는 '여전히' 내막을 알 수 없는 블랙박스다. 오늘날 금융회사들은 30~50쪽에 달하는 두꺼운 정보공개서를 발행하는데 그마저 무슨 소린지 알 수 없는 어려운 표현과 용어들이 가득하다. 소중한 주말을 머리가 쪼개질 것 같은 어려운 문서를 읽으며 보낼 사람은 그리 많지 않다. 대부분의 연금가입자들은 잘 보이지도 않는 작은 글씨를 읽느니 자기네 회사가 알아서 잘 골라 줬겠거니 순진하게 믿을 뿐이다. 그러나 대부분 회사의 담당 직원들은 골프장에서 함께 골프를 치며 401(k) 연금계획을 판매한 중개인들을 믿을 뿐이다. 명심하라. 401(k) 가입자 중 71%가 수수료가 '없다'고 믿고 있고, 92%는 수수료가 '뭔지도 모른다'고 대답했다! 그러나 실제로 대다수의 연금계획은 거액의 중개수수료와 값비싼 액티브 펀드, 그리고 숨은 수수료로 겹겹이 싸여 있다.

싱크탱크인 데모스Demos의 선임 정책분석가인 로버트 힐튼스미스Robert Hiltonsmith는 자신의 401(k) 연금계획에 구성된 20개 펀드의 투자설명서를 해독해보았다. 그는 난해한 법률용어와 헷갈리는 두문자어로 구성된 거칠고 험난한 숲을 열심히 파헤친 끝에 '은퇴 저축의 밑빠진 구멍: 401(k)의 과도한 숨은 비용The Retirement Savings Drain: The Hidden & Excessive Costs of 401(k)s'이라는 제목의 보고서를 발간했다. 그가 발견한 사실에 따르면, 우리 같은 고객들은 자그마치 17종의 수수료 및 추가 비용을 내고 있다!

확인 차 말해두지만, 나는 지금 401(k) 계획에 포함된 뮤추얼펀드의 수수료만 말하는 것이다. 401(k)에는 〈포브스〉가 연 3.17%로 추정한 액티브펀드 수수료가 끝이 아니라, 그 외에 연금계획 제공회사가 당신의 401(k)를 관리하는 대가로 부과하는 '추가 수수료'가 있다는 뜻이다. 이를 떼가는 업체는 대개 보험회사나 당신이 급여를 받는 회사인데, 가령 자신의 몫을 떼어가는 요금징수원으로 이해하면 쉬울 것이다.

당신은 이런 업체들에게 돈을 빼앗기게 되어 있다. 그들은 401(k)에서 돈을 빼먹는 방법을 고안해내는 데 있어서만큼은 진정 천재들이라 할 수 있기 때문이다! 그들이 발명한 여러 가지 수수료 중에서 몇 가지만 살펴보자. 투자비용, 신탁관리비용, 통신비용, 부기비용, 관리비용, 법률비용, 거래비용, 신의성실비용 등등. 아예 '비용비용'이라는 카테고리도 신설할 판이다.

나는 늘 401(k) 총괄 금융회사가 제공한 정보공개서의 작은 글씨들에 숨어 있는 속셈을 보고 감탄하곤 한다. 앞으로 가입자에게 일어날 수 있는 일에 대해 경고하는 애매모호한 용어와 문구들 말이다. 이를테면 의도적으로 끼워넣은 무의미한 단어들이 있다. '순자산 보수', '자산관리 보수', '계약자산 보수', 'AMC(연간관리보수)', 'CAC(기여자산공헌율)' 등등. 누구나 알 만한 대표적인 보험회사 한 곳은 뻔뻔스럽게도 '필요 수익'이라는 항목을 추가하기도 했다. 도대체 '누가' 필요로 한단 말인가? 대관절 무엇 때문에? 보험회사 CEO가 요트를 사는 데 필요한가?

이 모든 항목이 부과하는 비용이 도합 얼마나 될까? 힐튼스미스는 401(k) 수수료가 연 소득 3만 달러에 수입의 5%를 저축하는 평범한 노동자에게 어떤 영향을 미치는지 조사했다. 이 노동자는 평생 수수료만 15만 4,794달러를 내야 한다. 자그마치 그의 5년 소득에 해당하는 액수다. 연 소득 9만 달러인 노동자는 401(k) 수수료로 총 22만 7,000달러를 납부해야 한다.

당신도 나만큼이나 대부분의 사람들이 은퇴자금을 모으는 데 얼마나 큰 어려움을 겪는지 잘 알 것이다. 은퇴 후의 안락한 삶을 위해서는 어마어마한 희생이 필요하다. 이런 과도한 지출비용은 모든 노력을 헛되이 만들 수 있다. 이미 과도한 수준의 수수료가 완전히 다른 차원으로 도약하는 경우도 있다. 일부 연금계획 제공회사는 일반적인 수수료 외에도 '선취 판매 수수료'라는 명목으로 첫 납부금에서 일정 비용을 떼어간다. 내가 본 최악의 경우는 고객이 연금계좌에 저축을 할 때마다 5.75%를 빼앗아갔다. 마치 그런 회사를 굴리는 기업의 신에게 십일조라도 바쳐야 하는 양 말이다. 거기다 연 2% 펀드 수수료까지 더하면 당신은 문을 나서기도 전에 7.75%를 빼앗기는 셈이다.

교사와 간호사, 비영리재단 직원은 이런 거대한 사기 행각에서 가장 취약한 집단이다. 401(k)에 상응하는 그들의 403(b) 연금제도는 (적어도 이론상으로는) 근로자들을 보호하기 위한 ERISA(1974년 제정된 근로자퇴직소득보장법)의 적용을 받지 않기 때문이다. 우리 사회를 더 나은 곳으로 만들기 위해 가장 많이 희생하는 사람들의 삶이 중개인들 때문에 망가지고 있다는 사실이 환멸스러울 따름이다. 막상 그 중개인들은 밤에도 비싸고 고급스런 이불 속에서 발 쭉 뻗고 쌔근쌔근 잘도 자겠지.

〈뉴욕타임스〉에 게재된 '당신 연금계획이 형편없다고? 교사들에게 물어보라Think Your Retirement Plan Is Bad? Talk to a Teacher'라는 기사에서 기자인 타라 세걸 버나드Tara Segel Bernard는 이 가엾은 이들이 어떻게 저축을 강탈당하고 있는지 솜씨 좋게 폭로한다. 가장 지독한 경우, '교사들은 자산관리비용으로 대략 2% 수수료를 내고 있으며, 새로 돈을 예치할 때마다 최대 6%까지 판매수수료를 부담한다. … 더구나 여기에는 투자 대상인 뮤추얼펀드의 온갖 부대비용은 포함되지도 않았다. 개중에

는 수수료가 1%를 초과하는 것들도 있다.'

가입 후 첫해의 지출비용만 9%다. 이것은 보트에 난 구멍이 아니다. 보트의 등가죽을 통째로 벗겨먹고 물속에 처박은 꼴이다.

그러므로 금융업계가 우리보다 얼마나 유리한 위치에 있는지 반드시 알아둬야 한다. 지식은 우리의 1차 방어선이다. 애초에 어떤 위험이 도사리고 있는지 모른다면, 그러한 위험으로부터 당신의 재정적 안녕을 보호할 수 없다.

코미디언 존 올리버John Oliver도 HBO 방송사의 '존 올리버의 나이트 위크 투나잇Last Week Tonight with John Oliver'에서 401(k)에 대해 다룬 적이 있다. 올리버가 이끄는 조사팀은 자신들의 401(k) 계획을 낱낱이 해부하여 연금계획에 포함된 액티브펀드의 과도한 수수료를 '제하고도' 연금계획 제공회사가 부과하는 수수료가 연 1.69%에 달한다는 사실을 발견했다. 올리버는 '소소해 보이는 수수료가' 어떻게 '그들이 받아야 할 노후 자금의 3분의 2를 실종시키는지' 설명했다.

"수수료는 흰개미와 같습니다. 작고, 눈에 보이지도 않지만 당신의 미래를 ×나게 갉아먹을 수 있죠."

앞면이면 내가 이기고, 뒷면이면 네가 지는 거야

앞의 사실이 더욱 충격적인 이유는 401(k)가 부를 축적할 매우 강력한 도구'여야' 하고, 실제로도 제대로만 운용되면 그렇게 '될 수' 있기 때문이다. 그러나 지금은 이 거대한 연금계획의 대부분이 이해하기 힘든 수수료와 이권의 충돌로 점철되어 있는 상황이다. 2015년 오바마 정부는 '숨은 수수료와 뒷돈' 때문에 매년 170억 달러 이상이 증발되고 있다고 발표했다. 노동부장관 토머스 E. 페레즈Thomas E. Perez는 "작은 글씨와 숨은 수수료가 국민들의 저축을 만성질환처럼 좀먹을 수 있다."고 말했다.

2016년 초에 의회는 401(k) 총괄 금융회사들이 고객들의 이익을 최우선으로 행동하도록 만드는 새로운 법안을 통과시켰다. 그러나 안타깝게도 로비스트들이 일을 마쳤을 즈음 이 법안은 이빨 빠진 호랑이가 되어 있었다. 이를테면 401(k) 중개인은 여전히 수수료를 부과하고, 고객에게 지나치게 비싼 유명 펀드를 판매한 다음, 판매수수료를 후려낼 수 있다. 이제까지 늘 그래왔던 것처럼 말이다.

내 의견을 묻는다면, 이 업계 최악의 악습 중 하나는 거의 모든 대규모 금융사들이 401(k) 투자 명단에 특정 뮤추얼펀드를 포함시키고 그 대가로 돈을 받는다는 것이다. 이처럼 합법적이지만 치사한 수법을 수익 분배, 또는 이른바 '돈 내고 참가하기'라고 부른다. 이는 대형마트에서 소비자들이 질 낮은 제품들을 구입하도록 진열대를 사서 일부러 상품을 쌓아놓는 것과 비슷하다.

그게 무슨 뜻이냐고? 당신이 401(k)에서 펀드를 골라 투자할 수 있는 이유는, 애초에 펀드 회사가 401(k) 총괄 금융회사에 자기네 펀드를 포함시키라고 돈을 줬기 때문이다! 그 펀드들은 적극적으로 운영되는 액티브펀드이고 따라서 많은 비용이 든다. 대개는 수익률이 그리 좋지도 않다. 일부는 '선취수수료'를 부과하기도 하는데, 그말인즉

슨 펀드를 구매하기만 해도 3% 수수료가 붙는다는 뜻이다.

그렇다면 401(k)에 투자할 때 저비용 인덱스펀드를 고르면 되지 않을까? 좋은 질문이다! 문제는 대부분의 401(k) 금융회사들이 자산 보유액이 많을 때만 연금계획에 인덱스펀드를 포함시킬 수 있게 만들어놨다는 사실이다. 그 이유가 뭐냐고? 인덱스펀드는 자신들의 금융사에 돈을 벌어다 주지 않기 때문이다. 그러므로 금융사들은 할 수만 있다면 아예 인덱스펀드를 포함시키지 않는 편을 선호한다. 만일 당신이 소규모 회사에서 일하고 있다면, 수수료 높은 펀드에 투자하도록 강요받을 수도 있다. 실제로 401(k) 연금계획의 93%는 총 보유자산이 500만 달러 이하에 불과하다. 직원들을 위해 더 좋은 투자옵션을 구입하거나 요구할 힘이 없는 중소기업들도 있다. 하지만 작은 회사에서 일한다고 손해를 봐야 한다면 불공평하지 않은가.

소규모 연금계획에 인덱스펀드를 제공하는 일부 401(k) 금융회사도 있지만, 일반적으로 터무니없는 수준의 추가요금이 따라 붙는다. 한 유명 보험회사는 S&P500 인덱스펀드에 연 1.68%의 수수료를 요구한다. 보통 수수료가 0.05%이니 3,260배나 되는 셈이다! 이런 식으로 생각해보자. 당신 친구가 혼다 어코드 차량을 일반 소매가인 2만 2,000달러에 구입했다. 그런데 당신은 그보다 3,260%나 높은 가격을 지불해야 한다면? 완벽하게 똑같은 자동차를 사는 데 71만 7,200달러를 내야 한다면 어쩌겠는가?

또 다른 유명 보험회사는 뱅가드 인덱스펀드를 구입하는 데 3% 선취수수료를 가져가고 연간 0.65%의 수수료를 부과한다. 앞선 사례에 비하면 그나마 무난한 편이다. 인상폭이 1,300%밖에 안 되니까 말이다. 이들이 바로 주기적으로 당신의 작은 사업체를 찾아와 보호금 명목으로 돈을 뜯어가는 화이트칼라 깡패들이다. 그저 '당신'에게 돈이 있고 '그들'이 그것을 갖고 싶어 한다는 이유로 말이다.

한편 일부 401(k) 금융사들은 고객이 저비용 인덱스펀드를 선택하거나 직접 투자를 관리하고 싶어 할 경우 '자기주도형' 401(k) 계좌를 개설할 수 있게 허용하고 있다. 꽤 괜찮은 옵션 같지 않은가? 내 친구 한 명도 그렇게 생각했다. 그래서 그는 자기주도형 계좌를 열고 약간의 인덱스펀드를 구입한 다음, 쓸데없이 비싼 펀드들을 피할 수 있게 되었음을 자축했다. 한참 뒤에 자기주도형 계좌를 이용하는 특권에 대해 회사가 매년 1.9%의 추가 수수료를 부과하고 있음을 알게 되기 전까지는 말이다. 한마디로 동전의 어느 쪽을 선택하든 고객은 무조건 뜯기게 되어 있다.

하지만 이런 속임수는 많은 401(k) 금융사들에게 결국 자승자박이 되었다. 내가 이 책을 쓰는 지금, 최소 10곳의 주요 401(k) 금융사들이 과도한 수수료를 부과해 자사 직원들에게 고소당했다! 한 401(k) 금융사 중 하나는 과도한 401(k) 수수료에 대한 두 건의 집단소송에 대해 1,200만 달러의 배상금을 물어주기로 합의했다. 식당에 갔는데 주방장이 요리한 음식을 주방 직원과 웨이터들이 거부한 셈이다! 회사 직원들조차 자신들이 판매하는 것을 좋아하지 않는데 나나 당신 같은 사람들에게 어떻게 방긋 웃으면서 주는 대로 받아먹으라는 것인가?

내가 이 문제에 있어 유난히 격렬하게 반응하는 이유는 부도덕한 401(k) 금융사에 이용당하기가 얼마나 쉬운지 몸소 경험했기 때문이다. 401(k) 금융사들이 미국 전역에서 어떤 부당행위를 저지르고 있는지 처음 알게 되자마자 나는 내가 운영하는 회사의 인사부장에게 연락해 우리 회사의 401(k) 연금계획이 어떤지 물어보았다. 나는 직원들을 가족처럼 여기고 있었기 때문에 그들이 받아 마땅한 보살핌을 받고 있는지 알고 싶었다.

경악스럽게도 우리가 사용하고 있는 대형 보험사의 유명 401(k) 계획은 고비용 뮤추얼펀드와 과도한 '관리 비용'으로 채워져 있었으며, 401(k)를 우리에게 판매한 중개인에게도 두둑한 수수료를 지불하고 있다. 우리 회사의 401(k) 연금계획의 총 비용은 연 2.17%였다. 시간이 길어질수록 우리 직원들이 미래의 자유를 위해 성실하게 모으고 있는 은퇴자금의 상당 부분을 부식시키고도 남을 수치였다. 나는 할 말을 잃었다.

그래서 해결책을 찾아 나섰다. 엄청난 조사와 분석을 거친 끝에, 한 친구로부터 톰 즈게이너Tom Zgainer를 소개받았다. 그는 아메리카 베스트 401(k)America's Best 401(k), ABk라는 회사를 경영하고 있었다. 짐작이 가겠지만 당시에 나는 보통 회의적인 게 아니었다. 내가 왜 그의 회사가 정말 이름에 걸맞게 미국 최고의 401(k)를 운영하고 있다고 믿어줘야 한단 말인가! 하지만 얼마 지나지 않아 그가 자신이 종사하는 업계의 꼴사나운 영업 방식에 있는 힘껏 저항하고 있는 정직한 인물임을 알게 되었다. 톰의 말대로 401(k) 산업은 "어떻게 혹은 누구의 손에 돈이 흘러 들어가는지 아무도 모르는 가장 검고 거대한 자산 시장"이었다.

그와는 대조적으로 ABk는 전적으로 투명했다. 톰은 추악한 '돈 내고 참가하기' 게임에 아무 관심도 없었다. 그는 뮤추얼펀드 회사로부터 뒷돈을 받고 그들의 값비싼 펀드를 판매하는 게 아니라, 뱅가드나 DFADimensional Fund Advisor 같은 회사의 저렴한 인덱스펀드를 제공했다. 톰의 회사는 단 한 가지의 수수료만 부과했다. 추가 인상분도 없고, 중개수수료도 없었다. 자기 주머니를 두둑하게 채우는 중개인도 없었다.

나는 서둘러 우리 회사의 401(k)를 ABk가 관리하는 새로운 연금계획으로 갈아탔다. 회사의 새로운 401(k)의 총 비용은 투자비용과 투자관리 서비스, 기록관리 수수료를 포함해 연 0.65%에 불과했다. 다시 말해 연간 지출을 70%나 아낄 수 있게 된 것이다. 이는 장기적으로 우리 회사 직원들이 500만 달러 이상을 아낄 수 있다는 의미다. 게다가 톰은 연금계획 이전 비용도 전혀 요구하지 않았다.

나는 ABk에 몹시 깊은 감동을 받은 나머지 주변 친구들에게도 소개하기 시작했다. 다행히도 친구들도 모두 이 소식을 반갑게 받아들였다. 당연하고말고. 톰의 회사는 일반 고객들에게 57% 이상의 수수료를 절약하게 해주니 말이다! 나는 신이 나서 수백만 미국인들이 노후자금을 마련할 수 있게 도와주고 싶다는 톰의 사명을 실현하는 데 동참하기로 결심했다. 드디어 금융업계의 무자비한 굴레에서 벗어나 우리 가족들의 재정적 미래를 구할 기회가 온 것이다.

어느 날 친구이자 내 치과의사인 크레이그 스포닥Craig Spodak 박사와 잡담을 나누다 연금계획에 관한 이야기가 나왔다. 40명이 넘는 직원을 고용하고 있던 스포닥 박사도 직원들이 바가지를 쓰지 않게 보호해주고 싶은 모양이었다. 여기서 특정 회사의 이름을 거론하지는 않겠다. 왜냐하면 이런 문제는 단순히 일부 회사의 문제가 아니라 시스템 전체의 문제이기 때문이다. 어쨌든 크레이그가 병원의 401(k)를 맡고 있는 악명 높은 회사의 이름을 언급하자 나는 눈살을 찌푸릴 수밖에 없었다. 나는 즉시 진단을 내렸다. 그의 병원은 빠른 시일 내에 수수료 함정에서 빠져나와야 했다. 그렇지 않으면 직원들은 시간이 지날수록 크나큰 고통을 겪어야 할 터였다.

나는 크레이그에게 나와 함께 일하는 ABk 담당자를 소개해주었다. 크레이그는 ABk 팀에 그의 '수수료 정보공개서'를 이메일로 보냈고, 그들은 수수료 내역을 낱낱이 해부했다.[8] 분석 결과를 받아 본 크레이

---

8 고용주든 직원이든, 당신 회사의 401(k)가 어떻게 돌아가고 있는지 알고 싶다면 www. ShowMeTheFees.com을 방문하여 톰의 온라인 수수료 확인 툴을 사용해보라. 몇 초만 투자하면 지금 이용 중인 연금계획을 분석하고 수수료를 얼마나 내고 있는지 알 수 있다. 사업주 경우에는 보다 자세한 내용이 기입된 '수수료 정보공개서'도 받아볼 수 있다. 가장 중요한 점은 간단한 절차만 거치면 새 연금계획을 구성하여 얼마나 많은 비용을 아낄 수 있는지 볼 수 있다는 것이다. 몇 년만에 수 만 달러를 아낄 수 있는 결과가 나올 수도 있다.

그는 큰 충격을 받았다. 이제껏 그가 사용하던 연금계획에는 고비용 뮤추얼펀드는 물론, '계약자산 수수료' 같은 명목의 과다한 비용들이 무수히 엮여 있었기 때문이다. 크레이그와 직원들은 이 형편없는 연금계획에 매년 2.5%나 되는 비용을 지불하고 있었다! 그레이그는 그제야 왜 그의 중개인이 방문할 때마다 늘 함박웃음이 가득한 얼굴로 도넛 상자를 들고 오는지 이해할 수 있었다.

크레이그가 기존 중개인과 회사와의 거래를 끊고 ABk를 고용했다는 후일담은 굳이 꺼낼 필요도 없으리라.

고용주들은 크레이그와 내가 그랬던 것처럼 촉각을 바짝 세우고 직원들이 금융업계에 이용되고 착취당하지 않도록 감시해야 한다. 그렇게 하지 못한다면 직원들뿐만 아니라 당신도 값비싼 대가를 치러야 할 것이다.[9]

2부 투자 실천서를 펼쳐보기 전에 한 가지 더 중요한 가르침을 배워야 한다. 재정적 성공으로 가는 여정에 박차를 가하기 위해, 이해관계의 상충이 없는 전문 투자 상담을 받고 싶으면 누구를 찾아가야 할까?

다음 장에서는 이른바 투자 자문이랍시고 자신의 배를 불릴 궁리만 하는 양의 탈을 쓴 세일즈맨들을 피할 방법을 배운다. 곧 알게 되

---

[9] 급여를 받는 노동자자라면 www.ShowMeTheFees.com의 수수료 계산기를 이용한 뒤 결과보고서를 고용주나 고위급 관리자에게 포워딩할 수 있다. 그들도 진실을 알게 된다면 어떻게든 401(k)를 개선할 방법을 찾을 것이다. 그들의 재정적 미래도 똑같은 401(k) 계획에 달려 있으니 말이다.

겠지만 올바른 투자상담사를 선택하는 것이야말로 풍요와 빈곤, 자유와 불안을 결정짓는 갈림길이다. 선택은 당신에게 달려 있다.

그러니 이제부터 알아보자. 누구를 신뢰할 것인가?

사업주들이여, 주목하라!
단 3분만 투자해서 과징금과 법적 책임에서 벗어나라!

401(k)를 제공하는 회사를 운영하거나 보유하고 있다면 당신은 공식적으로 401(k)의 '보증인'으로 간주된다. 다시 말해 당신이 401(k) 계획과 직원들에게 '수임자'의 의무를 지고 있으며, 그들의 이익을 최우선으로 행동해야 한다는 의미다. 그러다 실수라도 한다면 사업체나 나아가 당신 자신의 재무 상태에도 영향을 끼칠 막대한 법적 책임을 지게 될 것이다. 말하자면 이는 오랫동안 아무 문제없이 지내다가 갑자기 결함이 생겨 우르르 무너지는 부실공사한 집과 비슷하다. 문제는 역시 미연에 방지하는 것이 좋다!

당신이 해야 할 일은 첫째, 노동부에 당신이 401(k)의 보증인으로서 해야 할 의무를 충실히 수행하고 있다고 입증하는 것이다. 당신이 제공하고 있는 401(k) 계획을 다른 계획들과 정기적으로 비교하고, 부과되는 수수료가 합리적인 수준임을 확인하라. 내가 만나본 대부분의 사업주들은 이런 의무에 대해 전혀 모르고 있었다. 그렇게 무지하게 지내다 노동부의 철퇴를 맞게 되면 이미 늦으니 조심하라. 2014년에 노동부는 조사 결과 401(k)의 75%가 불법이었다고 판단한 바 있다. 그러한 의무불이행으로 인한 과징금은 평균 60만 달러였다. 뿐만 아니라 직원들이 개인적으로 당신을 고소할 가능성도 있다. 2015년 미국 대법원이 에너지 대기업인 에디슨 인터내셔널Edison International에게 패소 판결을 내린 이래, 이제 401(k) 가입자들은 지나친 수수료를 부과하는 연금계획 제공회사를 선택한 고용주를 손쉽게 고소할 수 있게 되었다. 이런 상황에 특히 취약한 곳은 소규모 사업장이다. 무거운 과징금이 버거워서가 아니라 대

체로 수수료가 높은 작은 규모의 401(k) 계획을 갖추고 있기 때문이다.

401(k) 비용을 크게 절약할 수 있는 한 가지 실용적인 방법은 ABk에 문의해 무료테스트를 받는 것이다. 현재 이용 중인 401(k)의 수수료 정보공개서를 보내기만 하면 된다. 이런 조사 행위를 한 것만으로도 당신이 수임자의 의무를 진지하게 수행하고 있음을 노동부에게 입증하는 증거가 된다. 그보다 더 중요한 점은 많은 회사들이 수수료를 절반 또는 그 이상으로 쉽게 줄일 수 있다는 사실을 알게 된다는 것이다. 이로써 당신과 직원들은 향후 수년 동안 상당한 은퇴자산을 구축할 수 있다.

www.showmethefees.com

05

누구를
신뢰할 것인가

내 돈을 지켜줄 진짜 재무상담사 찾는 법

무언가를 이해하지 못하기 때문에 급여를 받는 사람에게,
그 무언가를 이해시키기는 참으로 어려운 일이다.

• 업튼 싱클레어Upton Sinclair •

　주변 사람들에게 어떻게 지내고 있는지 물을 때마다 내가 가장 흔히 듣는 대답은 "바쁘게 지내고 있습니다."이다. 모두가 눈코 뜰 새 없이 바쁘게 살고 있는 요즘 시대에, 점점 더 많은 사람들이 재정적 자유로 가는 복잡한 여행에 재무상담사를 동반하고 있는 것은 그리 놀라운 일이 아니다. 2010년에서 2015년 사이에 재무상담사를 고용한 미국 인구는 2배로 늘었다. 보다 엄밀히 말하자면 미국인의 40% 이상이 재무상담사를 이용하고 있다. 재산이 많으면 많을수록 재정 부문에서 다른 사람의 조언을 구하고 있을 확률이 높다. 실제로 400만 달러 이상의 자산 보유자 중 81%가 재무상담사를 고용하고 있다.

그렇지만 믿음직한 재무상담사는 어떻게 찾을 수 있는가? 또한 '누구'를 믿어야 하는가? 자신의 돈을 맡고 있는 재무상담사를 신뢰하지 '않는' 사람이 많다는 것은 너무 신기한 일이다! 2016년 공인재무설계사 기준위원회Certified Financial Planner Board of Standards의 설문에 따르면 응답자 중 60% 이상이 '재무상담사가 고객보다 회사의 이익을 위해 일한다고 믿는다.'고 대답했다. 2010년의 25%에서 크게 상승한 수치다.[10] 현재 의회 지지율이 20%로 바닥을 기고 있는데[11] 금융기관을 신뢰한다고 대답한 응답자가 10%라면 대충 분위기가 짐작이 갈 것이다. 이렇게까지 소비자 신뢰도가 낮은 분야가 또 있을까? 중고차 매매 분야를 제외하고 말이다.

금융계에 대한 불신이 이토록 만연한 이유는 뭘까? 물론 한 분야에서 잇달아 추악한 스캔들이 터진다면 신뢰하기가 쉽지는 않을 것이다. 다음 '수치의 전당' 표에 따르면 세계 10대 금융회사들이 2009년부터 2015년까지 고작 7년 동안 법적 합의와 배상금에 들인 비용은 1,795억 달러에 이른다. 그중에서도 미국 4대 은행인 뱅크오브아메리카, JP모건체이스, 시티그룹Citigroup, 웰스파고Wells Fargo는 88건의 '합의'를 통해 총 '1,458억 4,000만 달러'를 배상했다!

---

10 '참가자의 신뢰 및 참여도 연구Participant Trust and Engagement Study', 전국은퇴계획참가자협회National Association of Retirement Plan Participants (2016), www.ireachcontent.com/news-releases/consumer-trust-in-financial-institutions-hits-an-all-time-low-575677131.html.

11 '의회 직무 지지율 조사(1974~현재)Congressional Job Approval Ratings Trend(1974-Present)', Gallup.com

기업	합의 건수	배상액(단위, 1억 달러)
뱅크오브아메리카	34	77.09
JP모건체이스	26	40.12
시티그룹	18	18.39
웰스파고	10	10.24
BNP파리바	1	8.90
UBS	8	6.54
도이치뱅크	4	5.53
모건스탠리	7	4.78
바클레이스	7	4.23
크레딧스위스	4	3.74

출처: Keefe, Bruyette & Woods

해당 사건들에 얽힌 뒷이야기 중 일부는 너무 황당해서 고개가 절로 저어질 정도다. 아래 네 개의 신문기사 헤드라인을 보라. 겨우 몇 개월 사이에 보도된 것이다.

- 'SEC, 뱅크오브아메리카 4억 1,500만 달러 벌금 조치' – 〈월스트리트 저널〉은 뱅크오브아메리카-메릴린치가 자사의 이득을 위해 '고객의 현금과 증권을 부당 이용하여' 580억 달러에 달하는 고객 자산을 위험에 빠트렸다고 보도했다!
- '시티그룹 금리 조작 벌금형, 형사처벌은 면해' – 〈뉴욕타임스〉는 시티은행이 2007년부터 2012년까지 금리를 조작했다는 사실이 드러나 4억 2,500만 달러의 벌금을 부과받았다고 보도했다. 시티

은행은 '파트너사 및 고객들의 돈을 이용해 유리한 트레이딩 포지션을 확보'하려 했다.

- '바클레이스은행 전 임원들 리보LIBOR 조작 유죄'–〈USA 투데이〉는 바클레이스은행 전 임원 3인이 '수조 달러에 이르는 모기지 및 대출 거래의 금리에 이용되는 글로벌 금융 지표를 조작'하려 했다고 보도했다. 보시라! 억도 아니고 '조' 단위다, 조!

- '웰스파고 부정계좌개설, 1억 8,500만 달러 벌금'–〈뉴욕타임스〉는 웰스파고가 '고객들의 동의 없이' '약 150만 개의 가짜 은행계좌를 개설하고 56만 5,000개의 신용카드를 신청했다'고 보도했다. 해당 은행은 이 사건과 관련해 최소 5,300명의 직원을 해고했다.

고객보다 자사 이익을 우선시하기로 '유명한' 업계에서 일하는 사람에게 당신의 재정적 미래를 맡겨도 되는 것일까? 이들이 당신을 속이거나 부당하게 이용하거나 배신하지 않는다고 어떻게 확신할 수 있을까?

위 회사들은 하루아침에 패가망신할 피라미가 아니다. 전 세계에서 가장 훌륭하고 (혹은 훌륭했고) 대중적인 블루칩 거물이다! 예를 들어 웰스파고는 전 세계에서 수익률이 가장 높은 은행 중 한 곳이다. 비록 전 CEO가 유령계좌 개설 사건으로 사임하면서 기존에 보상으로 지급받은 4,100만 달러의 스톡옵션을 압수당하긴 했지만 말이다.

분명히 말해두겠다. 나는 금융권에서 일하거나 또는 특정 회사에서 일하는 개인을 비난하려는 게 아니다. 나는 웰스파고 CEO가 25만 명 이상이 일하는 거대한 조직 내에서 그런 부정행위가 발생하고 있

음을 알고 있었으리라고는 생각하지 않는다. 이런 대형 기업을 속속
들이 감시하는 것은 어찌 보면 거의 불가능한 일이다. 내가 아는 수많
은 고객들과 친구들이 금융업계에서 일하고 있고, 나는 진심으로 그
들과 상당수 동료들이 진정으로 정직하고 신뢰할 수 있는 사람이라고
확신한다. 그들은 착하고 진실한 사람들이다.

 문제는 그들이 통제할 수 없는 시스템 안에서 일하고 있다는 점이
다. 이 시스템은 수익의 극대화에 집중하는 강력한 금전적 인센티브
를 지니고 있다. 이 시스템 하에서 최우선 목표는 고용주의 이익이며,
자신의 이득은 두 번째, 고객의 이익은 가장 뒷전이다. 우리 같은 평범
한 이들에게는 최악의 소식인 셈이다. 다시 말해, 우리의 반대쪽에 있
는 시스템을 극복할 방법을 배우지 않는다면 말이다.

믿어만 주신다면
당신을 훌륭하게 등쳐 먹겠습니다!

여기서 더 깊이 들어가기 전에, 이익에 굶주린 시스템에서 재무상담사가 정확히 어떤 위치에 있으며 어떤 일을 하고 있는지 알아보자. 이들은 겉과 속이 전혀 다른 왕국에서 활동하고 있고, 따라서 전혀 어울리지 않는 듯한 온갖 다양한 이름으로 불리는 것도 당연하다.

〈월스트리트 저널〉에 따르면 사람들에게 자산 관리에 대한 서비스를 제공하는 재무상담사를 지칭하는 명칭만 200개가 훌쩍 넘는다. '투자자문', '자산관리사', '투자상담사', '자산관리상담사', 그리고 (그것만으로는 배타적인 느낌이 부족한 모양인지) '개인자산관리사'라고 불리기도 한다.* 하나 같이 "나는 유능합니다! 나는 전문가입니다! 그러니 믿어주십시오!"를 표명하는 이름들이다.

하지만 어떤 명칭으로 불리든 간에 미국에 있는 약 31만 명의 재무상담사 중 90%는 사실 중개인에 지나지 않는다. 다시 말해 그들은 나

---

* 국내에서도 PB(Private Banker, 자산관리전담직원), GA(General Agency, 보험독립대리점), 자산관리사, 재무상담사, FP(Financial Planer, 파이낸셜플래너), FA(Financial Adviser, 투자자문역), FC(Financial Consultant, 투자관리사), CFP(Certified Financial Planner, 국제공인재무설계사), 펀드투자상담사, 증권투자상담사, 파생상품투자상담사 등 다양한 명칭이 존재한다. 개념 정리를 위해서는 특정 은행, 보험, 증권회사 소속인지, 아니면 독립적인 상태에서 재무설계 관련 자문을 하는지 구분하면 될 듯하다. 국내에서는 지난 2017년 5월부터 1인 IFA(Independent Financial Advisor, 독립투자자문사)를 허용하고 있다.

나 당신 같은 고객들에게 금융상품을 판매하고 수수료를 받는 세일즈맨이다.

이 사실이 왜 그렇게 중요할까? 중개인은 자신의 이득을 위해 값비싼 금융상품을 판매할 이유가 있고, 개중에는 액티브 뮤추얼펀드와 생명보험과 다양한 연금보험, 그리고 종합자산관리 계좌wrap account까지 포함되어 있다. 이런 상품들을 판매하면 일회성 판매수수료, 또는 그보다도 더 반가운 정기적 수입인 연간 수수료를 벌 수 있다. 한편 대기업에서 근무하는 중개인은 연 50만 달러라는 최소 목표치를 달성해야 할 수도 있는데, 이는 즉 그들이 아무리 근사한 직함을 갖고 있다 한들 실적을 채워야 한다는 지독한 압박감에 시달리는 세일즈맨이라는 뜻이다. 투자상담사든 개인자산관리사든 그런 명칭이 판매 목표치를 달성하는 데 조금이나마 도움이 된다면야 무슨 상관인가. 필요하다면 그들은 마법사나 요정, 난쟁이라고 불려도 눈 하나 깜짝하지 않을 것이다.

그렇다면 그들이 부정직하다는 뜻일까? 대답은 '노'다. 하지만 이들은 '회사'를 위해 일한다. 그리고 명심하라. 카지노는 항상 이기게 되어 있다. 아무리 친절하고 정직한 사람이라도 중개인은 직업상 해야 할 일을 할 뿐이다. 그러므로 당신은 일단 그가 회사에 유리한 상품을 판매한다고 가정해야 한다. 경험이 풍부한 사람들은 안다. 한 설문조사에 따르면 고액 자산가 고객 중 42%는 본인의 재무상담사가 자신에게 도움을 주기보다 금융상품 판매를 더 중요하게 여긴다고 믿고 있다고 한다!

언젠가 워런 버핏이 이발사에게는 머리 깎을 때가 됐는지 물어보면 안 된다는 우스갯소리를 한 적이 있다. 중개인은 금융업계의 이발사다. 그들은 당신의 니즈와는 상관없이 무조건 상품을 판매해 돈을 번다. 그들을 비판하는 게 아니다. 사실을 설명하는 것뿐이다.

중개인을 고용하는 금융회사를 비판하거나 질책할 생각도 없다. 금융회사들이 멍청하고, 부도덕하고, 불법적인 행위를 일삼아왔는가? 오, 두말하면 잔소리다. 하지만 그건 그들이 사악하거나 악의로 똘똘 뭉쳐 있기 때문이 아니다. 글로벌 경제를 무너뜨릴 의도가 있는 것도 아니다! 회사들은 그저 이해관계에 따라 행동했을 뿐이며, 그것은 바로 주주들의 니즈를 충족시키는 것이다. 그렇다면 회사의 주주들은 무엇을 원하는가? 돈을 벌기를 원한다. 돈을 벌려면 어떻게 해야 하는가? 수수료를 더 많이 받으면 된다. 법의 사각지대에서 추가 수수료를 신설할 수 있다면, 그들은 당연히 그렇게 할 것이다. 그럴 '인센티브'를 갖고 있기 때문이다.

어쩌면 당신은 법적 제제와 막대한 배상금이 기업들을 억제할 수 있다고 생각할지도 모른다. 그러나 불법행위에 대한 과징금은 그로 인한 거대한 수익에 비하면 쥐꼬리 수준에 불과하다. 뱅크오브아메리카는 고객들의 자산을 불법 운용한 데 대해 4억 1,500만 달러의 벌금을 부과받았다. 그만하면 어마어마한 액수가 아니냐고? 해당 은행의 2015년 1사분기 수익은 53억 달러였다. 겨우 12주일 동안 일했을 뿐인데 말이다! 이런 부유한 기업에게 소소한 벌금은 단순히 사업을 운영하는 데 필요한 사업비용일 뿐이다. 당신과 나로 따지자면 어쩌다 주차요금 딱지를 받은 것에 불과하다.

그러므로 이들 회사는 기존의 행동 방침을 바꾸느니, 아름다운 해변에 근사한 범선이 떠 있는 이미지 광고를 뿌리며 브랜드 이름에 광을 내고 치장하는 데 더 주력한다. 왜 이런 이야기를 하느냐고? 왜냐하면 우리가 그런 유명 브랜드를 신뢰하기 때문이다. 무조건적인 신뢰에서 벗어나 꿈과 환상보다는 비판적인 시각으로 현실을 고찰해야 한다. 그렇지 못한다면 이윤에만 급급한 강력하고 거대한 시스템에 맞서 스스로를 지키는 것은 거의 불가능하다.

우리의 금융 시스템이 이토록 엉망으로 망가졌다는 사실은 참으로 슬프고 화가 나는 일이 아닐 수 없다. 그러나 슬픔과 분노만으로는 그에 대항할 수 없다. 스스로를 방어하고 보호할 방법은 시스템의 작동 방식을 정확히 파악하고 이해하는 것뿐이다. 재무상담사의 숨은 의도와 인센티브를 알지 못한다면 어떤 일을 하든 '그'의 재정적 미래만 유리해질 뿐, 당신의 재정적 미래는 엉망이 될지도 모른다.

이 장에서는 이런 지뢰밭을 무사히 헤쳐나갈 방법을 알려줄 것이다. 세 가지 부류의 재무상담사를 구분하는 법을 배우고 나면 세일즈맨이 아니라 고객의 이익을 최우선시할 '법적' 의무를 지닌 사람을 택할 수 있다. 또한 당신에게 어떤 재무상담사가 적합한지, 선호도가 아닌 사실에 근거한 판단 기준을 제시해줄 것이다. 어쨌든 사람들은 마음에 들거나 호감을 가진 사람이 설득하면 (특히 그들이 진실하다면) 쉽게 넘어가는 경향이 있다. 명심하라. 때로는 진실하고 정직한 사람도 잘못된 선택일 수 있다.

재무상담사가 굳이 필요할지 망설이는 사람이 있을지도 모르겠다. 자신의 재무 문제를 혼자서 관리하겠다고 결심했다면, 이 책과《머니》가 올바른 길을 제시하며 재정적 목표를 성취할 수 있게 도와줄 것이

유능한 재무상담사는 모든 것을 바꿀 수 있다

무능하거나 당신에게 적합하지 않은 재무상담사는 재무건전성에 족쇄가 될 수 있지만, 훌륭하고 유능한 재무상담사는 귀한 보석과도 같은 존재다. 얼마 전 뱅가드 사는 유능한 재무상담사의 금전적 가치에 대한 조사 결과를 발표했다.

- 비용비율 감소: 45bp(0.45%)를 당신 주머니로 돌려줌
- 포트폴리오 재조정: 35bp(0.35%) 투자실적 증진
- 자산배분: 75bp(0.75%) 투자실적 증진
- 은퇴 계좌의 올바른 투자: 70bp(0.07%) 저축액 증가
- 행동 관리: 실질적인 정신상담가 역할을 수행하여 150bp(1.50%) 추가

훌륭한 재무상담사는 총 3.75%의 부가가치를 지닌다! 경험 많은 재무상담사가 부과하는 비용의 3배 이상인 셈이다. 세금 절감 등 기타 이득은 차치하고 말이다.

출처: Francis M. Kinniry Jr. et al., Putting a Value on Your Value: Quantifying Vanguard Advisor's Alpha, Vanguard Research (September 2016).

다. 그러나 내 경험상 훌륭한 재무상담사는 투자에서 세금, 보험에 이르기까지 모든 분야에서 유익하며 특별한 부가가치를 지닌다. 그들은 당신에게 진정 귀중한 조언을 제시해줄 것이다. 내 말이 믿기지 않는다면 뱅가드의 연구 결과를 확인해보도록.

적어도 내 경우에 최고의 조언은 게임의 판도를 바꾸고 엄청난 돈과 시간을 아껴주었다. 나는 상당히 유능하고 또 스스로 자부심을 느

끼는 사람이지만, 내가 아무리 똑똑하대도 수술실에서 뇌수술을 직접 집도하지는 않을 것이다!

어차피 지는 내기

"'이것들 중 하나'는 '다른 것들'이랑은 달라."
— **빅 버드**《쿠키몬스터》프로그램에 나오는 노란 새 – 옮긴이)

상대방이 사실을 '전부' 털어놓은 것 같지는 않은데 그게 뭔지 정확히 짚어내기가 어렵다거나, 정확히 어떤 부분이 거짓말인지 모르겠다는 느낌을 받아본 적이 있는가? 재무상담을 받을 때면 흔히 느낄 수 있는 기분이다. 상대방이 제안하는 '도움'이 진짜인지 아닌지 어떻게 알 수 있을까? 너무나도 많은 사람들이 너무나도 다양한 직함을 내세워 잠재적인 해결책을 제시하는데, 그들을 믿어야 할지 말지 알고 싶다면 도대체 어디서부터 시작해야 한단 말인가?

이런 혼란을 쉽게 극복할 수 있도록 이 섹션은 각별히 간단하고 단순하게 구성되었다. 현실 세계의 재무상담사는 모두 다음 3가지 범주 중 하나에 해당한다. 당신은 당신과 함께 일하는 재무상담사가 다음 3가지 범주 중 어디에 해당하는지 알아야 한다.

- 중개인
- 독립재무상담사

- 이중 등록 재무상담사

이 3가지 부류의 재무상담사에 대해 보다 자세히 알아보자.

중개인

앞에서도 말했지만 명함에 뭐라고 적혀 있든 미국의 재무상담사 중 약 90%는 브로커, 즉 중개인이다. 그들은 금융상품을 판매하여 판매수수료나 중개수수료를 챙긴다. 그들 중 상당수가 야구장에 커다란 간판을 세우는 월스트리트의 대형 은행이나 증권회사, 보험회사를 위해 일한다.

중개인이 추천하는 금융상품이 정말로 최선의 이득을 안겨줄지 알려면 어떻게 해야 할까? 여기서 분명하게 말해둔다. 중개인은 당신에게 가장 유리한 상품을 권할 하등의 이유가 없다. 그렇다. 잘못 말한 게 아니다. 중개인은 '적합성' 기준이라는 것을 준수하기만 하면 그만이다. 다시 말해 자신이 권하는 상품이 고객에게 '적합하다'고 믿기만 하면 만사해결이라는 뜻이다.

솔직히 적합성이란 '극도로' 낮은 기준이다. 당신은 '적합한' 사람과 결혼하고 싶은가 아니면 천생연분과 결혼하고 싶은가? 중개인은 그저 고객에게 적합한 수준에 안주한다.

문제는 중개인과 그들이 소속된 회사가 특정 상품을 추천하면 더 많은 돈을 번다는 점이다. 가령 비용비율이 높은 액티브펀드는 당신과 당신 가족에게 이득이 될 저비용 인덱스펀드에 비해 주식중개인과 증권회사가 가져가는 몫이 훨씬 크다. 그렇다면 여기에 심각한 이해 관계의 충돌이 존재하지 않을까? 오, 그렇다마다!

어떻게 고객보다 증권회사의 수익을 우선시하는 원칙이 '표준'으로 인정될 수 있었을까? 예를 들어 영국에는 수임자의 의무fiduciary standard 라는 게 존재하는데, 이는 '모든' 재무상담사가 고객의 이익을 최우선 으로 여기고 행동할 법적 의무를 지닌다는 뜻이다. 호주에도 동일한 법적 기준이 있다.* 그렇다면 미국의 전문가들은 왜 이런 의무를 지지 않는가? 실은 우리에게도 수임자의 의무는 존재한다. 다만 금융계만 이 그 의무에서 벗어나 있을 뿐이다. 미국의 의사와 변호사, 그리고 공 인회계사는 고객의 이익을 최우선으로 행동할 법적 의무를 지고 있 다. 하지만 오직 재무상담사만은 열외다!

그동안 여러 차례 재무상담사에게 수임자의 의무를 지게 하는 법 률을 제정하기 위한 시도가 이뤄졌지만 금융업계는 막대한 로비 활동 으로 이를 가로막았다. 그 이유는? 부당행위를 하지 않으면 재무상담 사와 그 고용주들이 얻을 수 있는 수익이 줄기 때문이다. 비싼 금융상 품을 팔 수 없거나 높은 수수료를 받을 수 없거나 또는 수익 배분 형 태로 뇌물을 몰래 주고받을 수 없게 된다면 그들이 얼마나 상심할지 상상해보라.

● 국내에서도 증권업 감독 규정에 '수임자의 의무' '신중한 투자의 원칙' 등을 규정하고 있다. 하지만 뚜렷한 처벌 규정은 존재하지 않는다. 다만, 자본시장법 시행령 및 금융투자업규정 등에서는 IFA(독립투자자문사)에 대해 '판매사로부터 정해진 수수료 이외의 이익 수취' '판 매사로부터 재산상 이익 수취' 등 행위에 대해 불가, 가능, 사전고지 등을 규정하고 있다. 실 질적인 이해관계 충돌에 대한 규정이다.

내 절친이 재무상담도 하면
안 된다고 누가 그래?

　한 가지 좋은 소식은 최근 노동부가 401(k)나 개인퇴직연금계좌
같은 특정한 경우, 고객의 이익을 최우선으로 삼아야 한다는 새로운
규정을 통과시켰다는 것이다. 그러나 여기에도 허점은 존재한다.[12] 뿐
만 아니라 도널드 트럼프가 대통령에 당선되면서 그의 측근들이 이 새
규정이 시행되기 전에 무효화해야 한다는 주장을 내놓고 있다. 어쩌

---

12 당신의 중개인에게 '최선의무계약 면제' 또는 BICE에 서명해달라는 전화나 편지가 날아올
　　수 있다. 그는 당신에게 이렇게 말할 것이다. "정부가 고객님의 선택권을 제한하는 터무니
　　없는 법을 통과시켰습니다. 이 서류에 서명하셔야 앞으로도 계속해서 고객님께 완전한 옵
　　션을 제공할 수 있어요." 절대로 속지 마라. 그 말의 속뜻은 '제발 서명해주세요. 그래야 우
　　리 회사가 돈을 벌 상품을 팔아 나도 수수료를 챙길 수 있으니까요.'다.

면 당신이 이 책을 읽을 즈음이면 벌써 무효화되었을지도 모를 일이다!

요는 우리의 시스템이 당신을 취약한 입장으로 몰아넣는 이해관계의 충돌로 점철되어 있다는 것이다. 하지만 만일 당신이 함께 일하고 있는 중개인을 이미 신뢰하고 좋아하고 있다면 어떨까?

물론 맡은 일을 훌륭히 해내는 믿음직하고 유능한 중개인도 있다. 다만 승률이 너무 낮은 게임을 하는 것은 그리 현명한 행동이 아니다. 탁월한 투자자든 전문 도박꾼이든 게임을 하기 전에 양쪽의 승률을 미리 가늠해보기 마련이다. 만일 당신의 중개인이 금전적 문제와 관련해 다른 꿍꿍이를 갖고 있다면 당신이 게임에서 이길 확률은 얼마나 될까? 예일대학교의 투자전문가 데이비드 스웬슨은 아무리 좋은 중개인이라도 "중개인은 당신의 친구가 아니다."라고 잘라 말했다.

독립재무상담사

미국에서 일하는 30만 8,937명의 재무상담사 중에서 독립재무상담사(RIA 또는 등록투자상담사라고도 불린다)는 '고작' 10%쯤인 3만 1,000명에 불과하다.[13] 이들은 의사나 변호사처럼 수임자의 의무가 있다. 즉, '항상' 고객의 이익을 우선할 법적 의무를 가진다. 상식적으로 당연하게 들리지만, 신비한 나라 금융업계에서는 전혀 상식적이거나 흔한 이야기가 아니다.

---

13 피델리티 인스티튜셔널 애셋 매니지먼트Fidelity Institutional Asset Management

이 의무의 법적 효력이 얼마나 강력한지 설명하자면, 만일 당신의 독립재무상담사가 아침에 애플 주식을 사라고 추천했는데 오후에 그가 같은 주식을 더 낮은 가격에 취득했다면 그는 당신에게 '자신의' 주식을 넘겨야 한다! 중개인이라면 상상도 못할 일이다! 덧붙여 독립재무상담사는 고객과 일하기 전에 반드시 상호 간에 이해관계의 충돌이 존재하는지 공개하고, 어떤 방식으로 수입을 얻는지 설명할 의무가 있다. 속임수도 없고, 숨은 정보도 없고, 거짓말도, 도박도 없는 것이다!

그런데도 당신은 왜 독립재무상담사가 아니라 고객의 이익을 우선하지도 '않고' 그럴 필요도 '없는' 중개인을 선택하는 것일까? 대관절 왜 그런 손해 보는 짓을 계속하고 있는가? 한 가지 이유는, 잘 모르기 때문이다. 당신은 이 책을 읽고 있다는 사실 하나만으로도 이미 엘리트 투자자가 되었다. 이 위험천만한 게임의 기본 규칙을 이해하는 것만으로도 앞서나갈 수 있다. 사람들이 중개인을 고용하는 또 다른 이유는 독립재무상담사가 희귀종이기 때문이다. 그들을 발견할 확률이 10분의 1밖에 되지 않으니 말이다.

독립재무상담사가 그토록 월등한 존재라면 수가 왜 그렇게 적은 것일까? 가장 간단한 이유는 중개인이 훨씬 더 돈을 잘 벌기 때문이다.• 중개인은 금융상품을 판매해 두둑한 판매수수료로 주머니를 불

• 국내에서도 비슷한 상황이 연출되고 있다. 2017년 5월 이후 IFA(독립투자자문사) 제도를 시행 중이지만 활성화되지 않고 있다. 이유로는 재무 설계 서비스에 대한 비용, 즉 자문료를 별도 지불하기 꺼리는 고객 문화도 한몫하고 있다.

리지만 독립재무상담사는 판매수수료를 받지 않는다. 대신에 그들은 재무상담이나 자산 관리를 해주고 일정 비용을 청구한다. 독립재무상담사는 이해관계의 충돌을 제거할 수 있는 깨끗하고 깔끔한 방법이다.

이중등록 재무상담사

일단 중개인과 독립재무상담사의 차이에 대해 알고 나니 모든 것이 명확해 보인다! 당신이라면 당신의 이익을 위해 일하는 사람을 선택하고 싶지 않겠는가? 누구나 당연히 수임자의 의무를 지닌 독립재무상담사와 함께 일하고 싶지 않을까? 나는 수임자의 의무를 지닌 재무상담사를 찾으면 모든 게 해결된다고 생각했지만, 오래지 않아 실상은 그보다 훨씬 골치 아프다는 사실을 깨달았다!

문제는 독립재무상담사의 상당수가 수임자인 '동시에' 중개인이기도 하다는 데 있다. 맙소사! 이게 도대체 무슨 소리인가! 3만 1,000명의 독립재무상담사 가운데 2만 6,000명이 실제로 회색분자처럼 양 진영에 한 발씩 걸치고 있다. 다시 말해 전국의 독립재무상담사 3만 1,000명 중에서 순수한 수임자는 5,000명에 불과하다는 얘기다. 고작 전체의 1.6%. 이제 투명하고 진실한 재무상담을 받기가 어째서 그렇게 어려운지 이해할 것이다.

《머니》를 집필할 당시만 해도 나는 수임자의 의무에 대한 열렬한 지지자였는데, 그러던 중 피터 멀록의 도움으로 이중등록 재무상담사에 대한 진실을 알게 되었고 이중등록 재무상담사들이 실제로 어떤 방식으로 일하는지 알고 나자 분노는 배가 되었다. 이들은 독립재무상담사들은 신의성실 기준을 준수한다며 수수료라는 이해관계의 충돌 없이 순수한 조언만을 하겠다고 당신을 안심시킨다. 그리곤 다음 순간 갑자기 중개인이라는 모자를 훌쩍 뒤집어쓰고는 상품을 팔아 판매수수료를 챙기는 것이다. 중개인 역할을 할 때는 더 이상 수임자의 의무를 수행할 필요가 없다. 즉, 그들은 때로는 당신의 이익을 우선으로 여기지만 또 때로는 그렇지 않은 것이다! 이게 도대체 무슨 헛소리란 말인가!

이들이 언제 무슨 모자를 쓰고 있는지 어떻게 알 수 있을까? 오! 그걸 간파하기란 절대로 쉽지 않다. 나는 예전에 한 재무상담사에게 수임자가 맞는지 물으며 내 눈을 똑바로 들여다보고 맹세할 것을 요구한 적이 있다. 그는 중개인이 얼마나 믿음직하지 못한 존재이고 수임자가 되면 무엇이 좋은지 한참 동안 떠들었다. 우리의 이해관계가 완벽하게 일치한다고도 말했다. 하지만 나는 나중에 그가 '중개인으로도' 일하고 있다는 사실을 알게 되었다. 그는 이중등록 재무상담사였고, 알고 보니 온갖 종류의 부가상품으로 수수료를 챙기고 있었다! 나는 그가 법적으로 신의성실의 의무를 지키는 믿음직한 수임자라고 여겼건만 그는 내 면전에서 거짓말을 늘어놓았던 것이다. 그럼에도 그의 행동은 위법이 아니었다. 이렇게 터무니없이 속아 넘어가다니 울화가 치밀 정도였다!

아이러니하게도 대부분의 이중등록 재무상담사들은 원래 중개인으로, 높은 건물의 커다란 사무실과 풍족한 수입을 때려치우고 독립 재무상담사가 된 사람들이다. 그들은 회사가 떠맡긴 신중하게 조합된 금융상품이 아니라 폭넓은 투자 옵션을 제시할 수 있는 완전한 독립을 원했다. 악당의 검은 모자가 아니라 순결한 흰 모자를 쓰고 싶었다. 그래서 위험을 무릅쓰고 독립재무상담사로 용감하게 도약했건만 수임자로만 활동한다면 경제적으로 버티기 힘들다는 서글픈 사실을 깨달았던 것이다.

이들 이중등록 재무상담사들은 의도는 좋을지 몰라도 결국 두 세상 사이에서 적당히 타협하며 품위를 지키려 한다. 그렇다고 개개인을 비난할 수는 없다. 이는 금융상품을 판매할 때 가장 쉽게 돈을 벌수 있다는 금융업계 자체의 구조적인 문제일 뿐이다.

약간의 존중

가진 돈을 다 줄게 / 대신에 내가 바라는 건 / 약간의 존중뿐이야.
— 아레사 프랭클린Aretha Frankin, '존중Respect' 가사 중

앞에서 배운 몇 가지 핵심 사실들은 앞으로 당신의 슬픔과 괴로움을 크게 덜어줄 것이다. 이제 당신은 재무상담사의 90%가 실제로는 양의 탈을 쓴 중개인이라는 사실을 알게 되었다. 그들이 당신의 이익을 최우선으로 취급하지 않는다는 사실도 알게 되었다. 그들이 비싼 금융상품을 팔아야 한다는 압박감에 시달리고 있음도 안다. 이런 중개인들을 제치고 (조금 불공평해 보이긴 해도) 당신의 이익을 우선하는 수임자의 의무를 진 독립재무상담사와 함께 일한다면 유용한 조언을 얻을 확률이 극적으로 증가한다는 것도 알게 되었다. 당신은 모든 수

임자가 똑같지는 않다는 사실도 안다. 어떤 이들은 순식간에 중개인으로 탈바꿈할 수도 있기 때문이다.

그러므로 이제 당신은 누구를 피해야 할지 알고 있다. 중개인과 이중등록 재무상담사들을 제외하면 테이블 위에서 98%의 재무상담사가 사라진다. 남은 것은 수천 명에 불과한 독립재무상담사다. 이들은 법적으로 신의성실의 의무를 다해야 하기에 그중에서 당신의 니즈를 충족시킬 사람을 찾기는 아주 어렵지 않을 것이다.

그럼에도 당신은 '여전히' 조심스레 발을 디뎌야 한다. 독립재무상담사와 일할 때조차도 이해관계의 충돌이 존재하기 때문이다. 그들은 대개 당신이 잠시 한눈을 팔 때, 추가로 수익을 올리기 위해 영리하면서도 합법적인 계략을 발휘하곤 한다. 여기 당신이 조심해야 할 3가지 함정을 소개한다.

자체운용 펀드라는 독

중개인은 그들이 속한 회사가 관리하는 이른바 자체운용 펀드를 판매한다. 이는 수수료가 조직 내부에서 돌게 하는 노골적인 전략으로, 흔히 수익률이 더 높거나 더 저렴한 다른 회사 펀드가 없는지 묻지 않는 순진한 고객들을 이용한다. 중개인과 일할 때 경계해야 하는 수법 중 하나지만 많은 독립재무상담사 역시 여러 가지 방법으로 이 치사한 계략을 은밀히 활용하고 있다.

가장 일반적인 수법은 한 금융회사가 두 개 부문 투자사를 운영하는 것이다. 하나는 독립적인 자문을 제공하는 등록된 투자상담업체다. 여기까지는 좋다. 그러나 문제는 '두 번째' 회사가 다수의 자체운용 뮤추얼펀드를 보유한 자매회사라는 것이다. 독립재무상담사는 공정한 조언을 제공하는 척하면서 실제로는 고객에게 자매회사가 판매하는 비싼 펀드를 사도록 권유한다! "어쩜, 편리하기도 해라!" 그나마좋은 소식은 수익이 전부 회사 안에 머무른다는 점이며, 덕분에 모두가 이득을 나눌 수 있다. 오, 물론 고객만 빼고 말이다.

가엾은 고객('호갱'이라고 불러야 할지도 모르겠다)은 재무상담사에게돈을 두 번이나 내게 된다. 어디에 투자를 할지 묻는 '독립적인' 상담료로 한 번, 그리고 모회사의 펀드 수수료로 또 한 번. 고객들 대부분은 자신이 동일한 회사가 보유한 펀드를 구입한다는 사실조차 모른다. 대개 펀드와 재무관리 부문이 서로 다른 회사명으로 운영되기 때문이다. 거의 예술의 경지에 다다른 소매치기를 보는 것 같다. 어쩌나음흉하고 교묘한지 이쯤 되면 존경스러울 지경이다.

아무것도 하지 않은 데 대한 추가 수수료

흔히 볼 수 있는 또 다른 속임수는 이렇다. 당신이 재무상담사에게당신의 돈을 관리하는 대가로 예를 들어 당신 자산의 1%를 지불한다고 치자. 그러면 그는 당신에게 '모델 포트폴리오'('XYZ 포트폴리오 시리즈' 같은 화려한 이름이 붙어 있을 수도 있다)를 추천하고 추가수수료를부과할 것이다. 예를 들어 자산의 0.25% 정도의. 보통은 포트폴리오를 운영하는 데 필요한 기본 투자비용을 훨씬 웃도는 액수다.

하지만 실제로 그가 당신을 위해 추가로 하는 일은 없다. '모델 포트폴리오'는 그가 다양한 투자 종목을 구성해둔 것이지만 애초에 그건 그가 당연히 해야 할 일이고, 그걸 하라고 당신이 그에게 돈을 지불하는 것이다. 마치 100달러어치 식료품을 샀는데 물건을 종이가방에 담아 집까지 가져가는 데 대해 25달러의 추가비용을 내는 것과 비슷한 꼴이다.

만일 당신의 재무상담사가 투자 종목을 추천하는 대가로 자산관리 수수료를 요구한다면 어떻게 하겠는가? 그게 무슨 헛소리냐고? 바로 그거다. 이게 바로 그들이 하는 일이다. 어째서 그들은 투자 종목을 모아 포트폴리오를 구성하는 데 대해 또다시 수수료를 요구할까? 이유를 말해줄까? 왜냐하면 그들은 그렇게 할 수 있기 때문이다. 당신이 그게 틀렸다는 것을 모르므로.

이름만 바꾼 추가 수수료

일부 독립재무상담사는 금융회사와 개인적으로 계약을 맺고 당신 뒤에서 몰래 판매수수료를 번다. 말하자면 이런 식이다. 재무상담사가 특정 뮤추얼펀드 회사의 펀드를 추천한다. 그러나 그는 펀드를 추천한 대가로 수수료를 챙길 수 없기 때문에 딜레마에 빠지게 된다. 그렇다면 해야 할까? 간단하다. 그런 대가성 돈을 다른 이름으로 부르면 된다!

그래서 이 기발한 재무상담사는 펀드 회사에 접근해 판매수수료 대신에 '컨설팅 비용'을 요구한다. 펀드 회사는 흔쾌히 비용을 지불하고 모두가 행복해진다. 고객인 당신만 빼고 말이다. 당신은 '독립' 재무상담사의 조언을 들었다고 생각했지만 실은 속은 것이다. 도대체 도덕성은 어디다 버린 걸까? 오리처럼 걷고 오리처럼 꽥꽥 운다면 아마 오리일 것이다. 중개인처럼 걷고 중개인처럼 추천하면 그 역시 중개인일 뿐이다!

자신에게 적합한
재무상담사를 찾는 법

이 바닥에서는 유능한 사람이 워낙 희귀해서 금방 알아볼 수 있지.
– 프랭크 언더우드, 〈하우스 오브 카드 Hour of Cards〉 대사 중

지금쯤이면 진짜 법적 수임자인 독립재무상담사를 고용하는 것이야말로 최상의 방법임을 알아차렸을 것이다. 그렇다면 '당신'에게 적합한 사람을 찾으려면 어떻게 해야 할까?

앞으로 알게 되겠지만 수임자라고 전부 똑같은 것은 아니다. 당신은 고객의 이익을 우선할 법적 의무를 지닌 것은 물론, 뛰어난 금융지식과 유능한 실력을 모두 갖춘 사람을 찾아야 한다. 다시 말해 아래 그래프에서 일사분면에 위치한 사람을 찾아야 한다는 뜻이다. 반면에 삼사분면(왼쪽 하단)에 위치한 사람은 전문성이 낮은 세일즈맨에 불과하다.

특정한 재무상담사가 올바른 기술과 능력, 그리고 경험을 갖추고 있는지 알아내려면 어떻게 해야 할까? 다음 5가지 판단 기준을 활용하라.

| 모든 재무 수임자가 같은 것은 아니다 |

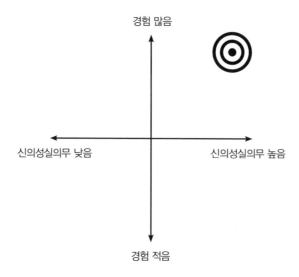

1. 첫째, 재무상담사의 공인자격을 확인하라. 당신이 가장 먼저 할 일은 재무상담사나 그의 팀원들이 당신이 원하는 일을 수행할 자격을 갖고 있는지 검토하는 것이다. 화려한 직함을 말하는 게 아니다. 진짜 전문 자격증을 보유하고 있는지 알아보라는 얘기다. 재무설계 부문에서 도움을 받고 싶다면 상담사가 공인재무설계사CFP 자격증을 갖고 있는지 물어보라. 법률적 도움을 원한다면 팀원 중에 상속 전문 변호사가 있는지 확인하라. 세금과 관련된 조언을 원하는가? 자문팀에 공인회계사가 있는지 확인하라.

물론 공인 자격증을 보유하고 있다고 해서 반드시 실력이 좋으리라는 보장은 없다. 그러나 설사 그렇다 할지라도 재무상담사나 투자자문업체를 고용하기 전에 최소한의 역량을 갖추고 있는지 미리 알아보는 것은 굉장히 중요하다.

2. 재무상담사를 이미 고용하고 있다면 단순한 투자 전략 설계 외에 그 이상의 도움을 받을 수 있어야 한다. 당신에게 필요한 것은 모기지와 보험, 세금 등을 이용해 돈을 절약하는 방법을 알려주고, 해가 지날수록 재산이 늘게 돕고, 당신의 유산을 보호할 수 있는 사람이다. 지금은 불필요해 보일지 몰라도 재무상담사가 폭넓은 전문 지식을 갖추고 있는 것은 굉장히 중요하다. 세금 하나만으로도 투자 자산의 결과가 30~50%까지 차이가 날 수 있기 때문이다.

나로서는 대부분의 자산관리사 광고가 내세우는 종목이 포트폴리오에 국한되어 있다는 사실이 아이러니하게 느껴질 따름이다. 투자 초기에는 시간이 지나면서 당신과 함께 성장할 수 있는 조언자를 선택하는 것이 좋다. 시작은 조촐하더라도 당신의 재무상담사가 앞으로 성장할 기본적인 자원과 능력을 갖추고 있는지 확인하라. 규모가 중요하다는 사실도 잊지 마라. 아무리 정직해도 소수의 고객이나 소액만 다뤄 경험이 미흡한 자산관리사와 일하는 것은 당신도 그다지 원치 않을 것이다.

3. 당신과 비슷한 고객들과 일한 경험이 있어야 한다. 재무상담사가 당신과 비슷한 처지나 니즈를 지닌 고객들과 함께 일하며 만족할 만한 성과를 낸 적이 있는가? 이를테면 당신의 가장 큰 목표가 은퇴자금을 모으는 것이라면 당신이 원하는 것은 노후계획 전문가다. 그러나 〈재무설계 저널Journal of Financial Planning〉에 따르면 익명 조사

결과, 재무상담사의 46%가 노후 계획을 갖고 있지 않다! 솔직히 믿을 수가 없는 결과다. 고객에게는 건강을 위해 운동도 하고 채소를 먹으라면서 자신은 수년간 운동기구 근처에는 가지도 않고 초콜릿을 우물거리는 트레이너를 신뢰할 수 있겠는가?

4. 당신과 재무상담사의 사고방식이 비슷한 것도 중요하다. 예를 들어 당신의 재무상담사는 특정 주식을 직접 선택하거나 액티브펀드를 이용하면 장기적으로 시장을 능가할 수 있다고 믿는가, 아니면 그러한 가능성이 얼마나 낮은지 알고 다각화된 인덱스펀드 포트폴리오를 중시하는가? 비록 수임자라 할지라도 투자할 주식을 직접 선택해야 한다고 고집하는 재무상담사는 당신에게 적합하지 않다. 자신이 시장을 능가할 수 있다고 주장하는 자산관리사를 만난다면 나라면 즉시 줄행랑을 치겠다. 그의 말이 사실일 수도 있겠지만 과연 정말로 그럴까? 아마 지나친 낙관주의자나 아니면 자기 자신의 거짓말을 믿는 사람일 것이다.

5. 사적인 친밀감을 쌓을 수 있는 재무상담사를 찾아라. 좋은 재무상담사란 재정과 관련된 긴 시간의 여정을 당신과 함께 걷고 이끄는 동지이자 동업자다. 물론 당신과 재무상담사는 공적인 관계지만 돈이란 원래 굉장히 사적인 주제다. 돈은 우리의 꿈과 희망, 가족들을 보살피고 주변인에게 베풀고 행복한 삶을 살고 싶다는 욕구와 연결되어 있다. 이 같은 이야기를 재무상담사와 함께 나누고 공감하고 그를 신뢰하고 좋아할 수 있다면 많은 도움이 될 것이다.

최후의 보상

이 장은 이해관계의 충돌, 위장과 속임수, 냉소적이고 이기적인 행동 등 유능하고 뛰어난 재무상담사를 찾는 과정에서 극복해야 할 장애물에 초점을 맞추고 있다. 남다른 실력을 지녔을 뿐만 아니라, 자신이 제공한다고 '주장하는' 서비스를 제공하는 재무상담사를 찾기는 실제로 하늘에 별 따기에 가깝다. 많은 이들이 실망한 나머지 혼자 알아서 하겠다고 결심하는 것도 무리가 아니다!

그러나 장담컨대, 그런 길고 혼란스러운 장애물 코스를 주파하고 결승점에서 진정 훌륭한 재무상담사를 만난다면 막대한 보상을 얻을 수 있다. 전문 분야에 능통하고 어떤 상황에서도 게임에 이길 방법을 알려주는 지적이고 유능한 안내인의 도움을 받는 것만큼 당신의 재정적 미래에 긍정적 영향을 끼칠 수 있는 것은 없다. 일류 재무상담사는 당신의 재정적 여정을 처음부터 끝까지 확실하게 이끌어줄 것이다. 구체적인 목표를 설정하고, 꾸준히 전진하게 격려하고, 특히 변덕스러운 시장을 무사히 헤쳐나갈 수 있게 도와줌으로써 당신이 목표를 달성할 가능성을 놀랍도록 드높여줄 것이다.

이 책의 공저자인 피터 멀룩이 경영하는 공인투자자문기업 크리에이티브 플래닝은 대단히 포괄적이며 이해관계의 충돌을 제거한 투자자문을 제공한다. 고객들은 투자와 모기지, 보험, 세금, 상속전문가로 구성된 전속 팀으로부터 조언을 받을 수 있다. 비용이 너무 많이 들지 않겠느냐고? 이들의 도움을 받는 대가는 평균적으로 연 1% 미만이다.

이렇게 말하면 갑부들만을 위한 서비스가 아니냐 싶겠지만, 피터와 그의 팀은 부자들만을 위해 일하지 않는다. 내 제안을 수용해 보유 자산이 10만 달러인 고객들을 돕는 특별 부서를 신설했기 때문이다.

이 책을 읽는 독자에게 크리에이티브 플래닝을 이용하라고 압력을 넣는 게 아니다. 비록 내가 그 회사의 투자자심리위원회를 책임지는 자리에 있긴 하지만 말이다.

만일 당신이 당신을 위해 최선을 다하고 좋은 결과를 낼 사람을 알고 있다면, 그야말로 반가운 소식이다. 그러나 나는 누구를 신뢰할지 탐색하고 뛰어난 재무상담사를 구하는 과정이 얼마나 힘겹고 어려운지 알고 있다. 그러므로 지름길을 가고 싶다면 크리에이티브 플래닝에서 무료로 제공하는 조언을 받아보라. 회사의 자산관리사 중 한 명이 당신의 재정 상황을 분석하고 현재 당신과 일하는 재무상담사가 할 일을 다하고 있는지 판단해줄 것이다. 나아가 크리에이티브 플래닝과 함께 일하고 싶다면, 우리는 기꺼이 당신을 한 가족으로 받아들일 것이다.

이런 포괄적 접근법이 유용한 이유에 대해 한 가지 예를 들어 설명하자면, 많은 사람들이 주식 투자 포트폴리오 외에도 부동산 투자를 하고 있지만 일반 재무상담사들은 이를 그다지 중요하게 여기지 않는다. 당신이 부동산을 소유하고 있다고 치자. 그에 대한 전문지식을 지닌 자산관리사라면 당신의 현금 유동성을 최대화할 수 있는 방법을 모색하고 모기지를 재구성할 수 있게 도움을 줄 수 있다. 그 결과 당신은 돈을 추가로 들이지 않고도 다른 부동산에 투자하거나, 모기지 납부액이 지금보다 훨씬 줄지도 모른다! 진짜 전문가의 자문을 받는다는 것은 이런 것이다.

7개의 핵심 질문

당신에게 적합한 올바른 재무상담사를 고용했는지 확인하는 방법 중 하나는 엄선된 질문을 던져 잠재적인 문제나 갈등을 미리 포착하는 것이다. 이미 재무상담사와 함께 일하고 있는 경우에도 다음 질문들을 던져 상대의 대답을 들어보라. 나라면 다른 사람 손에 내 재정적 미래를 맡기기 전에 다음 사항들을 알아보겠다.*

1. 독립재무상담사입니까? 대답이 '아니오'라면 이 사람은 중개인이다. 상냥한 미소와 함께 작별을 고해라. 만일 대답이 '네'라면 그는 수임자의 의무를 준수할 법적 의무를 지닌다. 하지만 아직 안심할 때는 아니다. 당신은 그가 모자를 한 개만 갖고 있는지 아니면 두 개를 번갈아 쓰는지 확인해야 할 필요가 있다.

2. 당신 또는 당신의 회사는 증권중개사와 함께 일합니까? '그렇다'고 대답한다면 이 사람은 중개인을 겸하고 있으며 당신에게 특정 투자 상품을 권할 동기를 갖고 있다. 이를 확실히 알아볼 방법 중 하나는 재무상담사의 개인 웹페이지나 명함에 이런 문구가 있는지

---

* 국내에서도 다음과 같은 질문을 거쳐 재무상담사(자산관리사)를 고르면 될 것 같다.(단 7번 질문은 국내에 해당되지 않으므로 참고할 것.) 그러나 치명적 문제가 있다. 국내에서 이에 따라 재무상담사를 엄격히 고른다면 대부분 통과하지 못할 것이다. 현재 국내에서는 IFA(독립투자자문사)가 전혀 활성화되고 있지 않기 때문이다. 그래서 결국에는 고객들이 특정 금융회사 소속의 자산관리사나 GA 등을 찾을 수밖에 없는 '역설적 상황'이 전개되고 있다.

살펴보는 것이다. '모든 증권은 FINRA와 SIPC의 회원인 ○○○(재무 상담사의 회사 이름)을 통해 제공됩니다.' FINRA와 SIPC는 각각 금융산업자율규제기구Financial Industry Regulatory Authority와 증권투자자보호공사Securities Investor Protection Corporation를 가리킨다. 이런 문구가 새겨져 있다는 것은 그가 중개인으로도 활동할 수 있다는 의미다. 그러니 도망쳐라! 살려면 도망쳐야 한다!

3. 당신의 회사에서는 자체운용 펀드나 별도운영 펀드를 제공하고 있습니까? 당신이 원하는 대답은 '아니오'이다. 만일 '그렇다'는 대답을 듣는다면 항상 눈에 불을 켜고 지갑을 수호하라! 이는 '그 사람이' 많은 수익을 올릴 수 있는 금융상품을 권함으로써 추가 수입을 노릴 것임을 의미한다.

4. 당신 또는 당신 회사는 특정한 투자 상품을 추천하면 제3자로부터 별도의 보상을 받습니까? 이것이 바로 당신이 원하는 궁극적인 질문이다. 왜냐하면 당신이 진정으로 알고 싶은 것은 '재무상담사가 특정 상품을 권함으로써 판매수수료나 리베이트, 자문료, 출장비, 기타 다른 보상을 얻을 동기를 지니고 있는가?'이기 때문이다.

5. 어떤 투자 철학을 갖고 있습니까? 이 질문은 재무상담사가 특정 주식을 선택하거나 액티브 뮤추얼펀드를 운용해 시장을 능가할 수 있다고 믿는지 확인하기 위해서 던지는 것이다. 그가 레이 달리오나 워런 버핏이 아닌 한, 그것은 시간이 지날수록 반드시 지는 게임

이다. 그리고 우리끼리 하는 이야기지만 당신의 재무상담사가 그런 투자 천재일 확률은 거의 없다.

6. 투자 전략과 포트폴리오 관리 외에 이떤 재무설계 서비스를 제공하십니까? 어쩌면 지금 당신에게 필요한 것은 투자가 전부일지도 모른다. 그러나 나이가 들고 재산이 늘고 관리운용이 필요한 자산의 종류가 증가할수록 재무 관리는 점점 복잡해진다. 이를테면 자녀의 대학 교육을 준비하거나 노후 계획을 세우거나 취득한 스톡옵션을 관리하거나 상속 계획을 세워야 할 수도 있다. 대부분의 재무상담사는 주식 투자 외에는 능력이 한정된 경우가 많다. 앞에서 언급한 것처럼 중개인은 세금과 관련된 조언을 하는 것이 법적으로 금지되어 있기 때문이다. 우리는 투자와 사업 계획, 그리고 유산 상속에 이르기까지 모든 측면에서 세금을 절약할 방도를 제공할 수 있는 재무상담사를 원한다.

7. 내 돈은 누구한테 맡겨집니까? 수임자는 반드시 제3의 기관에 펀드를 맡긴다. 예를 들어 피델리티와 슈워브, TD아메리트레이드TD Ameritrade는 당신의 돈이 안전하게 보관될 수 있도록 위탁 부문을 따로 두고 있다. 그리고 재무상담사는 당신에게서 돈을 관리할 수는 있어도 인출할 수는 없는 제한된 권한을 위임받는다. 이런 방법을 사용할 경우 좋은 점은 재무상담사를 해고하더라도 계정까지 옮길 필요가 없다는 것이다. 그저 새로운 사람을 고용하여 그에게 관리 권한을 인계해주기만 하면 된다. 이 같은 위탁체계를 이용하면 버

니 매도프Bernie Madoff 같은 사기꾼에게 속아 넘어갈 위험에서 벗어날 수 있다.

임무 완료

자, 이렇게 1부가 끝났다. 알겠지만 1부는 재정적 성공을 위한 규칙 안내서이다. 다음 장으로 넘어가기 전에 1부에서 배운 중요한 규칙들을 마지막으로 정리해보자.

- 당신은 약세장이나 하락장이 와도 동요하지 않고 시장에 머무르며 제자리를 지키는 장기투자의 위력에 대해 배웠다.
- 액티브펀드의 대다수가 실적은 낮고 수수료는 높다는 사실을 배웠다. 인덱스펀드를 장기간 보유하는 편이 더 높은 수익을 얻을 수 있다는 사실 말이다.
- 높은 펀드 수수료가 대들보를 갉아 먹는 흰개미처럼 우리의 재정적 미래에 얼마나 큰 파괴적인 영향을 끼칠 수 있는지 배웠다.
- 믿음직하고 유능한 독립재무상담사를 찾는 법을 배웠다.

돈의 규칙서를 다 읽은 지금, 당신은 우리의 금융 시스템을 이해하는 소수의 투자자 중 한 명이 되었다. 규칙을 숙지했다면 이번에는 게임에 참가할 차례다.

《흔들리지 않는 돈의 법칙》의 2부는 당신의 행동 계획을 지금 당장 실천할 수 있게 도와주는 견고한 실천서다. 6장에서는 세계 최고의 투자자들이 투자 결정을 내릴 때 활용하는 네 가지 핵심 원칙에 관해 알아본다. 7장에서는 다각화된 분산투자 포트폴리오를 구성하여 시장이 붕괴할 때에도 자산을 보호할 수 있는 '곰시장에서 승리하는 방법'에 대해 이야기할 것이다. 그런 다음 8장에서는 내가 지난 40년간 투자심리학을 연구하며 배운 가장 중요한 비밀을 공개하여 '내면의 적'을 침묵시키는 법을 가르쳐주겠다.

2부 부동의 실천서는 완전한 재정적 자유를 성취하는 데 필요한 지식과 실용적인 도구를 마련해줄 것이다! 온몸에 '힘'과 '자신감'이 흘러넘치는 게 느껴지는가? 그렇다면 책장을 넘겨라. 드디어 당신만의 계획을 설계하고, 통제권을 되찾고, 게임에 임해야 할 때가 왔다.

견고한 부의 패턴 구축하기

UNSHAKEABLE

YOUR FINANCIAL FREEDOM PLAYBOOK

06

부의 거인들의
투자 시크릿

억만장자들의 4대 핵심 투자 원칙

단순하게 만듭시다,
최대한 단순하게.

• 스티브 잡스, 애플 창립자 •

누구든 어느 날 갑자기 복권에 당첨될 수 있다. 누구든 때로는 주식 대박을 칠 수 있다. 그러나 재정적으로 '꾸준한' 성공을 거두고 싶다면 어쩌다 한 번 운이 좋은 것만으로는 충분하지 않다. 내가 지난 40년간 배운 게 있다면, 어떤 분야에서건 성공을 거둔 사람은 단순히 운이 좋아서가 아니었다는 것이다. 그들은 독특한 신념 체계를 갖고 있고 우리와는 다른 전략을 보유하고 있다. 그들은 그 누구와도 다른 방식으로 일한다.

재정적 측면뿐만 아니라 삶의 다른 분야에서도 마찬가지다. 반세기가 넘게 애정이 넘치는 결혼 생활을 유지하는 사람도, 꾸준한 건강

관리로 수십 년간 같은 몸무게를 유지하거나 수십억 달러 가치의 사업체를 운영하는 사람도 모두 마찬가지다.

요는 성공 패턴을 발견하고 이를 기준 삼아 다른 결정을 내릴 때에도 활용하는 것이다. 성공을 위한 실천서는 그런 패턴으로 구성되어 있다.

사람들의 재정적 삶을 돕는 여정에 나섰을 때, 나는 최고 중의 최고들을 연구했고 50명이 넘는 부의 거인들을 만나보았다. 나는 암호를 풀고 싶었다. 그들이 성공을 거둘 수 있었던 비결을 풀고, 알고, 이해하고 싶었다. 무엇보다 나는 한 가지 질문에 집중했다. 그들 모두가 가진 공통적인 패턴은 무엇인가?

이것이 매우 어려운 질문이라는 사실을 깨닫는 데는 그리 오래 걸리지 않았다. 일단 투자의 귀재들은 돈에 대해 각자 다양한 방법론을 지니고 있다. 예를 들어 워런 버핏은 지속가능성이 뛰어난 공개기업이나 사기업에 장기적 투자를 한다. 폴 튜더 존스는 거시경제학적 관점으로 투자에 임하는 사람이다. 칼 아이컨은 실적이 낮은 기업을 인수해 주주들에게 이로운 전략을 취하도록 꼬드긴다(또는 강요한다). 승리를 거둘 수 있는 방법은 다양하고, 그래서 공통적인 요소를 찾는 것은 대단히 힘든 일이었다!

그러나 나는 지난 7년간 내 특기를 십분 발휘하여 버거울 정도로 어렵고 복잡한 주제를 가르고 쪼개서, 나나 당신 같은 평범한 이들도 활용할 수 있는 몇 가지 핵심 원칙으로 다듬었다. 그리고 그 안에서 나는 거의 모든 위대한 투자자들이 투자 결정을 내릴 때 네 가지 주요 원칙을 활용한다는 것을 발견했다. 나는 이를 '4대 핵심 투자 원칙'이

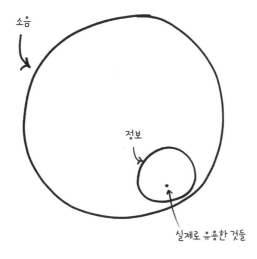

소음

정보

실제로 유용한 것들

© 2013 Behavior Gap

라고 부르는데, 앞으로 설명할 이 4대 원칙은 당신이 재정적 자유를 성취하는 데 아주 강력한 영향력을 발휘할 것이다.

내가 복잡성이야말로 실천의 적이라고 말한 것을 기억하는가? 이 4대 원칙에 대해 알고 나면 당신은 "완전히 기본적인 거잖아. 너무 단순해!"라고 외칠지도 모른다. 그렇다. 그 말이 옳다!

그러나 원칙을 '아는 것'만으로는 충분하지 않다. 당신이 할 일은 그것을 '실천'하는 것이다. 결국 중요한 것은 행동이다. 나는 문제를 쓸데없이 복잡하게 만들어 당신이 무한한 정보의 산 위에 주저앉아 무엇을 '해야 할지' 어리둥절하게 만들고 싶지는 않다. 내가 원하는 것은 끝없는 논의로 당신을 혼란스럽게 만드는 것이 아니다. 포괄적이고 단순명료한 계획을 제시해 당신이 지금 당장 행동을 취할 수 있게 돕는 것이다!

4대 핵심 투자 원칙은 우리에게 귀중한 체크리스트를 제공해준다.

예를 들어 나는 재무상담사와 특정 투자에 관해 논의할 때, 그것이 전반적으로 이 4대 원칙에 부합하는지 검토해보고 부합하지 않으면 관심을 끊는다.

왜 그렇게 단호하냐고? 왜냐하면 "꽤 유용한 수단이랍니다. 부디 이 4대 원칙을 명심하길 바랍니다."라고 말만 하는 것만으로는 부족하기 때문이다. 최고의 투자자는 이 4대 원칙을 거의 강박에 가까울 정도로 고수해야 한다는 사실을 알고 있다. 이 원칙과 하나가 되고, 그에 따라 살며, 투자자로서 하는 모든 행동의 기반으로 삼아라. 요컨대 4대 핵심 투자 원칙이 투자실천서의 심장이 되게 하라.

핵심 원칙 1:
돈을 잃지 마라

모든 위대한 투자자가 끊임없이 묻는 가장 중요한 질문은 "어떻게 해야 돈을 잃지 않을 수 있는가?"이다. 약간은 뜻밖으로 느껴질지도 모르겠다. 사람들은 대부분 그와 정반대의 질문에 집중하기 때문이다. "어떻게 해야 돈을 '벌 수' 있을까? 최대한 많은 돈을 벌거나 대박을 치려면 어떻게 해야 할까?"

그러나 최고의 투자자는 다르다. 그들은 '손해를 피하는 것'에 집착한다. 왜냐하면 그들은 단순하면서도 심오한 진실을 알고 있기 때문이다. 돈을 잃을수록 출발점으로 돌아가기는 더 어려워진다.

다시 수학 수업 시간으로 돌아간 듯이 느끼게 하고 싶지는 않지만,

돈을 잃는 것이 어째서 커다란 재앙인지 설명하고 넘어가자. 가령 당신이 투자를 잘못해서 원금이 50%로 줄었다고 하자. 원금을 회복하려면 돈을 얼마나 벌어야 할까? 대다수는 50%라고 대답할 것이다. 하지만 틀렸다.

계산해보자. 10만 달러를 투자해 50%를 잃었다. 이제 남은 돈은 5만 달러다. 하지만 5만 달러의 50%를 회복해도 돈은 7만 5,000달러에 불과하다. 본전을 메우려면 아직 2만 5,000달러가 모자란 것이다.

현실적으로 10만 달러라는 원금을 회복하려면 '100%'를 더 벌어야 하고, 그러기 위해서는 10년은 족히 걸릴 것이다. 이것이 바로 그 유명한 워런 버핏의 투자의 법칙이 나온 이유다.

"첫째, 돈을 잃지 마라. 둘째, 첫 번째 규칙을 잊지 마라."

또 다른 전설적인 투자자 폴 튜더 존스도 손실을 막는 데 집중한다.

"내가 가장 중요하게 여기는 것은 공격보다 수비가 10배는 더 중요하다는 겁니다. … 언제나 약한 부분을 방어하는 데 주력해야 합니다."

그러나 돈을 잃지 않으려면 실제로 어떻게 해야 할까? 무엇보다 먼저 금융시장이 예측하기 힘든 곳임을 인지해야 한다. TV에 나오는 전문가들이 아무리 미래를 다 아는 것처럼 떠벌여도 절대로 속지 마라! 성공한 투자자는 미래를 지속적으로 예측할 수 있는 사람은 아무도 없다는 사실을 알고 있다. 따라서 그들은 언제나 예기치 못한 위험과 잘못된 선택에 따른 위험에 대비하기 위해 노력한다.

레이 달리오를 보라. 〈포브스〉에 따르면 그는 주식 투자로 헤지펀드 역사상 최고액인 450억 달러를 벌었고, 그의 순자산은 약 159억 달러로 추정되고 있다! 나는 수많은 비범한 이들을 만나봤으나 레이보다 더 똑똑한 사람은 본 적이 없다. 그런 그조차도 언제나 시장이 그보다 더 똑똑할 수 있으며 전혀 예상치 못한 방향으로 흘러갈 수 있다는 가정을 기반으로 투자에 임한다. 레이의 말에 따르면 그는 투자 경력 초반에 '삶에서 가장 고통스러운 경험'을 통해 그 교훈을 배웠다고 한다.

풋내기 투자자로서 레이가 아직 한창 금융계를 배우던 1971년, 닉슨 대통령이 금본위제를 폐지했다. 달러는 더 이상 금과 1대 1로 교환될 수 없었다. 이는 미국 화폐가 인쇄된 종이쪼가리의 가치밖에 없다는 뜻이었다. 레이와 다른 모든 이들은 주식이 당연히 곤두박질치리라고 예상했다. 그런데 무슨 일이 일어났는지 아는가? 주가가 천정부지로 솟았다! 그렇다. 시장은 전문가들의 예측과 달리, 합리적 사고나 논리와는 '정반대로' 움직였던 것이다. 레이는 말했다.

"그때 나는 누구도 시장을 예측할 수 없고, 앞으로도 할 수 없다는 것을 깨달았습니다. 그래서 내가 잘못된 판단을 해도 괜찮도록 자산을 배분해 투자했지요."

이것이 바로 당신과 내가 명심해야 할 교훈이다. 우리는 우리의 예측이 잘못되더라도 '괜찮도록' 자산을 배분해야 한다.

자산배분이란 간단히 말해 다양한 유형의 자산을 적절한 비중으로 분산투자하여 위험은 줄이고 수익은 최대화하는 것이다.

나는 넘지도 못할 2미터짜리 장대를 찾지 않는다. 나는 주위를 살펴보며 내가 넘을 수 있는 30센티미터 길이의 장대를 찾는다.
  - 워런 버핏

자산배분에 대해서는 다음 장에서 상세히 설명하기로 하고, 지금은 이 점을 명심하라. 우리는 항상 '예상치 못한 일이 일어날 것임을 예상해야 한다.' 세상이 온통 불확실한 것투성이므로 항상 불안에 떨어야 한다는 뜻이 아니다. 예상치 못한 일이 발생하더라도 스스로를 보호할 수 있게 투자하라는 의미다.

알다시피 많은 투자자들이 시장 거품이 한창일 때 미래는 눈부신 햇살만이 가득할 것처럼 앞뒤 가리지 않고 달려들다 피해를 입는다. 존 보글, 워런 버핏, 레이 달리오 같은 승자들은 미래가 좋든 나쁘든 뜻밖의 놀라움으로 가득함을 알고 있다. 그들은 항상 위험이 도사리고 있다는 사실을 절대로 잊지 않으며, 상승과 하락이 엇갈릴 수 있는 서로 다른 종류의 자산에 분산투자하여 재산을 보호한다.

나는 경제학자도 아니고 예언가도 아니다. 그러나 최대한 돈을 잃지 않는 데 주력하는 것은 지난 몇 년간 세계 곳곳에서 시행했던 극단적인 경제 정책이 앞으로 어떤 결과로 나타날지 예측할 수 없다는 점에서 특히 중요해 보인다. 지금 우리는 미지의 영역에 있다. 2016년에 하워드 막스는 내게 이렇게 말했다.

"지금처럼 자산 가격이 높고 예상 수익은 낮은 불확실한 상황에서는 잠시 멈춰 서야 합니다."

1,000억 달러 자산을 관리하는 그의 오크트리 캐피털 매니지먼트Oaktree Capital Management의 최근 슬로건은 '신중하게 진행하라!'다. 그는 말했다.

"우리는 투자를 하고 있고, 투자를 받고 있습니다. 투자를 받는 건 기쁜 일이지만 우리는 모든 자산을 극도로 신중한 검토를 거쳐 매입

합니다.”

나는 ‘돈을 잃지 마라’는 원칙을 실생활에 적용하기 위해 함께 일하는 모든 재무상담사들에게 이렇게 말하고 있다.

“하방 위험을 극복하거나 최소화할 방법이 없다면 아예 투자 이야기를 꺼내지도 마십시오.”

핵심 원칙 2:
비대칭 위험/보상*을 따져라

사람들은 보통 큰돈을 벌려면 큰 위험을 감수해야 한다고 생각한다. 그러나 최고의 투자자들은 고위험 고수익이라는 전설을 믿지 않는다. 대신에 그들은 이른바 비대칭 위험/보상이 수반되는 투자 기회를 노린다. 다시 말해 게임에 승리하는 투자자들은 항상 최소한의 위험으로 최대한의 보상을 추구한다는 얘기다. 그것이 바로 투자자의 궁극적 목표다.

폴 튜더 존스는 ‘5 대 1 공식’을 활용해 투자 결정을 내린다. 그는 우리가 만난 지 얼마 되지 않았을 때 이렇게 말했다.

• 국내에서는 익숙하지 않은 용어다. 위험과 보상은 1 대 1이 아니며 투자 대상에 따라 3 대 1, 5 대 1, 또는 1 대 3, 1 대 5이 될 수 있다는 걸 뜻한다. 이 책에서는 위험을 최소로 줄이고 보상은 최대화시키는 쪽의 ‘비대칭’을 찾으라고 한다. 한편 국내에서도 일명 ‘비대칭 투자’가 주목받고 있다. 상승장에서 하락 위험을 방어하고 하락장에서 상승에 대한 보상을 누리는 전략이다.

© Jeff Stahler/Distributed by Universal Uclick for UFS via CartoonStock.com

"나는 5달러를 벌기 위해 1달러의 위험을 끌어안습니다. … 5대1 공식은 20%만 제대로 성공하면 됩니다. 바보라도 할 수 있는 일이죠. 80%를 틀려도 돈을 잃지 않습니다."

어떻게 그럴 수가 있을까? 가령 폴이 100만 달러의 투자를 5회 했는데 그중 4회를 실패한다면 400만 달러를 잃는다. 그러나 5회째 투자가 성공하면 500만 달러를 벌 수 있고, 최종적으로 그는 500만 달러의 원금을 고스란히 회수할 수 있다.

그리고 실상 폴의 성공률은 그보다 훨씬 높다! 5회의 투자 가운데 '2회' 성공을 거둬 5배의 수익을 냈다고 생각해보라. 그의 초기 투자금 500만 달러는 이제 1,000만 달러가 됐다! 즉 그는 60%나 실패하고도 자산을 2배로 늘린 것이다!

폴 튜더 존스의 5 대 1 공식을 이용하면 불가피한 실수를 저질러도 게임에서 이길 수 있다.

자, 정리해보자. 5 대 1 공식은 폴의 '이상적인' 투자 방침이다. 항상 이런 이상적인 성공률을 갖춘 기회를 만날 수 있는 것은 아니다. 때로는 3 대 1이 그의 목표가 될 수도 있다. 다만 중요한 것은 그가 늘 낮은 위험이 수반된 높은 보상 기회를 찾는다는 것이다.

비대칭 위험/보상을 신봉하는 또 다른 친구는 버진그룹Virgin Group의 창립자 리처드 브랜슨Richard Branson이다. 약 400개의 기업을 운영하는 그는 단순히 기발한 영감을 지닌 창업가가 아니다. 그는 생명을 무릅쓰는 위험천만한 스릴을 즐기는 모험가이기도 한데, 열기구로 세계일주를 하는가 하면 수륙양용 자동차로 영국해협을 최단시간에 주파한 기록도 보유하고 있다! 그렇다면 그는 누가 봐도 위험을 즐기는 사람이 아닐까? 대답은 '그렇다'이기도 하고 '아니다'이기도 하다. 위험한 스포츠를 좋아하는 것은 사실이지만 금전과 관련된 문제에 관해서는 위험을 최소화하는 데 도가 터 있기 때문이다.

대표적인 예를 하나 들어보자. 브랜든 경은 1984년에 겨우 다섯 대의 항공기를 가지고 버진 애틀랜틱 항공Virgin Atlantic Airways을 설립했다. 그의 경쟁 상대는 골리앗처럼 크고 강대한 영국 항공British Airways이었다. 한번은 이런 우스갯소리를 하기도 했다. "백만장자가 되고 싶습니까? 10억 달러로 새로운 항공사를 차리세요!" 그러나 리처드는 1년간의 긴 협상 끝에 입이 떡 벌어지는 계약을 체결했다. 사업이 제대로

풀리지 않는다면 항공기를 반납할 수 있다는 계약이었다. 이는 그에게 적은 위험으로 무한한 가능성을 안겨주었다!

"얼핏 보기에 창업가들은 위험에 높은 내성을 지닌 듯 보이죠. 하지만 내 인생에서 가장 중요한 모토는 '보호책을 마련하라'입니다."

나는 유명 투자가들과 인터뷰를 할 때마다 비대칭 위험/보상을 중시하는 사고패턴을 여러 차례 마주쳤다. 〈타임〉에서 '우주의 절대자'라고 지칭된 바 있는 칼 아이컨은 순자산 규모가 170억 달러로 추정되며 1968년 이래 31%의 투자수익률을 기록하고 있는데, 이는 워런 버핏의 20%를 훌쩍 능가하는 수치다.[1] 칼은 경영 실적이 좋지 않은 사업체에 대규모 자금을 투자한 후 경영 방침을 시정하지 않으면 투자액을 회수하겠다고 협박하여 재산을 불린다. 이것만 보면 그는 수십억 달러의 판돈이 걸린 위험한 게임을 하는 것 같다. 그러나 칼은 절대로 확률과 가능성을 무시하지 않는다. 그는 말했다.

"겉으로는 큰돈을 걸고 위험한 일을 하고 있는 듯 보이지만 실은 전혀 그렇지 않습니다. 모든 일에는 위험과 보상이 따릅니다. 우리는 가장 먼저 어떤 위험이 존재하고 그로 인한 보상은 무엇인지 알아야 합니다. 대부분의 사람들은 나에 비해 위험을 훨씬 크게 보는 경향이 있지요. 하지만 숫자는 거짓말을 하지 않습니다. 그들은 그저 그 숫자를 이해하지 못할 뿐입니다."

패턴이 보이는가? 이 세 명의 억만장자들, 폴 튜더 존스, 리처드 브

---

1 〈키플링어 퍼스널 파이낸스Kiplinger's Personal Finance〉

랜슨, 칼 아이컨은 각자 상이한 방법으로 수익을 창출하지만 그럼에도 모두 '위험을 최소화하고 수익을 최대화'하는 데 집중한다.

내 짐작이 틀렸을지도 모르지만, 아마 당신은 항공사를 차리거나 적대적인 기업 인수를 할 예정은 아닐 것이다. 그렇다면 당신은 어떻게 이런 사고 패턴을 삶에 적용할 수 있을까?

비대칭 위험/보상을 따르는 한 가지 방법은 침울함과 비관주의가 충만해 있을 때 저평가된 자산에 투자하는 것이다. 다음 장에서 배우겠지만 조정장과 하락장은 당신의 재정적 삶에 최고의 선물이 될 수도 있다. 2008년부터 2009년, 금융위기가 발생했을 때 세상은 지옥 같았다. 하지만 이성적인 사고와 차분한 마음으로 두 눈을 똑바로 뜨고 사방을 둘러봤더라면 당신은 어마어마한 기회를 발견했을지도 모른다. 시장에 헐값으로 나온 물건들이 발에 채일 정도로 굴러다녔으니 말이다!

2009년 3월 주식시장이 최저점을 기록하고 다른 투자자 대다수가 암울한 미래를 내다보던 시기, 당신은 우량주를 헐값에 사들일 수 있었다. 예를 들어 한때 최고가가 57달러나 하던 시티그룹의 주가가 주당 97센트까지 떨어졌다! 문자 그대로 ATM 수수료보다 더 싼 가격으로 대기업 주식을 보유할 수 있었던 것이다. 뿐만 아니라 최고의 소식은 따로 있다. 겨울이 지나면 봄이 오기 마련이고, 때로는 당신이 예상했던 것보다 훨씬 빨리 계절이 바뀌기도 한다. 97센트짜리 주식은 다섯 달 뒤에 주당 5달러로 치솟았고, 하락장에서 기회를 잡았던 투자자들은 500%의 수익을 올렸다.

바로 이것이 워런 버핏 같은 '가치투자자'들이 약세시장이 될 때마다 입맛을 다시는 이유다. 혼란의 시기는 그들에게 바닥까지 떨어진 주식을 저렴한 가격에 취득할 수 있게 해준다. 하방 위험에는 한계가 있으나 상향 가능성은 어마어마하다.

워런 버핏은 2008년에도 골드먼삭스Goldman Sachs와 제너럴 일렉트릭General Electric 같은 기울어진 거인들의 주식을 전무후무한 헐값으로 사들였다. 더욱 기발한 것은 그가 그 와중에서도 위험을 더 크게 줄일 방법을 활용했다는 것이다. 예를 들어 버핏은 골드먼삭스의 '우선주'에 50억 달러를 투자함으로써 주식시장이 회복되길 기다리는 동안 매년 10%의 배당금을 받았다!

대다수 사람들은 주식시장이 하락하면 겁에 질린 나머지 '위험'만을 보지만, 버핏은 돈을 잃는 것이 거의 불가능한 판을 짰던 것이다. 다시 한 번 강조하지만, 중요한 것은 비대칭 위험/보상이다!

이왕 이렇게 된 김에 내 개인적인 경험도 털어놓겠다. 2008년에서 2009년 금융위기 이후에 내게도 기회의 문이 열렸다. 은행들이 대출 요건을 상향 조정한 것이다. 많은 개인들이 주택에 상당한 잔여 가치를 보유하고 있었지만 그 자금에 접근할 방도가 없었다. 재융자는 꿈도 꿀 수 없는 이야기였다. 그들은 1~2년 사용할 단기 자금을 마련할 방도를 찾고 있었고 필요하다면 주택을 담보로 맡길 의향도 있었다.

결론만 말하자면 나는 사람들이 필요로 하는 단기 자금을 빌려주고 이른바 '제1신탁증서'의 소유자가 되었다. 2009년에 한 주택 소유자가 200만 달러의 가치가 있는 주택을 가지고 우리 팀을 찾아왔다. 소유권이 명확한 주택이었다. 그는 주택 가치의 50%인 100만 달러의 대출이 필요했는데, 12개월 동안 10% 이자를 지불할 용의가 있었다.

당시 10년 만기 국채의 연 이자가 1.8%였으니 나쁘지 않은 제안이었다. 게다가 연준이 이미 금리를 인상하고 있었기 때문에 곧 채권 가격이 하락해 내 순수익은 그보다도 더 낮을 터였다.(10년 만기까지 기다리지 않는다면 말이다)

한편 이 신탁증서에 투자할 경우 내가 겪을 수 있는 위험은 무엇일까? 채무자가 돈을 갚지 못하거나 부동산 시장이 50% 이상 폭락하면 나는 원금을 돌려받지 못한다. 그러나 우리가 지난 반세기 동안 목격한 것 중 최악의 부동산 급락 사태였던 2008년에도 부동산 시장의 하락폭은 35%밖에 되지 않았다. 그러므로 1년이라는 짧은 융자 기간을 고려할 때, 이는 내 첫 번째 기준 '돈을 잃지 않을 확률을 높여라!'에 부합했다.

비대칭 위험/보상의 측면에서도 적절했다. 돈을 잃을 위험이 적고, 설사 부동산 시장이 50% 이상 곤두박칠치더라도 손해를 보지 않고 본전을 지킬 수 있다. 더구나 연 10% 복리 이자는 내게 상당한 이익을 안겨줄 것이다. 상기 요인들을 바탕으로, 나는 이 제안이 내게 매우 유리한 위험/보상 비율을 안겨준다고 확신할 수 있었다.

요즘에는 이런 투자를 하기 위해 100만 달러가 필요하지도 않다. 2만 5,000달러나 5만 달러 융자를 구하는 사람도 많기 때문이다. 그러나 내가 하고 싶은 말은 이런 제1신탁증서를 사냥하러 다니라는 얘기가 아니다. 이런 종류의 투자에도 다른 종류의 위험이 연계되어 있기 때문이다. 요는 경제적 분위기와 시장 동향에 따라 항상 다양한 기회가 산재해 있다는 것이다.

핵심 원칙 3:
세금효율을 최대한 높여라

앞에서도 이야기했지만 충분히 주의하지 않으면 수익의 30%가 세금으로 증발할 수도 있다. 그러나 뮤추얼펀드 회사는 매번 '세전' 수익만을 강조한다. 진짜 중요한 것은 세전 수익이 실제로 당신의 손 안에 들어오는 '순수익'과는 다르다는 사실을 숨기는 것이다.

세금은 생각지도 않고(수수료는 말할 것도 없다) 투자수익이 높다고 기뻐하는 것은 자기기만에 불과하다! 오늘 하루 도넛 두 개와 프렌치 프라이 두 봉지, 파르페를 먹었다는 건 머릿속에서 지워버리고 "오늘 다이어트는 성공이야!"라고 좋아하는 것과 다를 바가 없는 것이다.

투자에서 자기기만은 돈이 많이 드는 악습이다. 그러니 눈가리개를 벗고 현실을 마주하라! 예를 들어 경상소득 고소득자는 연방소득세와 주소득세를 합친 소득세율이 거의 50%에 달한다. 그런데 보유 기간이 1년 '이하'인 투자 자산을 매각할 때에는 경상소득세와 같은 세율의 세금을 내야 한다. 정말 잔인하지 않은가?

이와 대조적으로 1년 이상 보유한 투자 자산을 매각할 경우에는 장기자본이득세를 납부하는데, 장기자본이득세의 현 세율은 경상소득세에 비해 '한참' 낮은 20%다. 보유 기간을 늘리는 것만으로도 세금을 30%나 절감할 수 있다는 얘기다.

세금의 영향을 무시하면 값비싼 대가를 치러야 한다. 가령 연 8% 수익을 올리는 뮤추얼펀드를 갖고 있다고 하자. 수수료 연 2%를 제하고 나면 남는 것은 6%다. 거래가 자주 발생할 경우(대부분의 액티브 뮤추얼펀드가 그렇다) 그로 인한 단기 수익에는 소득세와 같은 세율의 세금이 부과된다.[2] 따라서 캘리포니아나 뉴욕주 등에 거주하는 고소득자의 세후 수입은 연 6%가 절반으로 뚝 깎인 3%에 그친다! 이런 비율이면 종잣돈이 2배로 늘어나려면 24년이 걸릴 것이다. 거기에 인플레이션의 영향도 빠트릴 수 없다. 인플레이션이 연 2% 수준이라면 '실질' 수익은 3%에서 1%로 추락하고, 이런 속도라면 당신은 120세에나 은퇴할 수 있을 것이다.

> 나한테는 은퇴 후에도 평생 편안히 살 돈이 있다. 문제는 내가 다음주에 죽는다는 것이다.
> – 무명

세금을 최대한 덜 떼는 방식으로 투자하는 것이 왜 중요한지 이제 이해하겠는가? 내가 만난 모든 억만장자들은 한 가지 공통점을 갖고 있었다. 바로 그들과 그들의 자산관리사가 모두 세금을 최대한 줄이기 위해 지극히 애쓴다는 사실이다! 그들은 얼마나 '버느냐'가 아니라 얼마나 '지킬 수 있느냐'가 진짜로 중요하다는 사실을 안다. 모든 것을 제하고 남은 최후의 숫자야말로 '진짜' 재산이자, 소비하고, 재투자하고, 타인을 위해 기부도 할 수 있는 돈이 된다.

---

2 〈모닝스타〉애널리스트 윌리엄 하딩**William Harding**에 따르면 액티브펀드의 포트폴리오 회전율은 130%다.

혹 궁금해할까 봐 미리 말해두자면, 합법적인 수단으로 세금 부담을 줄이는 것은 전혀 비도덕적이거나 부정한 일이 아니다. 이에 관해 미국 대법원이나 법조인들이 자주 인용하는 문구는 연방항소법원 판사 빌링스 러니드 핸드Billings Learned Hand 의 1934년 판결문이다.

"누구든 세금을 가능한 한 적게 납부하려고 노력할 수 있다. … 세금을 법에 정한 것보다 더 많이 내야 할 공적인 의무는 없다."

데이비드 스웬슨은 예일대학교와 일하는 가장 큰 이점은 대학이 비영리기관이기 때문에 세금을 면제받는 것이라고 말한 바 있다. 그렇다면 비영리기관이 아닌 우리는 어떻게 해야 할까? 가장 먼저 할 일은 액티브펀드, 개중에서도 특히 거래를 자주 하는 펀드를 멀리하는 것이다. 데이비드가 지적한 것처럼 인덱스펀드의 가장 큰 장점 중 하나는 주식 거래가 최소한이라는 것이다.

"이는 즉 당신이 낼 세금도 적다는 뜻입니다. 이건 굉장한 장점입니다. 뮤추얼펀드업계의 가장 심각한 문제 중 하나는 (산더미처럼 산재한 다른 심각한 문제들을 다 포함해도) 펀드매니저들이 세금이 중요하지 않은 것처럼 행동한다는 겁니다. 하지만 세금은 중요하죠. 아주 중요합니다."

나는 그의 말에서 깊은 우려를 느꼈다. 스웬슨은 그 말이 얼마나 중요한지 깨닫는 이들을 기꺼이 도울 준비가 되어 있었다. 그는 세금이 수익에 어마어마한 영향을 끼칠 수 있다며 강조했다.

"세금을 우대받을 수 있는 투자 기회가 생기면 반드시 활용하십시오. 401(k)에 가입되어 있거나 비영리기관에서 근무해서 403(b) 계획을 따르고 있다면, 납입금액을 최대로 설정하십시오. 세금을 이연할 기회가 있으면 전부 이용해야 합니다."

누가 들어도 당연한 소리 같지 않은가? 우리는 모두 세제 혜택을 받을 수 있는 수단을 알고 있다. 401(k), 로스IRARoth IRA, 개인퇴직연금, 사모생명보험PPLI(또는 부자들의 '로스'라고 불리는), 학자금 저축 계좌인 529계획 등은 목표에 더 빨리 도달할 수 있게 해주고, 어쩌면 당신도 이미 이런 기회들을 활용하고 있을지 모른다. 만일 아직도 납입 금액을 '최대로' 올리지 않았다면 지금이 바로 기회다!

이 주제에 대해 더 자세히 알고 싶다면《머니》의 5부 5장 〈우리도 이용할 수 있는 수퍼리치들의 비밀〉을 읽어보라. 다만 중개인을 재무상담사로 고용하고 있을 경우 직면할 수 있는 한 가지 문제는 그들이 세무 전문가가 아니라는 것이다. 그들은 법적으로 세금에 대해 조언할 자격이 없다. 대부분의 독립재무상담사 역시 이 부분에 있어서는 세무 전문가와 함께 일하지 않을 가능성이 크다. 그러므로 세금효율을 우선으로 여기는 공인회계사가 있는 회사를 고용하는 것이 가장 이상적이다.

나는 데이비드의 가르침을 받아들여 이제는 세금 문제에 늘 촉각을 곤두세운다. 물론 세금이 투자를 '시작'하는 조건이 되어서는 안 된다. 그건 아주 심각한 실수가 될 테니 말이다. 나는 가장 먼저 돈을 잃지는 않을지 확인하고, 다음으로 비대칭 위험/보상을 고려하며, '그후에야' 투자를 하기 전에 이렇게 자문한다.

"세금효율이 얼마나 높지? 세금을 '더' 줄일 수 있는 다른 방법이 있을까?"

내가 세금에 유난히 민감한 이유 중 하나는 인생의 상당 부분을 캘리포니아주에서 보냈기 때문이다. 캘리포니아주에서는 1달러를 벌어도 세금을 떼고 나면 38센트가 남는다. 이렇게 과중한 세금에 시달리다 보면 민감해질 수밖에 없지 않겠는가! 그래서 나는 정부에 돈을 납부한 뒤, 내 손에 얼마나 남는지에 초점을 맞추는 법을 배울 수밖에 없었다.

누군가 꽤나 솔깃한 투자 기회를 제시할 때마다 나는 항상 똑같은 말로 반응한다. "'순수익'인가요?" 그러면 대개 상대방은 이렇게 대답한다. "아뇨, '총수익'입니다." 순수익은 거짓말을 하지 않는다. 당신과 나의 목표는 항상 순수익을 극대화하는 것이다.

구체적인 예를 들어보자. 크리에이티브 플래닝은 적절하다 싶을 때 고객들의 특정 포트폴리오에 MLP*를 추천한다. 나는 이 공개거래 합자회사들이 석유나 천연가스 같은 에너지 인프라 사업에 투자할 기회를 제공한다는 사실을 알게 된 후에 석유업으로 수십억 달러를 번 분 피컨스에게 전화를 걸어 MLP에 대한 견해를 물었다.

분은 근래에 유가가 하락하면서 MLP 가격도 휘청거리고 있다고 말했다. 실제로 2014년부터 2016년 초반까지 유가는 70% 이상 하락했다. 많은 투자자들은 그것이 에너지 기업 고객들에게 기반시설을 제공하는 MLP에게 최악의 소식이라고 생각했다. 그러나 MLP는 (적어

• Master Limited Partnerships. MLP는 주로 에너지, 인프라, 미드스트림(수송 · 저장 등) 관련 프로젝트에 투자해 수익의 상당액을 배당받는 미 증시 상장주식이다. 국내 투자자들도 투자가 가능한데 문제는 세금이다. 일반 해외주식이라면 배당금에서 15.4%만 떼지만 MLP는 35%나 제한다. 다만 몇몇 국내 자산운용사에서 '○○○ MLP펀드'라는 이름으로 판매하고 있어 이를 이용하면 세금 부담을 줄일 수 있다.

도 그중 뛰어난 펀드들은) 보기보다 안전하게 보호되고 있었다. 왜냐하면 대부분의 고객들이 기반시설 이용에 대해 장기 계약을 맺고 있었기 때문이다. 따라서 MLP는 매년 지속적이고 꾸준한 수입을 올려 사업 파트너들에게 상당한 로열티 수익을 안겨줄 수 있었다.

분은 MLP에 투자할 때 유가나 가스 가격은 크게 중요하지 않다고 말했다. 송유관을 소유한다는 것은 요금징수원에 가깝다. 유가나 가스 가격이 오르든 내리든, 국가 경제의 생명줄인 에너지원은 계속해서 수송하고 이동해야 한다. MLP의 소유주인 당신은 시계처럼 정확하게 당신 몫을 받을 수 있을 것이다.

MLP 가격이 곤두박질친 것은 실제로 투자자들에게는 희소식이었다. 그것은 사실 유가가 하락한 데 대한 시장의 과민반응에 불과했기 때문이다. 많은 투자자들이 가치가 낮은 상품에 투자했을까 봐 겁을 집어먹었고, 심지어 가장 수준 높은 MLP마저도 가격이 절반 이하로 하락했다.

그러나 수송 요금은 꾸준히 징수되었다. 예전에 100달러로 판매되던 MLP는 주 5달러, 연 5% 수익을 올렸다. 주가가 50달러로 하락했을 때에도 MLP는 여전히 주 5달러 수익을 올렸지만, 이제는 연 10%인 셈이다. 그게 뭐 대수냐 싶을지 몰라도 수익률이 연 2% 이하인 채권에 비하면 끝내주는 수익률 아닌가! 그보다 더 굉장한 점은 MLP의 가격이 상승할 가능성이 다분하다는 것이다!

여기서 잠시 MLP가 우리의 네 가지 핵심 원칙과 얼마나 일치하는지 확인해보자.

1. 돈을 잃지 말라. MLP와 유가는 워낙 크게 폭락해 더 이상 하락할 여지도 없었다. '석유계 선지자' 분 피컨스 같은 거물은 에너지 가격이 급락해 생산량도 크게 줄었다고 지적했다. 이는 공급량이 줄었으므로 설사 수요가 줄더라도 결국 가격이 상승하리라는 의미다.

2. 비대칭 위험/보상. 앞서 말했듯이 돈을 잃을 위험은 적고 에너지 가격이 회복되어 MLP가 상승할 가능성은 높다. 한편 그동안 당신은 연 10% 수익도 올릴 수 있다. 가만히 앉아서 돈을 버는 것이다!

3. 세금효율. 하지만 그중에서도 최고봉은 세금효율이다. 미국 정부는 국내의 에너지 생산 및 유통을 촉진할 필요가 있고, 따라서 MLP에 세금우대 혜택을 주었다. 그 결과 대부분의 소득이 가치 하락으로 상쇄되어 수입의 약 80%가 비과세로 취급되었다. 즉 연 10% 수익 중 순수익이 8%란 의미다! 만일 이런 조세 특례를 받지 않았다면 1년 내의 수입은 경상소득과 동등한 소득세율이 부과되고 소득의 50%를 세금으로 내는 고소득자들은 겨우 5%만을 갖게 된다. 다시 말해 세금효율이 높은 MLP를 이용하면 순수익이 5%가 아니라 8%로 늘어날 수 있다는 의미다. 당신 주머니에 60% 이상의 돈이 더 남는 것이다. 이것이 바로 세금효율의 위력이다.

피터가 다음 장에서 더 자세히 설명하겠지만, MLP가 모든 사람들에게 적절한 투자는 아니며 특별히 추천하지도 않는다. 다만 '세후 수익'에 집중하면 재정적 자유를 향해 더 빠른 길로 갈 수 있다는 기본 규칙을 설명하고 싶었을 따름이다.

　그건 그렇고, 굳이 MLP가 아니더라도 이처럼 겉으로는 부진해 보여도 실제로는 비대칭 위험/보상 기회를 제공하는 자산군이나 국가, 또는 시장은 늘 존재한다는 사실을 언급하고 싶다.

　마지막으로, 세금을 현명하게 다룬다면 선행을 하는 데 필요한 자금을 추가로 마련할 수 있다. 정부가 당신 돈을 멋대로 쓰게 만들지 말고 그 돈을 어디다 쓸지 당신 스스로 결정하라! 자신이 개인적으로 중요히 여기는 대의를 위해 봉사한다면 삶은 더욱 풍요로워질 것이다.

　나는 지금까지 배고픈 이들에게 2억 5,000만 끼니를 무료로 제공했고, 10억 끼니라는 목표를 달성하기 위해 피딩 아메리카와 함께 일하는 중이다. 또 인도에 사는 25만 명에게 매일 깨끗한 물을 제공하고 있으며, 비영리단체인 지하철도작전[3]과 손잡고 성노예로 팔려간 아동 1,000명을 구출하는 것을 돕고 있다. 이것이 바로 내가 세금을 최대한 줄여서 얻게 된 재화를 다른 이들에게 선물하는 여러 가지 방법 중 일부이다.

3　지하철도작전Operation Underground Railroad; OUR. 세계 전역의 탈출 및 철수 작전 전문가들이 모여 만든 단체로, 인신매매로 잡혀간 아동을 구출한다. 전직 CIA와 네이비실Navy SEAL, 특수부대원들로 구성된 팀원들이 성노예로 일하는 아동들을 구출한다.

핵심 원칙 4:
분산투자하라

4대 핵심 원칙의 네 번째이자 마지막은 투자 원칙에서 가장 중요하고 가장 기본적인 분산투자다. 바구니 하나에 달걀을 몽땅 집어넣어서는 안 된다는 사실을 모르는 투자자는 없을 것이다. 그러나 아는 것과 '실천'하는 것은 다르다. 프린스턴 대학의 버튼 맬킬 교수의 말처럼, 효과적인 분산투자 방법에는 4가지가 있다.

1. 다양한 자산군에 분산투자_부동산이나 주식, 국채 등 하나의 자산에 올인하지 마라.

2. 자산군 내에서도 분산투자_하나의 기업(가령 애플)이나 하나의 MLP, 또는 허리케인에 날아갈 수 있는 해변가 부동산 한 곳에 돈을 전부 투자하지 마라.

3. 다양한 시장, 국가, 통화에 걸친 분산투자_이미 세계는 지구촌 경제로 이뤄져 있다. 자국에만 투자하는 실수를 저지르지 마라.

4. 장기간에 걸친 분산투자_뭔가에 투자할 적확한 시간을 예측하는 것은 불가능하다. 그러나 오랜 시간에 걸쳐 체계적으로 꾸준히 쌓아올린다면(적립식) 위험을 줄이고 수익을 장기간에 걸쳐 늘릴 수 있다.

내가 만나본 모든 거물 투자자들은 분산투자로 위험은 줄이고 수익은 극대화하는 방법을 알아내기 위해 애쓰고 있었다. 폴 튜더 존스는 내게 이렇게 말했다

"가장 중요한 일은 포트폴리오를 다각화하는 것입니다."

나는 존 보글과 워런 버핏, 하워드 막스, 데이비드 스웬슨, JP모건의 메리 캘러헌 어도스 외 다른 수많은 사람들과의 인터뷰에서도 거듭 같은 말을 들었다.

듣고 보면 간단할지 몰라도, 이것을 실천하는 것은 완전히 다른 문제다! 이 원칙을 실천하려면 진짜 전문 지식이 필요하기 때문이다. 분산투자는 매우 중요한 주제이므로 다음 한 장을 통째로 할애할 계획이다. 다음 장에서는 이 책의 공저자인 피터 멀록이 2008년에서

2009년의 무시무시한 경제위기 때 고객들의 무사 순항을 이끈 최적의 자산배분과 주식과 증권, 부동산 및 다른 '대안들'에 분산투자하는 방법에 대해 설명한다. 그의 임무는 당신이 어떤 상황에서도 돈을 벌 수 있는 포트폴리오를 구축하도록 돕는 것이다.

목표가 너무 거창하지 않느냐고? 실로 분산투자는 최악의 시기에도 제 몫을 충분히 해낸다. 2000년부터 2009년 말까지 미국의 투자자들은 이른바 '잃어버린 10년'을 경험했다. S&P500이 아래위로 크게 요동치면서도 전반적으로는 침체에 머물렀기 때문이다. 그러나 똑똑한 투자자들은 미국 시장 너머를 주시했다. 버튼 맬킬은 〈월스트리트 저널〉에 '매입 후 보유 전술이야말로 여전히 최후의 승자다'라는 칼럼을 기고했다. 그는 인덱스펀드에 분산투자 전략을 사용했다면, 즉 미국 주식과 해외 선진시장 주식, 신흥시장 주식과 채권, 부동산 등에 투자했다면, 2000년에서 2009년까지 10만 달러의 투자 원금이 19만 1,859달러로 증가했을 것이라고 썼다. 다시 말해 잃어버린 10년 동안 연 평균 6.7% 수익률을 올렸다는 얘기다!

분산투자 전략이 중요한 이유는 익숙한 것에만 매달리는 지극히 인간적인 경향에서 우리를 보호할 수 있기 때문이다. 특정한 접근법, 또는 자신이 잘 알고 있다고 생각하는 개념에 익숙해지면 사람들은 그것에만 매달리고 싶은 유혹에 빠지고, 그 결과 하나의 특정 분야에만 집중하게 된다. 예를 들어 어떤 이들은 어릴 때부터 성공한 부동산 투자를 보고 자라 성인이 된 후에도 거기에만 매달릴지도 모른다. 금 투자를 선호하거나 기술 주식처럼 유행 분야에만 공격적으로 달려들 수도 있다.

문제는 모든 것이 돌고 돈다는 것이다. 지금 잘나가는 종목이 갑자기 동면에 들어갈 수도 있다. 레이 달리오가 경고한 것처럼 '어떤 자산군에 돈을 투자하든 50~70%를 잃을 날이 온다.' 가진 돈을 한 부문에 전부 쏟아부어 전 재산이 한여름 밤의 꿈처럼 증발하는 결과를 감당할 자신이 있는가? 분산투자는 그런 악몽에 대비하는 보험과도 같다. 위험은 줄고 수익은 증가하지만 추가 자금은 한 푼도 더 들지 않는다. 어찌 이보다 더 좋을 수 있겠는가?

분산투자 방법은 매우 다양하다. 《머니》에서도 레이 달리오와 존보글 및 데이비드 스웬슨 등 다른 금융 귀재들이 추천하는 자산배분 전략에 대해 설명한 바 있다. 예를 들어 스웬슨은 '정말로 중요한' 6가지 자산군에 투자하는 저비용 인덱스펀드를 보유하는 방식으로 분산투자를 할 수 있다고 말했다. 그가 말하는 6가지 자산군이란 미국 주식, 해외 선진시장 주식, 해외 신흥시장 주식, 부동산투자신탁REITs, 미국 장기국채, 물가연동국채TIPS로, 심지어 그는 이 6가지 자산군의 정확한 구성 비율에 대해서도 조언했다.

레이 달리오로 말하자면, 분산투자에 대한 그의 독특한 접근법은 위험 길들이기에 최적화되어 있다. 나는 2016년 로빈 후드 투자자 컨퍼런스Robin Hood Investors Conference가 끝나고 그와 이야기를 나눌 기회를 잡았다. 금융계에서 내로라하는 투자자들이 레이가 말하는 성공 비결에 열렬히 귀를 기울이고 있었다.

"한마디로 자산의 15% 이상을 서로 연동되지 않은 좋은 투자 대상에 배분하는 겁니다. 훌륭한 투자 대상일 필요도 없습니다."

'투자의 기본 원칙은 나란히 움직이지 않는 매력적인 자산을 보유하라는 방침으로 귀결된다.' 그것이 바로 시장에서 살아남고 성공을 거둘 수 있는 비결이다. 레이의 경우에 그것은 주식, 채권, 금, 원자재, 부동산, 그리고 그 밖의 대안 투자를 모두 포함한다. 그는 15%의 상호 비연동 투자 자산을 소유함으로써 전반적인 위험을 '80%'까지 줄일 수 있다고 강조했다.

"위험대비 수익률을 5배까지 증가시킬 수 있습니다. 위험을 줄임으로써 수익이 5배나 늘어나는 것이지요."

당신에게 딱 들어맞는 완벽한 전략이 존재한다고 말하는 것이 아니다. 내가 당신에게 진정으로 전하고 싶은 것은 최정상의 투자자들조차 분산투자야말로 장기적인 재정적 성공의 핵심 요인으로 여긴다는 점이다. 그들을 본받아 폭넓게 분산투자한다면 어떤 상황에도 대비할 수 있을 뿐만 아니라 차분하고 자신감 있는 태도로 미래를 마주할 수 있을 것이다.

기어를 바꿀
준비가 됐는가?

여기까지 도달했다면 당신은 이미 게임에서 앞서 나가는 중이다. 당신은 최고의 투자자들이 투자 결정을 내릴 때 사용하는 4대 핵심 투자 원칙을 알고 있는 소수 엘리트 투자자의 반열에 올랐다. 이 4대 원칙을 항상 준수한다면 투자에 성공할 확률이 놀랍도록 높아질 것이다!

다음 장에서는 자산배분의 본질에 관해 자세히 알아본다. 피터 멀록이 개인의 니즈와 환경을 고려한 맞춤화 전략의 혜택과 장점에 관해 자세히 설명할 것이다. 그의 숙련된 인도를 따르면 어떤 험난한 폭풍우도 헤쳐나갈 분산투자 포트폴리오를 구성할 수 있다. 명심하라, 겨울이 오고 있다. 약세장은 주기적으로 발생할 것이며 대부분의 투자자가 주가 하락을 두려워하며 살아가고 있다. 그러나 당신만은 겨울이야말로 투자에 최적의 계절이며 가장 큰 '즐거움'을 누릴 수 있는 시기임을 깨닫게 될 것이다!

　그러니 함께 가자, 용감한 전사여! 무기를 높이 들고 '곰을 죽이러' 갈 시간이다.

07

곰을 만날
준비를 하라

시장 하락의 두려움을 극복하고 부를 축적하는 법

용기는 두려움이 없는 게 아니라 그것을 극복하는 것임을 알았다.
용감한 사람은 두려움을 느끼지 않는 사람이 아니라
두려움을 정복하는 사람이다.

• 넬슨 만델라 •

두려움 없는 삶으로 가는 길

서른한 살 때 나는 건강검진을 받으러 갔다. 헬리콥
터 조종사 자격증을 갱신하려면 반드시 거쳐야 할 절차였기 때문이
다. 그 후 며칠 내내 담당의사로부터 전화해달라는 메시지를 몇 차례
받았지만 마침 눈코 뜰 새 없이 바쁘게 돌아다니던 시기라 연락할 시
간이 없었다. 그러던 어느 날 밤, 자정이 넘어서야 집에 들어간 나는
침실 문에 붙은 비서의 쪽지를 발견했다. '의사한테 빨리 전화하세요.
엄청나게 급한 일이래요.'

내가 그때 얼마나 놀랐는지 대충 짐작이 갈 것이다. 나는 과하다 싶을 정도로 건강을 챙기는 사람이었고 몸에 아무 이상도 느끼지 못했다. 그런데 대체 뭐가 잘못되었다는 걸까? 머리가 핑핑 돌기 시작했다. '비행기를 너무 많이 타고 돌아다녀서 방사능에 과하게 노출됐나? 혹시 암이라도 걸린 걸까? 나 죽는 거야? 설마.'

힘겹게 마음을 추스르고 잠자리에 들었지만 다음 날 아침 눈을 떴을 때 머릿속은 이미 끔찍한 상상과 두려움으로 가득했다. 곧장 의사에게 전화를 걸었다. 그가 말했다.

"수술을 받으셔야 합니다. 뇌에 종양이 있어요."

나는 순식간에 얼어붙었다.

"그게 무슨 소립니까? 그걸 어떻게 아는데요?"

의사는 사려라고는 전혀 없는 전투적인 말투로 내 성장호르몬 수치가 비정상적으로 보여, 추가로 피검사를 해봤다고 말했다. 왜 그랬는지는 금세 짐작이 갔다. 나는 키가 2미터나 되고 열일곱 살 때는 1년 만에 30센티미터가 자랐다. 그는 단시간에 그렇게 폭발적으로 성장한 이유가 뇌 아래쪽에 위치한 뇌하수체 때문이라고 진단하곤, 즉시 병원에 와서 종양 제거 수술을 받아야 한다고 말했다.

나는 다음 날 남프랑스로 날아가 '운명과의 데이트Date with Destiny' 세미나에 참석해야 했다. 그런데 일정을 전부 취소하고 응급수술을 받으라고? 이게 어찌된 운명이란 말인가! 나는 아랑곳하지 않고 세미나에 참석했고, 그 다음에는 이탈리아의 포르토피노라는 아름다운 휴양지에서 시간을 보냈다. 하지만 얼마 안 가 불안감이 기승을 부리기 시작했다. 마치 다른 사람이 된 것 같았다. 나는 자주 화를 냈고, 소소한 일에도 짜증을 부렸다. 도대체 내가 왜 이러는 거지?

나는 불확실한 세상에서 성장했다. 어머니는 약에 취해 사소한 일에도 이성을 잃고 날뛰었다. 내가 거짓말을 하고 있다는 의심이 들면 내가 토할 때까지 목구멍에 비누를 쑤셔 넣거나 벽에 머리를 짓찧었다. 내 삶은 이제껏 '불확실한 세상'에서 '확실한 것'을 찾기 위해 스스로를 훈련하고 단련시키는 과정으로 점철돼 있었다. 그러나 의사의 말은 나를 어둡고 깊은 불안의 구렁텅이 안으로 밀어 넣었다. 갑자기 세상이 뒤집히고, 지금껏 쌓아 올려온 삶이 송두리째 흔들렸다. '살 것인가 죽을 것인가?'라는 가장 기본적인 질문의 답이 뭔지 확신할 수 없다면 도대체 '무엇'을 확신할 수 있겠는가?

나는 포르토피노에 있는 성당에 앉아 부디 살게 해달라고 기도를 올렸다. 그런 다음 집에 가서 상황을 정면 돌파해야겠다고 결심했다. 그 후로 며칠간 있었던 일은 정확히 기억나지 않는다. MRI 기계를 들락거리던 것과 MRI 촬영 기사의 얼굴에 커다란 미소가 떠올라 있던 게 기억난다. 그는 뭔가가 있다고 말하면서도 의사의 진단이 있기 전까지는 자세한 이야기를 할 수 없다고 말했다. 의사는 바빴기 때문에 그로부터 24시간을 더 기다려야 했다. 문제가 있다는 사실은 분명했지만 얼마나 치명적인지는 아직 알 수 없었다.

마침내 의사가 검사 결과를 논의하기 위해 찾아왔다. 스캔 결과에 따르면 내 뇌에는 정말로 종양이 있었지만 지난 세월 동안 기적처럼 크기가 60%나 줄어들었다. 나쁜 증세도 없었고, 열일곱 살 이후로는 키가 더 이상 자라지도 않았다. 그렇다면 왜 수술을 받으라는 거지? 의사는 성장호르몬이 과다분비되면 심장병을 비롯해 여러 가지 건강 문제가 야기될 수 있다고 설명했다. 그가 말했다.

"로빈스 씨, 당신은 지금 현실 부정 단계에 있는 겁니다. 지금 즉시 수술해야 합니다."

하지만 부작용은 어쩌지? 수술대 위에서 죽는 위험 외에도 잘못해서 내분비계에 손상을 입으면 다시는 예전과 같은 삶을 즐길 수가 없을 것이다. 나는 아직 그런 대가를 지불할 준비가 되어 있지 않았다. 다른 사람의 삶을 변화시킨다는 사명을 실천하고 있었고, 거기에는 어마어마한 정력과 열의가 필요했다. 수술이 잘못돼서 내 평생의 꿈을 실현할 수 없게 되면 어쩌지? 내가 평소에 주최하는 주말 행사에는 1만 명이 참석하고 나흘간 50시간에 걸쳐 진행된다. 3억 달러나 투자해 만든 3시간짜리 영화도 가만 앉아서 보기 힘든 요즘 세상에 말이다! 넘치는 정력과 열정을 발휘하지 않는다면 나는 전 세계 40개국에서 날아온 사람들에게 전심을 다해 집중하고 삶을 변화시킬 경험을 전달할 수 없을 것이다!

"수술을 받지 않으면 살 수 없을지도 모릅니다."

의사는 왈칵 성을 냈다. 나는 다른 의학적 견해를 듣고 싶었지만 그는 다른 의사를 추천해주기를 거부했다.

나는 친구들의 도움을 받아 보스턴에 있는 내분비과 명의를 만날 수 있었다. 그는 뇌 사진을 다시 촬영해 보고는 나를 의자에 앉혀놓고 결과를 통보했다. 처음 의사와는 달리 아주 친절하고 상냥한 사람이었다. 그는 수술을 받을 필요가 없다고 말했다. 너무 위험하기 때문이다. 대신에 1년에 두 번 스위스에 가서 아직 미국에서는 승인되지 않은 약물 치료를 받는 것이 어떻겠느냐고 권했다. 그는 이 약물 치료가 종양의 성장을 막고 성장호르몬으로 인한 심각한 심장병도 예방해줄 거라고 말했다.

내가 지금 당장 뇌를 가르고 싶어 하는 의사에 대해 말하자, 그는 쓴웃음을 지으며 말했다.

"도살업자는 소를 잡고 싶어 하고 제빵사는 빵을 굽고 싶어 하죠. 외과의사는 수술을 하고 싶어 하고요. 난 당신에게 약을 주고 싶답니다!"

그건 사실이다. 우리는 늘 우리가 잘 알고 있는 것을 하고 싶어 한다. 문제는 이 약물 역시 나를 무기력하게 만들 수 있다는 점이었다. 의사는 내가 왜 망설이고 있는지 알아차렸다.

"당신은 꼭 삼손 같군요. 의사가 머리카락을 자르면 힘을 잃을까 봐 두려워하고 있어요!"

나는 만약 아무런 조치도 취하지 않는다면, 다시 말해 수술도 받지 않고 약물 치료도 받지 않는다면 어떻게 되느냐고 물었다. 의사가 대답했다.

"모르겠습니다. 아무도 모를 겁니다."

"그럼 내가 왜 약물 치료를 받아야 합니까?"

"치료를 하지 '않는다면', 살 수 있을지 확신할 수가 없으니까요."

그러나 나는 더 이상 '불확실성'에 휘둘리지 않기로 했다. 지난 14년 간 내 건강이 악화되었다는 증거는 아무것도 없었다. 그렇다면 왜 굳이 위험성 높은 수술이나 실험 약물 치료 같은 도박을 해야 한단 말인가? 나는 계속해서 다른 의사들을 찾아다녔고, 마침내 이렇게 말하는 사람을 만났다.

"토니, 사실입니다. 당신 혈관에는 어마어마한 양의 성장호르몬이 흘러요. 그렇지만 그로 인한 부작용은 없는 것 같습니다. 어쩌면 그 덕분에 도리어 회복력이 뛰어난지도 몰라요. 나는 지금 당신처럼 되고 싶어서 매달 1,200달러나 쓰는 보디빌더도 아는걸요!"

결국 나는 상태가 더 악화되지 않는지 매년 건강검진을 하기로 결론지었다. 그때는 몰랐지만 사실 그 선택 덕분에 총알을 빗겨갈 수 있었다. 나중에 미국 식약청에서 조사한 결과 그 실험 약물이 암을 유발할 수 있다는 사실이 밝혀졌기 때문이다. 그 친절한 내분비과 전문의는 비록 그럴 의도는 아니었을지라도 내 인생을 망가뜨릴 수도 있던 조언을 한 셈이다.

그 뒤로 어떻게 됐는지 아는가? 25년이 지난 지금도 내 머리에는 종양이 있다. 그동안 나는 행복한 삶을 살았고, 전 세계 수백만 명의 사람들을 돕는 축복받은 인생을 누렸다. 이 모든 것이 내가 불확실한 미래를 앞두고도 흔들림 없이 굳게 버티고 선 덕분이다. 만일 내가 그때 과민반응을 했거나 모든 선택지를 고려하지 않고 두말없이 의사의 충고에 따랐다면 지금쯤 뇌의 일부가 사라져 있거나, 암에 걸렸거나, 어쩌면 이미 이 세상에 없을지도 모른다. 오직 확실한 미래를 얻고 싶다는 이유로 '그들'에게 의존했다면 치명적인 결과를 맞이했을 수도 있다. 그러나 나는 변함없는 외부 환경 속에서도 내면에서 스스로 확실성을 발견했다.

내가 뇌종양 때문에 내일 당장 죽을 수도 있을까? 그렇다. 하지만 오늘 길을 건너다 트럭에 치여 죽을 수도 있기는 마찬가지다. 그럼에도 나는 미래에 대한 불안에 떨지 않는다. 걱정하지 않는다. 당신도 나와 같고, 당신도 나처럼 흔들림 없는 삶을 살 수 있다. 그러나 당신에게 그런 선물을 줄 수 있는 것은 바로 '당신 자신'뿐이다. 그 누구도 당신 삶의 중요한 요소들인 가족, 신앙, 건강, 재정에 대해 이러쿵저러쿵 지시할 수 없다. 아무리 전문가들에게 도움을 받아도 최종 결정을 내리는 것은 결국 당신이다. 아무리 진실하고 유능한 사람이라도 '당신'의 운명을 대신 통제할 수는 없다.

내가 왜 돈과 투자를 다루는 책에서 삶과 죽음에 대한 이야기를 꺼내는 것일까? 왜냐하면 우리의 삶에 '절대적으로' 확실한 것은 없기 때문이다. 시장에서 절대로 돈을 잃고 싶지 않다면 침대 밑에 현금을 모아두는 수밖에 없다. 그러나 만약에 정말로 그렇게 한다면 당신은 재정적 자유를 성취할 기회를 얻을 수 없다. 워런 버핏의 말처럼, "확실성의 대가는 비싸다."

그럼에도 많은 사람들이 불확실성을 두려워한 나머지 경제적 위험을 피해 가려 한다. 2008년 미국 주식시장이 37% 하락(최고최저 변동폭은 50% 이상)한 뒤 5년이 지나, 푸르덴셜파이낸셜Prudential Financial이 조사한 바에 따르면 미국인의 44%가 금융위기에 대한 기억이 생생한 나머지 '아직도' 다시는 주식 투자를 하지 않을 계획이라고 대답했다. 2015년의 다른 설문조사에 따르면 2008부터 2009년에 증시 붕괴를 경험한 밀레니얼 세대의 약 60%가 금융 시장을 불신했다. 스테이트 스트리트State Street Corporation의 응용연구센터Center for Applied Research는 많은 밀레니얼 세대가 저축의 40%를 현금으로 보유하고 있음을 밝혀냈다!

나는 이들이 투자를 하지 않는다는 사실이 너무나도 가슴 아프다. 두려움 속에 함몰되어 있다는 것은 게임을 시작하기도 전에 패배했다는 의미다. 위험을 감수하는 게 두렵다면 대관절 무엇을 할 수 있단 말인가? 4세기 전에 셰익스피어도 이렇게 말했다.

"겁쟁이들은 죽음에 앞서 여러 번 죽지만 용기 있는 자는 한 번밖에 죽지 않는다."

무모하고 헛된 위험을 무릅쓰라고 말하는 게 아니다! 나는 병을 발견했을 때 수많은 전문가들을 만나 가능한 선택지를 모두 검토하고 감정이나 어느 한쪽에 편향적인 지식이 아니라 사실에 기반해 행동했다. 그런 다음 수집한 정보를 바탕으로 나 자신에게 도움이 될 결정을 내렸다. 이 모든 과정은 불안을 극복하고 굳은 확신을 가질 수 있게 해주었다.

투자도 마찬가지다. 주식시장이 어떻게 변할지는 아무도 알 수 없다. 그러나 앞날을 모른다는 것이 아무 행동도 취하지 않는 변명이 될 수는 없다. 스스로를 교육시키고, 훈련하고, 시장의 장기적 패턴을 연구하고, 최고의 투자자들을 본받아 그들의 전략을 파악하여 합리적 판단을 내린다면 당신도 자기주도적 투자를 할 수 있다. 워런 버핏의 말처럼 "위험은 자신이 무엇을 하고 있는지 모르는 데서 온다."

우리가 유일하게 확신할 수 있는 것이 하나 있다면, 과거에 그러했듯 미래에도 언젠가는 증시가 급락하리라는 것이다. 그러나 다칠 위험이 있다는 이유로 두려움에 얼어붙어 있을 필요가 있을까? 뇌종양이 있다는 사실을 극복하는 것은 결코 쉬운 일이 아니다. 그러나 내가 지난 25년 동안 즐겁고 행복하고 풍족하게 살 수 있었던 것은 두려움 없이 사는 방법을 배웠기 때문이다.

두려움을 극복한다는 것이 두려움을 느끼지 '않는다'는 뜻인가? 천만의 말씀! 그것은 '덜' 두려워한다는 뜻이다. 약세장이 출현하고 다른 모든 이들이 두려움에 떨 때도, 당신만은 이제껏 배운 지식과 용기를 발휘해 보다 '덜' 두려워하기 바란다. 불확실성을 맞닥뜨리고도 두려움 없이 대담하게 굴 수 있다면 두려움에 주저앉은 사람은 얻을 수 없는 엄청난 재정적 보상을 얻을 것이다.

이 장에서 당신은 남들이 약세장에 대한 두려움에 위축되어 있을 때, 그것이 실제로는 평생 다시없는 기회가 될 수 있음을 배우게 될 것이다. 왜? 약세장에는 모든 종목이 가격 할인에 들어가기 때문이다! 늘 탐내던 페라리가 시장에 반값 세일가로 나왔다고 상상해보라. 하늘이 무너지는 것 같을까? 그럴 리가 있나! 그런데도 사람들은 주식시장이 가격 할인에 들어가기만 하면 하늘이 무너진 양 호들갑을 떤

다. 약세장은 기회임을 잊지 마라. 침착하게 대응할 수만 있다면 재정적 자유로 가는 길을 보다 탄탄하게 다질 수 있을 것이다. 내적 안정과 확신을 원한다면 시장이 급락할 때 '신이 나야' 정상이다.

그럼 이만 바통을 내 친우이자 파트너인 피터 말록에게 넘긴다. 그는 자신이 운영하는 크리에이티브 플래닝이 어둡고 침침했던 2008년에서 2009년의 약세장을 어떻게 헤쳐 나갔는지 설명할 것이다. 피터는 당시의 경이로운 활약상에 대해 뽐내는 것을 별로 좋아하지 않지만, 크리에이티브 플래닝이 경제위기를 얼마나 훌륭하게 극복했느냐면 2008년에는 5억 달러였던 운용자산이 2010년에는 18억 달러로 증가했고 현재도 계속 불어나고 있다. 나아가 크리에이티브 플래닝은 〈배런스〉에서 3년 연속 1위 독립투자자문사로 선정된 유일한 기업이다.

피터는 약세장에 대비하고 수익을 올리는 방법에 대해 알려줄 것이다. 어차피 알게 되겠지만, 비결은 어떤 상황에서도 돈을 벌 수 있는 다각화된 포트폴리오를 구성하는 데 있다. 자산배분에 대한 피터의 귀중한 조언으로 무장하고 나면 주식시장이 아무리 거대한 혼란에 빠져도 두려울 게 없다. 다른 사람들이 놀라 달아날 때에도 당신만은 꿋꿋이 서서 달려드는 곰을 죽일 수 있으리라!

곰을 만날 준비를 하라
– 피터 멀록

> 내 주식 매입 법칙은 간단합니다. 다른 사람들이 욕심을 부릴 때 겁을 내고, 다른 사람들이 겁을 낼 때 욕심을 부리는 겁니다.
>
> – 워런 버핏, 2008년 10월 '왜 증시가 하락할 때 주식을 매입하는가'라는 질문에 대한 답

폭풍의 눈

2008년 9월 29일, 다우존스 산업평균지수가 777포인트 추락했다. 일일 하락치로는 역대급으로 시장에서 1조 2,000만 달러가 순식간에 증발한 셈이었다. 같은 날 투자자들의 공포지수인 VIX지수가 역사상 최고치를 기록했다. 2009년 3월 5일이 되자 증시는 50% 이상 하락했고, 대공황 이후 최악의 금융위기가 찾아왔다.

완벽한 대재앙이었다. 은행들이 무너졌다. 승승장구하던 펀드들이 바닥에 나뒹굴었다. 월스트리트에서 가장 저명한 일부 투자자들은 자신의 명성이 산산조각 나는 것을 지켜봐야 했다. 그러나 나는 그때를 내 인생 최고의 나날들로 기억하고 있다. 내가 운영하는 자산관리회사인 크리에이티브 플래닝이 고객들을 안전하게 인도해 끔찍한 시장 붕괴에서 지켜냈을 뿐만 아니라 나아가 뒤이은 회복세에서 엄청난 이익을 안겨주었기 때문이다.

토니는 내 이야기가 책에서 가장 중요한 교훈을 담고 있다며 직접 글을 써달라고 부탁했다. 약세장은 '당신'의 결정에 따라 최악의 시기

가 될 수도 있고 최상의 시기가 될 수도 있다. 약세장에서 잘못된 결정을 내리면, 2008년에서 2009년에 대부분의 사람들이 그랬듯이 재정적으로 치명적인 타격을 입고 몇 년, 혹은 수십 년까지도 절룩거릴 수 있다. 그러나 우리 회사와 고객들처럼 올바른 결정을 내린다면 두려워할 필요가 없다. 어쩌면 당신은 오히려 냉정한 사냥꾼에게는 절호의 기회를 선사하는 약세장을 두 팔 벌려 환영하게 될지도 모른다.

수많은 배들이 침몰한 거센 폭풍우 속에서 우리는 어떻게 살아남을 수 있었을까? 가장 먼저 우리는 좋은 배를 타고 있었다! 약세장이 등장하기 한참 전부터 우리는 언젠가 맑고 푸른 하늘에 먹구름이 끼고 치명적인 허리케인이 찾아올 때를 위해 단단히 대비했다. 다만 그런 약세장이 '언제' 닥칠지, 얼마나 '지독하고', 얼마나 '오래' 지속될지 몰랐을 뿐이다. 하지만 2장에서 배운 것처럼 지난 115년간 평균 3년에 한 번 꼴로 찾아왔던 겨울은 결국 언젠가 온다. 두려움에 떠는 것은 합리적인 행동이 아니다. 어떤 풍파가 몰아쳐도 당신의 배가 안전하고 튼튼하게 견딜 수 있도록 준비하는 것이야말로 합리적인 행동이다.

뒤에서 보다 자세히 논하겠지만, 금융시장 변동에 대비하는 방법에는 크게 2가지가 있다. 첫 번째는 자산배분이다. 자산배분이란 투자 포트폴리오를 주식과 채권, 부동산과 다른 대안 투자에 이르기까지 다양한 자산군에 골고루 분산하는 행위를 다소 근사하게 부르는 용어다.

두 번째는 주가가 하락할 때에도 주식을 매각할 필요가 없도록 (궂은 날에도 수입을 얻을 수 있게) 자산을 보수적으로 배치하는 것이다. 요컨대 항해를 떠나기 전에 식량을 준비하고 안전 장치와 구명조끼를 챙기는 것과 비슷하다. 약세장에서의 생존 여부는 90%가 이런 준비를 갖추는 데 달려 있다.

그렇다면 나머지 10%는 뭘까? 폭풍우를 만났을 때 당신의 감정적인 대처 방식이다. 많은 사람들이 자기 몸에는 얼음장처럼 차갑고 냉혹한 피가 흐른다고 생각한다. 그러나 이미 경험했겠지만, 시장이 휘청거리고 공기 중에 당혹감이 퍼지면 정신적으로 위기에 몰릴 수밖에 없다. 바로 이런 때 전투 경험이 풍부한 재무상담사가 큰 도움이 된다. 그들은 육중한 닻이 되어 당신의 감정을 잡아주고, 최악의 시기에도 강물에 뛰어들지 않게 마음을 안정시켜준다.

우리 고객들의 한 가지 이점은 오랜 시간을 들여 미리 교육받은 덕분에 시장이 폭락할 때에도 큰 충격에 빠지지 않았다는 것이다. 그들은 특정 자산을 '왜' 보유하고 있는지 이해하고 있었고, 그런 자산들이 앞으로 약세장에서 어떤 성과를 낼지도 잘 알고 있었다. 그것은 병원에서 약을 처방받을 때 구토나 오심 같은 부작용이 있을 수 있다고 유의사항을 듣는 것과 비슷하다. 그런 부정적인 가능성이 현실로 나타나면 기분은 별로 좋지 않아도 아무것도 모를 때보다는 차분하게 대응할 수 있다!

그럼에도 불구하고 어떤 고객들은 안심시키기가 다소 어려웠다. 그들은 우리를 찾아와서 이렇게 물었다. "주식은 포기하고 현금을 챙겨야 하지 않을까요?" "이번에는 다르지 않을까요?" 존 템플턴 경의 유명한 말이 떠오르는 질문이다.

"투자 세계에서 가장 돈이 많이 드는 말은 '이번에는 다를 거야'다."

시장이 급락하면 사람들은 '늘' 이번만은 다를 거라고 생각한다. 그들은 날마다 언론매체에서 날아오는 비보를 들으면서 이번만큼은 시장이 회복되지 않을지도 모른다고, 또는 근본적으로 뭔가 무너진 것은 아닐까 두려워한다.

나는 고객들에게 역사적으로 미국의 약세장이 당시에는 아무리 암울해 보여도 결국에는 강세장으로 돌아섰다는 사실을 끊임없이 주지시켰다. 20세기에 발생한 수많은 참사와 비극과 위기들을 떠올려보라. 전 세계 5,000만 명에 달하는 사람들의 목숨을 앗아간 1918년의 인플루엔자와 1929년의 주가 대폭락과 대공황, 두 번의 세계대전과 베트남전에서 걸프전에 이르기까지 무수한 피투성이 무력 충돌, 닉슨

제임스는 결코 침대 밖으로 나가지 않았다. 금융세계는 너무 위험했다.

대통령이 사임한 워터게이트 사건, 헤아릴 수 없이 많은 경기 침체와 경제 공황도 있었다. 그런 충격과 혼란으로 가득했던 100년 동안 주식시장은 어떻게 됐을까? 놀랍게도 다우존스지수는 66포인트에서 1만 1,497포인트까지 상승했다.

여기서 명심해야 할 점은 지난 세기의 역사를 되짚어볼 때, 단기적 전망이 아무리 어두워도 주식시장은 '항상' 반등한다는 것이다. 그렇다면 이런 장기적인 회복 패턴을 부인할 필요가 있을까? 역사적 증거는 내게 확고한 마음의 평화를 안겨주었고, 그러므로 당신 또한 앞으로 수십 년 동안 어떤 조정장이나 하락장을 마주해도 자신이 얻을 수 있는 것에만 관심을 집중하길 기원한다.

최고의 투자자들은 어둠이 '결코' 영원히 지속되지 않는다는 것을 안다. 이를테면 템플턴 경은 제2차 세계대전이라는 암흑기에 싸구려 미국 주식에 투자해 큰돈을 벌었다. 나중에 그는 '비관주의가 정점에 달할 때' 투자하는 것을 좋아한다고 설명했다. 상품들이 헐값에 널려 있기 때문이다. 마찬가지로 워런 버핏도 1974년 아랍 석유파동과 워터게이트 사건으로 증시가 추락했을 때 공격적인 투자를 감행했다. 그는 다른 이들이 절망에 가라앉아 있을 때 외려 신이 나서 〈포브스〉에 이렇게 말했다.

"지금이야말로 투자로 돈을 벌 때입니다."

비관주의가 만연할 때 주식을 사는 것은 사실 심적으로 쉽지 않은 일이다. 그러나 그에 대한 보상은 기가 막힐 정도로 신속하게 찾아온다. 1974년 10월에 바닥을 친 S&P500 지수는 12개월 후에 38% 뛰어 올랐다. 1982년 8월에는 고삐 풀린 인플레이션과 20%에 달하는 금리 때문에 다시 바닥을 쳤지만 12개월 후에는 또다시 59%나 치솟았다. 1년 전에 공황에 빠져 주식을 팔아 치운 투자자들은 어떤 기분이었을까? 손해를 확정 짓는 치명적인 실수를 한 것뿐만 아니라 시장이 되살아났을 때 얻을 수 있었던 거대한 수익마저 놓쳐버렸으니 말이다. 그것이 바로 두려움의 대가다.

2008년에 약세장이 시작되었을 때, 나는 이 기회를 최대한 이용하기로 마음먹었다. 증시가 언제 회복될지는 몰라도 반드시 회복되리라는 것만은 분명했다. 위기가 최고조에 이르렀을 때 나는 고객들에게 서신을 보내 안심시켰다.

"주식시장이 이처럼 낮은 가치를 유지하는 것은 역사상 전례 없는 일입니다. … 결과는 둘 중 하나입니다. 우리가 아는 미국이 붕괴하거나, 시장이 회복되는 것이지요. 전자에 돈을 건 투자자들은 항상 돈을 잃었습니다."

하락장세 내내 우리는 고객들을 대신해 주식에 큰돈을 투자했다. 채권처럼 강하고 안정적인 자산군에서 수익을 얻는 한편 미국 중소형 및 대형 종목, 해외 선진국가 주식, 그리고 신흥국가 주식 같은 취약한 자산군에도 투자를 계속했다. 개별주에 운을 거는 대신 인덱스펀드를 구입했고, 덕분에 저평가된 시장에서 즉각적인 분산투자 효과를 저비용으로 얻을 수 있었다.

그래서 어떻게 됐을까? 2009년 바닥을 친 S&P500은 겨우 12개월 후에 69.5%나 상승했다. 인덱스펀드는 5년간 178% 성장함으로써 장기적인 관점을 가진 투자자들에게는 곰 시장이 궁극적 선물이라는 우리의 믿음을 입증했다. 이 글을 쓰고 있는 지금 증시는 2009년 최저점에서 266% 상승한 상태다.

당연히 우리 고객들은 기쁨의 환호성을 질렀다. 나는 그들이 하락장에서도 우리를 믿고 따라준 데 대해 감사하고 자랑스럽게 생각한다. 그 결과 그들은 회복장에서 상당한 수익을 올릴 수 있었다. 그 기간 동안 우리의 전략을 포기하고 발길을 돌린 고객은 단 두 명이었다. 그중 한 명은 합류한 지 얼마 안 된 비교적 신규 고객으로, 금융위기가 닥치기 얼마 전 부동산으로 가득한 포트폴리오를 들고 찾아왔다. 우리는 그가 자산을 분산투자할 수 있게 도와주었고 덕분에 부동산시장이 폭락했을 때에도 상당한 부를 축적할 수 있었다. 그러나 그는 주식시장의 급격한 변동성에 끝끝내 적응하지 못하고 시장이 요동치는 것을 보고는 기겁해서 주식을 전부 현금으로 바꾸었다.

그로부터 1년 후에 나는 그가 어떻게 지내는지 연락해보았다. 이미 증시가 상승곡선을 그리며 승승장구하고 있을 때였다. 그는 여전히 경기장 밖에 앉아 투자를 꺼리고 있었다. 내가 아는 한 그는 아직도 기다리는 중이며, 지난 7년간 지속된 강세장을 '통째로' 놓쳤다. 토니의 지적처럼 "확실성의 대가는 비싸다."

그 기간 동안 크리에이티브 플래닝을 떠난 다른 고객은 언론에서 쉴 새 없이 쏟아내는 부정적인 뉴스를 참아내지 못했다. TV에 나온 전문가들은 시장이 90% 급락한다거나 달러가 무너지거나 미국이 결국 파산할 것이라는 예언을 내놓았고, 그는 무시무시한 경고에 지레 겁을 먹었다. 더욱 최악은 그의 딸마저 두려움에 잠식되어버렸다는 점이다. 그녀는 골드먼삭스에서 일했고, 주변에는 똑똑하고 잘나가는 동료들이 많았다. 한 동료가 그녀에게 조만간 금융체계가 무너질 것이니 금이야말로 안전한 투자 수단이라고 설득했고, 딸의 말에 귀를 기울인 부친은 하필 최악의 순간에 주식을 금으로 바꿔 상당한 돈을 잃었다. 몇 달 뒤에 주가가 한창 치솟는 중에 그 고객을 다시 만났지만 주식으로 돌아가기에는 너무 늦은 게 아닌가 우려하고 있었다. 그는 문자 그대로 의기소침해 있었다.

안타까운 일이긴 하나, 두 고객은 약세장에서 성급한 결정을 내린 까닭에 재정적으로 영구적인 손실을 입었다. 두 경우 모두 감정에 지나치게 휘말렸기 때문이다. 3부에서 우리는 투자자들이 가장 흔히 걸려 넘어지는 심리적 실수를 피할 방법에 대해 알아볼 것이다. 하지만 일단은 그에 못지않게 중요한 주제부터 시작해보자.

'다음에' 찾아올 약세장을 대비해 위험은 낮추고 수익은 높이는 분산투자 포트폴리오를 어떻게 구성할 것인가? 그런 무적의 투자 전략을 구축해놓으면 어떤 환경에서도 부를 쌓고 밤에도 편안히 잠을 이룰 수 있을 것이다.

성공의 재료

노벨경제학상 수상자인 해리 마코위츠Harry Markowitz는 분산투자를 투자 세계에서 '유일한 공짜 점심'이라고 표현한 바 있다. 만약 그렇다면 그 점심의 재료는 무엇일까? 주식과 채권, 그 외 대안투자 등을 간단히 둘러본 다음, 이 재료들이 골고루 섞인 분산투자 포트폴리오에 대해 이야기해보자. 하지만 그에 앞서 포트폴리오에 '왜' 다양한 자산군이 필요한지부터 알아보는 게 좋겠다.

간단한 사고 실험으로 시작해보자. 우리 집에 몇 명의 손님이 와 있다. 나는 그들 각자에게 집 앞의 도로를 건너가면 1달러를 주겠다고 제안한다. 마침 우리 집은 차가 별로 다니지 않는 조용한 교외에 있고, 내 제안은 쉽게 공돈을 벌 수 있는 기회처럼 들린다. 자, 이번에는 내가 똑같은 제안을 하면서 손님들에게 두 가지 선택권을 준다고 하자. 집 앞 도로를 건너고 1달러를 받거나 아니면 4차선 고속도로를 건너고 1달러를 받거나. 이런 경우 고속도로를 건너겠다는 사람은 아무도 없을 것이다. 하지만 만약 내가 1,000달러나 1만 달러를 내놓는다면 어떨까? 계속 액수를 올리다 보면 언젠가는 고속도로를 건너겠다는 사람이 나올 것이다.

이것이 바로 위험과 보상의 관계다. 길을 건너는 2개의 시나리오에는 양쪽 다 부상의 위험이 존재한다. 그리고 공정한 거래처럼 보이도록 위험이 증가할수록 보상도 커진다. 이렇게 추가 위험을 감수하는 보상으로 얻는 대가를 위험 프리미엄이라고 한다. 당신의 자산배분을 검토할 때 전문가들은 각각의 자산에 대해 이런 위험 프리미엄을 평가한다. 투자 자산이 위험해 보일수록 투자자가 요구하는 보상은 증가한다.

재무상담사로 일할 때 나는 고객의 포트폴리오를 서로 다른 위험 특성과 수익률을 지닌 다양한 자산군으로 구성한다. 고객이 편안하게 느끼는 수준의 '위험'과 '수익'의 균형을 맞추기 위해서다. 분산투자의 장점은 더 높은 위험에 노출되지 않고도 더 높은 수익을 얻을 수 있다는 것이다. 그게 어떻게 가능하느냐고? 왜냐하면 일반적으로 서로 다른 자산군은 같은 방향으로 움직이지 않기 때문이다. S&P500이 38%

하락한 2008년에 투자적격등급 채권은 5.24% 상승했다.[4] 주식과 채권을 '함께' 보유하고 있다면 주식만 보유할 때보다 덜 위험하고 수익률은 높다.

그럼 이제 우리가 당신을 약속된 땅으로 보내기 위해 배합하는 주요 자산군의 종류에 대해 알아보자.

주식

주식은 복권이 아니다. 주식을 보유한다는 것은 실제 영업 중인 사업의 일부분을 소유한다는 뜻이다. 당신이 가진 주식의 가치는 회사의 인지 가치perceived fortunes에 따라 상승하거나 하락한다.* 뿐만 아니라 많은 주식들이 분기별로 배당금을 지급해 주주들에게 수익을 분배한다. 주식에 투자하면 소비자를 넘어 소유주가 될 수 있다. 예를 들어 아이폰을 사면 당신은 애플 제품의 소비자다. 반면에 애플 주식을 사면 당신은 그 기업의 부분 소유주이며 미래 수익의 일부를 가져갈 권리를 얻는다.

주식에 투자하면 돈을 얼마나 벌 수 있을까? 정확한 예측은 불가능하지만 과거 실적을 대략 참고해보자. 주식시장은 지난 100년간 '약 연 9~10%의 수익'을 돌려주었다. 하지만 이런 통계치는 기만적이기도 한데, 주가는 그동안에도 매우 불규칙하게 변동하기 때문이다. 주가가 몇 년마다 20~50%까지 하락하는 것은 드문 일이 아니다. 평균

---

4   2008년의 블룸버그-바클레이스 미국채권지수Bloomberg Barclays US Aggregate Bond Index

적으로 주식시장은 4년마다 급락한다. 이런 현실을 미리 인식하고 있어야 주가가 떨어졌을 때도 충격받지 않고, 과도한 위험을 피해갈 수 있다. 물론 주식시장은 4년 가운데 3년은 수익을 안겨준다는 사실을 잊지 말라.

주식시장을 단기적으로 예측하는 것은 문자 그대로 불가능하다. 비록 '전문가'들은 모든 걸 알고 있는 척하지만 말이다! 2016년 1월에는 S&P500이 별안간 11% 하락했다가 곧장 방향을 바꿔 순식간에 제자리로 회복한 적도 있다.

도대체 왜 그랬던 걸까? 미국에서 가장 존경받는 투자자 중 한 명인 하워드 막스는 토니에게 이렇게 고백했다.

"주가가 하락하는 데는 그럴 만한 이유가 없습니다. 회복하는 데도 마찬가지고요."

그러나 장기적으로는 주식시장만큼 경제 성장을 민감하게 반영하는 곳도 없을 것이다. 시간이 지날수록 경제는 계속해서 성장하고 인구와 노동자들의 생산성도 증가한다. 경제 상승의 물결은 기업의 수익성을 높이고 주가를 상승시킨다. 이는 20세기에 발생한 모든 전쟁과 시장 붕락, 경제위기에도 불구하고 주식시장이 승승장구한 이유를 뒷받침해준다. 이제 왜 주식시장에 장기적으로 투자해야 하는지 알겠는가?

• 주가는 결국 해당 기업의 실적과 성장성, 보유 자산, 브랜드 가치 등 다양한 가치의 좋고 나쁨에 따라 결정된다는 뜻이다. 따라서 주식투자란 기업을 규정하는 총요소의 한 부분을 소유한다는 뜻으로 해석할 수 있다.

워런 버핏만큼 이런 흐름을 잘 알고 있는 사람도 없을 것이다. 그는 2008년 10월 〈뉴욕타임스〉에 기고한 글에서, 비록 금융계가 '엉망'이며 '뉴스 헤드라인은 계속 겁을 줄 테지만' 주가가 하락한 지금이야말로 미국 주식을 사야 할 때라고 격려했다. 그리고 이렇게 썼다.

'제2차 세계대전을 생각해보라. 전쟁 초반 유럽과 태평양에서 미국의 상황은 불리해지고 있었다. 연합군의 상황이 나아지기 전 1942년에 시장은 바닥을 쳤다. 1980년대 초반에 주식을 살 최고의 적기에도 인플레이션은 최악으로 치닫고 경제는 형편없었다. 간단히 말해 나쁜 소식이야말로 투자자의 가장 가까운 친구다. 당신은 헐값으로 미국의 미래 지분을 보유할 수 있는 것이다. 장기적 관점으로 볼 때 주식시장 뉴스는 좋아질 것이다.'

마지막 문장을 뇌리 깊숙이 새기기 바란다. '장기적 관점으로 볼 때 주식시장 뉴스는 좋아질 것이다.' 이게 무슨 뜻인지 진정으로 이해한다면 당신은 인내심을 발휘해 흔들림 없이 나아가고 궁극적으로 부자가 될 수 있다.

그렇다면 주식은 포트폴리오에서 자리를 얼마나 차지해야 할까? 앞으로 10년간 경제와 비즈니스가 지금보다 더 발전할 것이라고 믿는다면 투자의 상당 부분을 주식에 배분하는 것이 합리적이다. 과거 100년간 주식시장은 '거의' 항상 상승했다. 그러나 앞으로도 반드시 그럴 것이라고 장담할 수는 없다. 자산관리기업인 블랙록BlackRock의 조사에 따르면 1929년부터 1938년 사이 주식시장 성장률은 마이너스 1%였다. 좋은 소식은 이 10년의 침체기 이후에 상승세가 돌아와 10년 연속 왕성한 상승장이 두 번이나 반복되었다는 것이다.

여기서 관건은 상승장을 즐길 수 있을 때까지 시장에 계속 머무르는 것이다. 기나긴 약세장을 버티지 못해 주식을 매각하는 것이야말로 당신이 가장 피하고 싶은 일이다. 그렇다면 어떻게 해야 할까? 일단 분수에 넘친 삶을 살거나 과도한 빚을 지지 마라. 그러다 보면 안타까운 처지에 처할 수 있다. 가능한 한 겹겹으로 경제적 보호막을 쳐서 시장이 폭락할 때도 주식을 매각할 필요가 없게 대비해야 한다. 그중 한 가지 방법이 채권에 투자하는 것이다.

채권

채권을 구입한다는 것은 정부나 기업, 또는 다른 독립체에 대출을 해주는 것과 같다. 금융업계는 이런 것들을 복잡하게 만드는 걸 좋아하지만 실은 꽤 단순한 원리다. 채권은 대여금이다. 연방정부에 빌려줄 때는 '국채'이고, 지방정부에 빌려줄 때는 '지방채'라고 부른다. 마이크로소프트Microsoft 같은 기업에 빌려주는 것은 '회사채'다. 그리고 조금 덜 믿음직한 회사에 빌려주는 것은 '고수익채권High-yield bond' 또는 '정크본드junk bond'라고 부른다. 자, 이제 채권개론 강좌가 끝났다.

이런 대금업자가 되면 돈을 얼마나 벌 수 있을까? 물론 형편마다 다르다. 미국 정부에 대출을 해주면 돈을 많이 벌 수가 없다. 왜냐하면 빌린 돈을 떼어먹을 위험이 매우 낮기 때문이다. 반면에 베네수엘라 정부에 돈을 빌려주는 경우에는 위험률이 높기 때문에 이율도 증가한다.(올해 인플레이션율이 700%) 다시 말하지만 위험과 보상은 항상 비례한다. 미국 정부는 맑은 날에 차가 거의 다니지 않는 시골길을 건너라고 말하고, 베네수엘라 정부는 폭풍우가 치는 날 차들이 씽씽 달리는 고속도로를 건너라고 요청하는 것과 같다. 그것도 눈을 가린 채 말이다.

기업이 파산해 투자자들에게 빌린 돈을 갚지 못할 확률은 미국 정부가 파산할 확률보다 훨씬 높다. 그러므로 회사는 보다 높은 수익률로 이에 보답한다. 마찬가지로 자본이 필요한 신생 테크놀로지기업은 마이크로소프트 같은 우량 회사보다 훨씬 더 많은 이자를 돌려준다. 무디스Moody's 같은 신용평가회사는 'Aaa'나 'Baa3' 같은 용어를 사용해 기업들의 신용등급을 매긴다.

다른 중요한 요소는 바로 대출 기간이다. 현재 미국 정부는 10년 대출에 대해 연 1.8% 이자를 지급한다. 만약 당신이 미국 정부에 30년 기한으로 돈을 빌려줬다면 연 2.4%의 이자를 받을 수 있다.* 기간이 길어질수록 이율이 증가하는 이유는 쉽게 짐작할 수 있을 것이다. 당연히 위험률이 높기 때문이다.

어째서 사람들은 채권을 보유하고 싶어 하는가? 우선 채권은 주식보다 훨씬 안전하다. 왜냐하면 채무자가 빚을 갚아야 할 법적 의무를 갖고 있기 때문이다. 채권을 만기 시까지 보유한다면 처음 빌려준 돈을 전부 회수할 수 있을 뿐만 아니라 이자까지 받을 수 있다. 채권 발행자가 파산하지만 않는다면 말이다. 85%의 경우 채권은 매년 긍정적인 수익을 안겨준다.

그렇다면 포트폴리오에서 채권의 비중은 얼마나 되어야 할까? 이

• 2018년 2월 현재 분위기는 바뀌고 있다. 10년 만기 미국 국채 금리는 2.8%를 넘었고, 30년 만기 채권은 3.1%를 넘어서기도 했다. 한편 한국 국고채 금리는 3년 만기가 2.2%, 10년 만기 채권은 미국과 비슷한 2.8% 선에서 움직이고 있다.

미 은퇴했거나 주가의 변덕을 참을 수 없는 보수적 투자자들은 자산에서 꽤 높은 비중을 채권에 투자한다. 보다 덜 보수적인 성향의 투자자들은 우량회사채에 그보다 적은 비율을 투자해 앞으로 2~7년 사이 발생할 수 있는 금전적 필요를 충족시킨다. 공격적 투자자들은 평소에 채권에 약간의 돈을 넣어뒀다가 주식시장이 가격 할인에 들어가면 그것을 이른바 '드라이파우더dry powder'*로 활용하기도 한다. 이는 실제로 크리에이티브 플래닝이 금융위기 때 사용한 방법이기도 하다. 우리는 고객들의 채권 일부를 매각해 주식시장에 투자함으로써 평생 다시 오기 힘든 할인 기회를 잡았다.

다만 한 가지 문제가 있다면 오늘날처럼 특이한 경제 상황에서는 채권이 그리 매력적이지 않다는 것이다. 수익률이 참담한 수준으로 낮기 때문에 위험에 비해 돌아오는 보상이 보잘것없다. 특히 금리가 사상 최악에 이른 미국 국채에 투자하는 것은 어리석은 일처럼 보인다. 해외의 경우에는 이보다도 더 심각하다. 현재 이탈리아 정부의 50년 만기 국채는 금리 2.8%에 불과하다. 그렇다! 반세기 동안 돈을 빌려주고도 안 그래도 이미 경제 상황이 어려운 국가에 '운이 좋아서' 더 심각한 문제가 발생하지 않는다면 연 2.8%의 이자를 얻을 수 있는 것이다. 이만큼 승률이 형편없는 게임도 없을 것이다.

하지만 요즘 세상에서는 재산을 현금으로 갖고 있으면 '한 푼'도 벌

• 금융업계에서 '드라이파우더'는 주식을 매수하지 않고 보유해둔 현금성 자산을 말한다. 책에서는 채권에 보관해둔 자산을 드라이파우더 삼아, 증시 하락 때 공격적 주식 매수에 활용한다는 의미로 말하고 있다.

수 없다. 인플레이션을 고려하면 현금을 갖고 있을 경우 오히려 돈을 잃을 수도 있다. 적어도 채권은 '약간'의 소득이라도 보장해주지 않는가. 내가 보기에 채권은 세탁물 바구니 안에 든 더러운 옷들 중에서 그나마 가장 깨끗한 옷이다.

대안 투자

주식과 채권, 현금 이외에는 모두 대안 투자로 간주된다. 대안 투자는 파블로 피카소의 작품이나 희귀한 와인이 잔뜩 담긴 와인 셀러, 빈티지 자동차가 가득한 완벽한 환기 시설을 갖춘 차고, 값비싼 보석, 10만 에이커에 달하는 목장까지 종류가 광범위한데, 여기서는 독자들을 위해 가장 흔한 몇 가지에만 집중해 설명하도록 하겠다.

우선 경고한다. 대안 투자는 대개 유동성이 낮고(매각이 어렵다), 세금효율도 낮으며 높은 비용이 수반된다. 한편 대안 투자는 2가지 점에서 매력적이다. 첫째, 때때로 수익률이 높고, 둘째로 주식이나 채권 시장과 별개로 움직이기 때문에 포트폴리오를 다각화하고 전반적인 위험 수준을 낮출 수 있다. 예를 들어 주가가 50% 하락하더라도 당신은 여러 바구니에 달걀을 나눠 담아두었기에 순자산 가치가 절반으로 떨어지지 않는다. 당신이 접할 실제 위험은 그보다 훨씬 낮을 것이다.

다음은 대표적인 대안 투자 5가지다. 앞의 3가지는 내가 선호하는 것이고 나머지는 개인적으로 별로 좋아하지 않는 것이다.

• **부동산투자신탁** 리츠REITs라고 불린다. 당신 주변에도 주거용 부동산에 투자했지만 별 재미를 못 본 사람들이 있을 것이다. 주택이나

아파트를 소유하는 데는 많은 돈이 들기 때문에 대부분의 사람들은 부동산으로 분산투자를 꾀하기가 어렵다. 내가 공개 거래되는 부동산투자신탁을 선호하는 것도 바로 그런 이유에서다. 따로 수고를 기울여 관리할 필요도 없고, 지리적으로나 다양성 면에서나 적은 비용으로 폭넓게 다각화할 수 있다. 이를테면 아파트 건물과 사무용 건물, 요양시설, 진료소, 쇼핑몰 같은 자산에 투자하는 리츠를 보유하면 부동산 가격이 상승하면 이득을 볼 수 있고 정기적인 소득도 얻을 수도 있다.

- **사모펀드**　사모펀드Private Equity Fund 회사는 자금을 모아 현재 영업 중인 회사의 전부 혹은 일부를 매입한다. 그런 다음 회사를 구조조정하거나 예산을 삭감하거나 세금을 최소화해 회사의 가치를 높인다. 이들의 궁극적 목표는 회사를 키워서 인수했을 때보다 더 높은 가격으로 되파는 것이다. 사모펀드의 장점은 진짜 전문가들이 운영하는 사모펀드의 경우 예상외의 수익을 낼 수 있고 민간 부문에서 운영되기 때문에 포트폴리오에 다양성을 더해줄 수 있다는 점이다. 한편 단점은 유동성이 낮고 위험성이 높으며 수수료가 높다는 데 있다. 크리에이티브 플래닝은 인맥과 220억 달러 규모의 자산을 활용해 미국 10대 사모펀드 회사 중 하나가 관리하는 펀드에 접근했다. 해당 펀드의 최소투자 한도는 대개 1,000만 달러지만, 우리 고객들은 최소 100만 달러부터 투자에 참여할 수 있었다. 보다시피 모든 사람을 위한 것은 아니지만 최상의 펀드는 그만큼 높은 수수료를 낼 가치가 있다.

- **MLP 펀드** 나는 MLP 펀드의 팬이다. MLP는 대개 송유관과 가스관 등 에너지 시설에 투자하는 공개거래합자회사다. 이 펀드의 장점이 뭐냐고? 앞에서 토니가 밀했듯이, 우리가 MLP를 권하는 이유는 세금효율이 뛰어나 수익률이 높기 때문이다. 모든 투자자들에게 유용한 건 아니지만(특히 나이가 젊거나 개인퇴직연금계좌를 납부하고 있는 경우) 50세 이상에 대규모 과세 계좌를 갖고 있는 투자자에게는 안성맞춤이다.

- **금** 일부 사람들은 금이야말로 어떤 경제적 혼란이 닥쳐도 안정적인 완벽한 투자라는 거의 종교적 믿음을 갖고 있다. 이들은 경제가 붕괴하고 인플레이션이 활개치고 달러가 무너지면 금만이 진정한 통화가 될 것이라고 주장한다. 내 생각은 다르다. 금은 수익을 창출하지 않으며 필수 자원도 아니다. 워런 버핏은 말했다.

  "금은 아프리카 같은 지역에서 힘겹게 채굴된다. 그러면 우리는 다시 커다란 구멍을 파고 금을 묻은 다음, 사람들에게 그것을 지키라고 돈을 준다. 거기에 무슨 효용성이 있단 말인가? 화성인들이 이걸 보면 대관절 왜 그러고 있는지 의아해할 것이다."

  그럼에도 금값은 때때로 급상승하고, 그럴 때마다 사람들이 금을 사서 쌓아놓는다! 그리고 언제나 '단 한 번의 예외도 없이' 결국 금값은 하락한다. 역사적으로 봐도 주식과 채권, 에너지 원자재, 부동산은 늘 금을 능가했다. 그러니 금에 투자할 거라면 나는 빼주기 바란다.

- **헤지펀드** 크리에이티브 플래닝에서 관리하는 포트폴리오에는 헤지펀드가 없다. 이런 종류의 사적 펀드를 운영해 몇 년간 꾸준히 훌륭한 실적을 낸 이들은 정말 소수에 불과하며, 최고의 헤지펀드들은 새로운 투자자를 받아들이지 않기 때문이다. 또한 문제는 헤지펀드가 수수료와 세금, 위험 관리, 투명성, 유동성에 이르기까지 거의 모든 중요 범주에서 커다란 단점을 안고 있다는 것이다. 대부분은 실적에 상관없이 매년 2%의 수수료를 부과하고, 투자자들이 수익을 올릴 때마다 20%를 떼어간다. 그렇게 되면 결국 당신에게는 얼마나 남겠는가? 2009년부터 2015년까지 6년 동안 헤지펀드는 평균적으로 S&P500을 능가하지 못했고, 미국 최대의 연금펀드인 캘퍼스CalPERS(캘리포니아 공무원 연금)는 2014년에 헤지펀드 투자를 완전히 중단했다. 내가 보기에 헤지펀드는 남들 말에 잘 속는 순진한 이들이나 큰 판에서 주사위 굴리기를 좋아하는 투기꾼들을 위한 것이다. '누군가' 부자가 되긴 하겠지만 그게 나나 당신이라는 보장은 없다.

맞춤식 자산배분

이제 어떤 재료를 활용할 수 있는지 알았으니 그것들을 어떻게 완벽히 조합해 맛있는 식사를 만들 수 있는지 알아보자. 사실을 말하자면 모든 사람에게 꼭 들어맞는 하나의 정답은 없다. 그럼에도 많은 재무상담사들이 고객들의 다양한 니즈를 무시하고 판에

박힌 접근법을 사용한다. 마치 채식주의자에게 스테이크를 대접하거나 육식 동물에게 샐러드를 주는 것처럼 말이다.

그들이 공통적으로 사용하는, 그러나 잘못된 한 가지 방법은 투자자의 나이를 기준 삼아 포트폴리오의 채권 비율을 조정하는 것이다. 예를 들어 고객이 55세라면 자산의 55%를 채권에 배분하는 식이다. 내가 보기에 이건 너무 단순한 방법이다. 투자 자산의 배분은 지금 '당신'이 개인적으로 달성하고자 하는 목표와 반드시 일치해야 한다. 자녀의 대학등록금을 모으는 55세 싱글맘과 운영하던 사업체를 수백만 달러에 매각하고 자선사업에 전념하고 싶은 55세의 사업가는 완전히 다른 목표를 갖고 있기 때문이다. 나이가 같다고 이들의 니즈를 동일한 방식으로 다루는 것은 말도 안 되는 일이다!

또 다른 흔한 자산배분 방식은 고객의 위험 감수 수준에 맞추는 것이다. 투자를 앞두고 보수적인 투자자인지 공격적인 투자자인지 묻는 질문지에 답한 적이 있을 것이다. 재무상담사들은 설문 결과에 맞춰 미리 설정되어 있는 모델 포트폴리오를 구입하라고 추천한다. 내가 보기에는 이런 접근법 역시 고객의 니즈를 무시하기 때문에 그리 권할 것이 못 된다. 만일 당신이 위험을 최대한 피하고 싶지만 주식 투자에 중점을 두지 않으면 편안한 은퇴생활을 즐길 가능성이 없다면 어떨까? 그런 당신에게 채권 중심으로 보수적인 포트폴리오를 구축해주면 결국 당신은 낙담하게 될 것이다.

그렇다면 자산배분이라는 어려운 과제에 어떤 식으로 접근해야 할까? 당신과 당신의 재무상담사가 대답해야 할 진짜 질문은 "어떠한 자산군이 지금 당신이 있는 곳에서 '도달해야 할 곳'까지 갈 수 있는 가능성을 가장 높여주는가?"다. 요컨대 포트폴리오는 당신만의 '니즈'에 맞춰져 있어야 한다.

재무상담사가 가장 먼저 알아야 할 사항은 지금 당신이 있는 곳(시작점)과 당신이 돈을 얼마나 모을 의향이 있고 또 얼마나 모을 수 있는지, 그리고 목표를 달성하기 위해서는 얼마나 많은 자금이 필요하고 또 언제 그것을 필요로 할지(종착점)다. 일단 고객의 니즈를 정확히 파악하고 난 뒤 이를 실현할 수 있는 '맞춤 솔루션'을 제시한다. 물론 전문가를 고용하지 않고 혼자 하는 방법도 있지만 그럴 경우 일이 잘 못될 확률이 높고, 그렇게 되는 것은 당신도 원하지 않을 것이다. 그러므로 이 문제와 관련해 특별히 해박한 지식을 갖고 있지 않는 한 전문가의 도움을 구하는 편이 낫다.

은퇴를 하려면 앞으로 15년간 연 7% 수익을 올려야 한다고 가정해보자. 당신의 재무상담사는 포트폴리오의 75%를 주식에, 그리고 나머지 25%를 채권에 투자해야 한다는 결론을 내릴지도 모른다. 당신이 지금 50세인지 60세인지는 중요하지 않다. 자산배분을 결정짓는 것은 '나이'가 아니라 당신의 '니즈'라는 사실을 명심하라. 재무상담사가 당신의 니즈를 충족시킬 적절한 자산배분 비율을 결정했다면 이번에는 당신이 시장 변동성을 얼마나 감수할 수 있는지 판단한다. 당신이 변동성에 '취약하다면' 목표를 하향조정하면 된다. 재무상담사는 하향조정된 목표에 맞춰 포트폴리오를 보다 보수적으로 구성할 것이다.

노련한 재무상담사는 고객의 재무 상황이 얼마나 독특하든 거기에 맞춰 포트폴리오를 최적화할 수 있다. 당신이 석유회사에서 일하고 있고 순자산의 상당 비율이 스톡옵션의 형태로 존재한다면, 재무상담사는 포트폴리오의 다른 자산군이 에너지 부문에 지나치게 의존하지 않게 조정할 것이다.

우선적으로 고려할 또 다른 사항은 세금을 최소화하는 계획을 짜는 것이다. 가령 당신이 지금 갖고 있는 포트폴리오를 새로운 재무상담사에게 보여주었다. 당신의 자산배분 전략이 형편없는 것을 본 재무상담사는 포트폴리오를 전반적으로 개선하자고 제안한다. 완벽한 세상이라면 그의 말이 옳을 것이다. 하지만 만일 당신이 지금껏 꽤 잘하고 있었고, 투자 자산을 팔 경우 자산소득 때문에 오히려 상당한 세금을 내야 한다면 어떨까? 어쩌면 그 때문에 목표 달성을 하기까지 지금보다 더 오랜 시간이 걸리는 전략을 사용해야 할지도 모른다. 예를 들면 정기 납입액을 늘려 보다 점진적으로 자산 재배분을 진행한다든가 말이다.

요는 당신의 특정 니즈를 충족시켜주는 포트폴리오를 구축할 능력과 지식을 갖춘 재무상담사가 필요하다는 뜻이다. 자산배분에 있어 천편일률식 접근법은 오히려 대재앙을 불러올 수 있다. 한번 생각해보라. 병원에 갔더니 의사가 이렇게 말한다. "세계 최고의 관절염 약을 처방해드리지요." 당신은 대답한다. "그거 멋지네요. 하지만 전 관절염에 걸리지 않았는데요. 감기에 걸렸다고요."

포트폴리오를 구성할 때
유념해야 할 6가지 원칙

이 장을 마무리 짓기 전에 포트폴리오를 구성(혹은 재구성)할 때 염두에 두어야 할 6가지 중요한 지침을 알려주고 싶다. 나는 크리에이티브 플래닝이 철석같이 준수하는 이 원칙이 맑은 날이든 흐린 날이든 당신에게 큰 도움이 될 것이라 자신한다!

1. 자산배분은 수익을 창출한다. 자산배분은 투자수익률을 결정하는 가장 중요한 요인이다. 그러므로 주식과 채권, 대안투자의 적절한 비율과 조합을 결정하는 것이야말로 투자에 있어 가장 중요한 결정이라 할 수 있다. 반드시 여러 종류의 자산군을 국제적으로 분산 투자하라. 가령 일본인 투자자가 전 재산을 일본 주식에 투자했다고 생각해보라. 일본 주식시장은 1989년 이래 '지금까지' 계속 하향세다. 여기서 배울 교훈은 당신의 미래를 한 국가나 하나의 자산군에 맡기지 말라는 것이다.

2. 인덱스펀드를 포트폴리오의 핵심으로 이용하라. 크리에이티브 플래닝은 자산배분에 있어 '핵심과 탐구'라고 부르는 접근법을 활용한다. 우리 고객들의 포트폴리오 '핵심' 구성요소는 미국 주식과 해외 선진시장 주식이다. 우리는 인덱스펀드를 이용해 투자하는데, 비용이 적게 들고 세금도 적게 떼며 투자군이 무척 다양할 뿐만 아니라 장기적으로 거의 모든 액티브펀드를 능가하기 때문이다. 또한

우리는 다각화를 극대화하기 위해 대형주와 중형주, 소형주, 초소형주에 이르기까지 모든 규모의 주식에 골고루 투자한다. 이 같은 폭넓은 분산투자는 시장의 한 부문(예를 들어 기술주나 은행주)이 폭락하더라도 위험에서 보호받을 수 있다. 또한 인덱스펀드에 투자하면 세금이나 기타 부대비용에 잠식되지 않고 장기적인 수익 효과를 만끽할 수 있다. 나머지 포트폴리오는 나중에 보게 되겠지만, 보다 복잡하고 세련된 접근법을 적용했다.

3. 항상 보호막을 유지하라. 상황이 악화되어 최악의 시점에 마지못해 주식을 팔고 싶지는 않을 것이다. 그런 일이 없도록 대비하려면 금전적인 방어 수단을 미리 마련해두는 것이 좋다. 우리는 채권과 부동산투자신탁, MLP나 유배주(배당이 지급되는 주식) 등에 투자하여 고객들이 적당한 소득을 얻을 수 있도록 조처한다. 또 이러한 자산군 '내'에서도 폭넓은 다각화를 유지할 수 있도록, 가령 국채나 지방채, 회사채를 골고루 보유한다. 만일 주가가 폭락하면 이런 투자 지분을 일부 매각해(유동성이 있는 채권이 가장 안전하다) 저평가 주식에 투자할 수도 있다. 이는 약세장에 대한 두려움을 없애고 오히려 반가운 친구로 여길 수 있게 해준다.

4. 7의 법칙을 기억하라. 우리는 고객들이 채권이나 MLP 같은 소득 창출형 투자에 7년 치 소득을 투자하는 것을 가장 이상적으로 여긴다. 주가가 폭락하면 이런 소득 창출 자산을 이용해 고객들의 단기적 니즈를 충족시킬 수 있기 때문이다. 그만한 저축을 할 여력이 없

는 경우에는 어떻게 할까? 실현가능한 목표를 재설정하고, 진행 상황에 따라 목표를 천천히 올려가면 된다. 예를 들어 처음에는 3개월 혹은 6개월 치 소득을 목표로 시작해, 이후 오랜 기간에 걸쳐 7년 치 소득을 향해 전진하라. 그런 건 불가능하지 않겠냐고? 시어도어 존슨Theodore Johnson은 연봉 1만 4,000달러를 받는 UPS 직원이었다. 그는 급여의 20%를 저축했고, 보너스를 받으면 자기 회사 주식에 투자했다. 그리하여 90세가 되었을 때 그는 7,000만 달러를 모았다! 여기서 배울 수 있는 교훈은 장기 복리와 꾸준한 저축이 결합했을 때 발생할 힘을 결코 과소평가하지 말라는 것이다.

5. 계속해서 탐구하라. 우리 포트폴리오의 '핵심'은 시장수익률과 일치하는 인덱스펀드에 투자하는 것이다. 그러나 여유가 있다면 그보다 좋은 성과를 낼 수도 있는 합리적인 전략을 '탐구'하는 것도 좋다. 예를 들어 고소득 투자자라면 사모펀드 같은 고위험 고수익 투자를 추가할 수 있다. 워런 버핏 같은 거물 투자자가 다른 이들에 비해 뛰어나다고 판단한다면 그의 회사인 버크셔해서웨이Berkshire Hathaway에 투자할 수도 있다.

6. 포트폴리오를 재조정하라. 나는 포트폴리오의 자산 비율을 정기적으로(가령 1년에 한 번) 재조정하는 이른바 '리밸런싱Rebalancing'의 열렬한 신봉자다. 크리에이티브 플래닝의 경우에는 연말이나 특정 분기가 올 때까지 기다리는 것이 아니라 가능한 기회가 생길 때마다 포트폴리오를 조정한다. 예를 들어 당신의 포트폴리오가 주식 60%

와 채권 40%로 구성되어 있다고 치자. 주가가 하락하자 당신의 자산 비율은 주식이 45%, 채권 55%로 변화했다. 그러면 당신은 채권 일부를 팔고 주식을 구입해 다시 처음과 같은 60 대 40 비율로 조정할 수 있다. 프린스턴대학교 교수인 버튼 맬킬이 토니에게 말했듯이, 성공하지 못한 투자자는 '가격이 오른 것을 사고 가격이 내린 것을 파는' 경향이 있다. 맬킬에 따르면 리밸런싱의 한 가지 이점은 인기 없는 저평가된 자산을 구입함으로써 '정확히 그 반대로 하게' 된다는 것이다. 그런 자산의 가격이 오르면 당신은 큰 이익을 얻게 될 것이다.

마지막 당부

이 책의 조언을 따른다면 어떤 폭풍우가 몰아쳐도 순조롭게 파도를 타고 넘을 수 있다. 물론 사방에서 암울한 뉴스가 덮쳐오면 잠시 거센 소용돌이에 휘말려 동요하기도 하겠지만, 당신의 포트폴리오가 적절하게 다각화되어 있다는 사실을 명심하면 시장의 어떤 혼란도 안심하고 지켜볼 수 있다.

2장에서 조정장을 두려워할 필요가 없음을 배웠다면, 이제는 약세장도 두려워할 필요가 없음을 깨달았길 바란다. 실제로 약세장은 다시없을 할인가를 즐길 최상의 기회이며, 어쩌면 당신도 그 기회를 이용해 완전히 새로운 수준의 부를 쌓을 수 있을지도 모른다. 곰 시장은 고마운 선물이다. 그것도 3년마다 찾아오는 선물이다! 단순히 버티고 살아남아야 하는 시기가 아니라 '번성할' 수 있는 기회다.

그러나 우리 모두가 알고 있듯이, 이론과 실제는 다르다. 약세장에서 주식시장을 박차고 나가 금에 모든 것을 건 내 전 고객을 떠올려보라. 그는 두려움에 굴복한 나머지 완전한 재정적 자유를 위해 신중하게 설계한 계획을 걷어차버렸다. 그처럼 감정에 휘말려 잘못된 길로 빠지지 않으려면 어떻게 해야 할까?

다음 장에서 설명하는 부의 심리학에 통달하면 너무나도 흔하고 거듭 반복되는 금융적 실수를 피하고 예방할 수 있다. 실제로 당신의 재정적 성공을 가로막는 진짜 심각한 장애물은 딱 한 가지다! 이 내면의 적을 침묵시킬 수만 있다면 앞으로는 그 무엇도 당신을 가로막지 못할 것이다.

3부

이기는 투자는
심리 게임이다

UNSHAKEABLE

YOUR FINANCIAL FREEDOM PLAYBOOK

08

내면의 적을
침묵시켜라
투자자의 대표적 실수 6가지와 해결책

투자자의 가장 큰 문제이자 최대의 적은
바로 투자자 자신이다.
• 벤저민 그레이엄, 《현명한 투자자》의 저자, 워런 버핏의 스승 •

축하한다! 규칙서와 실천서를 모두 읽은 지금, 당신은 진정 흔들림 없는 투자자가 되는 데 필요한 지식을 모두 갖추게 되었다.

당신은 무엇을 조심해야 하는지 배웠고, 불가피하게 대면할 수밖에 없는 조정장과 하락장의 두려움으로부터 자유롭게 벗어날 수 있다는 사실을 알게 되었을 뿐만 아니라 무엇보다 세계 최고 투자자들의 빛나는 필승 전략으로 무장할 수 있게 되었다. 또한 수수료에 대한 소중한 지식을 얻었고 진정으로 유능하고 적격한 재무상담사를 찾을 방법에 대해서도 배웠다. 이 모든 지식은 투자를 하는 데 있어 놀라운 강점이 되고, 불안한 현실 앞에서도 차분하고 침착한 태도를 유지할 수 있는 능력을 향상시킨다. 당신 앞에는 이제 재정적 자유로 가는 탄탄대로가 놓여 있다!

여기서 잠깐. 혹시 이 모든 게 잘못될 가능성은 이제 없을까?

단서를 하나 주자면, 그것은 외적 요인에 의한 것은 아니다. 열쇠는 바로 '당신'이다! 그렇다. 당신의 재정적 안녕에 있어 가장 큰 위협은 바로 당신의 뇌다. 당신을 우롱하거나 모욕하자는 게 아니다. 그저 인간의 뇌가 투자에 관한 한 바보 같은 결정을 내리게끔 설계되어 있을 뿐이다. 당신은 앞서 나온 모든 것을 완벽하게 준비할 수 있을지도 모른다. 저비용 인덱스펀드에 투자하고, 세금과 수수료를 최소화하고, 현명한 분산투자 포트폴리오도 구축한다. 그러나 마음을 다스리는 데 실패한다면 당신은 경제적 자해의 희생자가 될 것이다!

사실 이는 보다 크고 넓은 패턴의 일부이다. 우리는 삶의 모든 분야, 연애, 결혼, 양육, 직업, 건강, 몸매, 재정, 그 외 모든 분야에서 자신의 최대의 적이 되는 경향이 있다. 문제는 우리의 뇌가 고통을 피하고 쾌락을 추구하게끔 설계되어 있다는 것이다. 따라서 우리는 본능적으로 즉각적인 보상을 추구하는데, 두말할 필요도 없겠지만 이는 좋은 의사결정과는 그리 좋은 조합이라 할 수 없다.

우리의 뇌는 특히 돈과 관련된 일에서 잘못된 결정을 내리기 쉽다. 왜냐하면 합리적인 투자를 방해하는 정신적 편향 또는 맹점이 존재하기 때문이다. 당신 잘못이 아니니 자책할 필요는 없다. 단지 우리 인간이 공통적으로 가진 약점일 뿐이다. 컴퓨터 프로그램에 잘못된 코드가 섞여 있는 것처럼, 우리 뇌가 그렇게 만들어져 있을 뿐이다.

이 장은 재정적 자유를 향해 전진하는 수많은 이들이 그들을 방해하는 타고난 심리적 성향으로부터 벗어나기 위해 사용할 수 있는 중요한 통찰력과 도구들을 제공할 것이다.

우리가 흔히 경험하는 심적 장애물이 무엇인지 예를 들어보자. 신경학 연구에 따르면 금전적 손실을 관장하는 뇌 영역은 목숨의 위협에 대응하는 영역과 일치한다. 이게 무슨 뜻이냐고?

가령 당신이 숲에서 저녁거리를 찾고 있는 원시인이라고 치자. 그런데 갑자기 왠지 심기가 불편해 보이는 커다란 호랑이가 떡하니 당신 앞에 나타났다. 당신의 뇌는 곧장 높은 긴장 상태에 빠져 호랑이와 맞서 싸우거나, 그 자리에서 꼼짝도 못하고 얼어붙거나, 아니면 줄행랑을 치라는 신호를 보낸다. 당신은 발밑의 돌을 집어 들거나 창을 휘둘러 맹수와 싸울 수도 있고, 아니면 걸음아 나 살려라 도망쳐 안전한 동굴에 숨을 수도 있다.

이번에는 2008년으로 돌아가보자. 당신은 평생 모은 돈의 상당 부분을 주식시장에 투자하고 있다. 그런데 전 세계적인 금융위기가 찾아와 주가가 폭락하고 당신의 포트폴리오가 휘청거리기 시작했다. 당신의 뇌는 큰돈을 잃을지도 모른다는 두려운 상상을 하기 시작한다. 뇌가 관련된 이상, 굶주린 대형 호랑이가 코앞에서 으르렁거리고 있는 것과 다를 바가 없다.

그 다음에는 무슨 일이 벌어지는가? 경고! 경고! 빨간불이 회전하고 사이렌이 울린다. 당신의 뇌에 주입되어 있는 원시적 생존 본능이 지금 죽을 위험에 처해 있다는 메시지를 내보낸다. 이성적으로는 하락장에서 주식을 헐값에 사들이는 것이 가장 현명한 선택이라는 것을 알지만, 당신의 뇌는 지금 당장 주식을 전부 팔아치운 다음 위험이 완전히 사라질 때까지 침대 밑에 들어가 숨으라고 외친다. 대다수 투자자들이 실제로 그렇게 행동하는 것도 무리가 아니다. 인간이 지닌 가장 기본적인 생존 본능의 부작용이니까 말이다. 주가가 하락할 때 공황 상태에 빠지는 것은 우리의 뇌가 경제적 몰락을 '죽음'과 거의 동등하게 인식하기 때문이다.

그러나 중요한 것은 현실이 아니다. 정말로 중요한 것은 현실을 어떻게 믿고 있느냐다.

우리의 믿음은 신경계에 직접 명령을 내린다. 믿음은 행동을 지배하는 절대적인 확신이다. 효율적으로 활용하면 놀라운 것을 창조하는 강력한 도구가 될 수도 있지만, 한편으론 선택의 폭을 제한하고 특정한 행동을 지극히 방해할 수도 있다. 그렇다면 해결책은 무엇일까? 어떻게 하면 지난 수백만 년 동안 인류의 뇌에 새겨져 있던 생존 본능과 믿음 체계를 억눌러서, 굶주린 호랑이 같은 하락장을 맞닥뜨리고도 굴복하지 않고 흔들림 없이 굳건하게 자리를 지킬 수 있을까?

너무 단순하게 들릴지도 모르겠지만, 우리에게 필요한 것은 원시 뇌 구조의 해로운 영향을 중화하거나 최소화하는 조직적인 해결책, 즉 견제와 균형이라는 간단한 시스템이다. 머리로 아는 것만으로는 충분하지 않다면 일종의 내적 점검표를 활용하면 된다. 당신에게는 '언제나 실행'할 수 있는 체계적이고 조직적인 방법이 필요하다.

항공업계를 예로 들어보자. 항공업계에서는 실수나 판단 오류가 발생할 경우 그야말로 대형 참사로 이어질 수 있다. '매번' 정확하고 올바른 절차를 준수하는 것이 필수이기에, 항공사는 체계적인 솔루션과 체크리스트를 활용해 위험을 최소화한다. 부조종사는 조종사가 실수할 경우에 대비하여 승객들의 생명을 구할 수도 있도록 견제와 균형을 담당한다. 항공기 부조종사는 단순히 조종사가 화장실에 갈 경우를 위해 옆에 앉아 있는 것이 아니라, 결정을 내려야 할 순간이 발생할 때마다 보조적인 의견을 내기 위해 존재하는 것이다. 조종사와 부조종사는 얼마나 많은 경력을 갖추고 있든 간에 모든 것이 제대로 돌아가고 있는지 세부사항들을 끊임없이 검토하고 점검한다. 그래야 목적지에 안전하게 도착할 수 있기 때문이다.

투자의 경우에는 실수나 판단 오류가 삶과 죽음을 가르지는 않지만 경제적인 참사가 일어날 수 있다. 금융위기 때 집을 잃거나 대학 등록금을 내지 못했거나, 아니면 노후자금을 전부 잃은 사람들에게 물어보라. 이것이 바로 투자자들에게 자기 보호를 위한 간단한 체계와 규칙, 절차가 필요한 이유다.

무엇을 해야 할지 알고
아는 것을 실천하라

최고의 투자자는 단순한 시스템이 필요하다는 사실을 명확하게 알고 있다. 아무리 재능이 흘러 넘쳐도 한순간에 하릴없이 무너질 수 있음을 알고 있기 때문이다! 그들은 '무엇을 해야 할지 아는 것'만으로는 충분하지 않다는 것을 안다. 당신은 '아는 것을 실천할' 필요가 있다. 바로 그렇기 때문에 시스템이 필요한 것이다.

20년이 넘도록 폴 튜더 존스의 코치로 일하면서 우리가 가장 중점에 둔 일은 그가 투자 대상을 평가하고 결정을 내릴 때 사용하는 시스템을 개선하는 것이었다. 내가 폴을 처음 만났을 때, 그는 역사상 가장 위대한 거래 중 하나를 막 끝낸 참이었다. 폴은 하루아침에 주가가 22%나 폭락한 1987년의 블랙먼데이에 전례 없는 기회를 활용해 자신이 관리하는 고객들을 위해 200%라는 어마어마한 수익률을 올렸다. 하지만 그는 눈부신 성공을 거둔 뒤 자신의 능력을 과신하게 되었고, 결국 효율적인 투자자가 되기 위해 지난 수년간 축적해온 중요한 시스템을 소홀히 여기게 되었다.(앞으로 배우겠지만 이것은 매우 흔한 심리적 편향이다.)

폴의 심리적 편향을 바로잡기 위해, 나는 투자자로서 그의 행동이 그간 어떻게 변화했는지 알아보기로 했다. 나는 폴의 동료들인 스탠리 드러큰밀러Stanley Druckenmiller를 비롯, 위대한 투자자들을 만나 대화를 나누고 폴의 전성기 시절 거래 영상들을 보았다. 심층적인 분석 후에는 그에게 거래 선에 심리를 견제하고 균형을 유지하기 위한 간단한 체크리스트를 만들어볼 것을 제안했다.

이를테면 어떠한 투자 또는 거래를 결정하기 전에 '그것이 누구나 가능한 것이 아닌, 굉장히 어려운 투자 또는 거래인지 확신할 수 있는가?' 묻는 문항들이었다. 둘째로 폴은 해당 거래가 비대칭 위험/보상을 보장하는지 확신할 수 있어야 했다. 그는 이렇게 자문했다. '위험 대 보상 비율이 얼마나 되지? 3 대 1? 아니면 5 대 1인가? 내가 최소한의 위험으로 비대칭 보상을 얻을 수 있을까? 상승 잠재력은 얼마나 되고 하락 위험은 얼마나 되지?' 그 다음 이 같은 질문을 통해 얻은 통찰력으로 진입점을 설정하고(투자를 개시할 목표 가격) 자신의 예측이 잘못될 경우에 대비해 출구점을 결정했다.

여기서 볼 수 있는 패턴은 무엇인가? 폴의 평가 척도에 내포된 공통적 연결고리는 그의 믿음을 검토하고 객관적인 상황 판단을 위해 일련의 간단한 '질문들'을 활용한다는 것이다.

스스로에게 하는 질문들이 폴에게 유용한 점검표가 되어주었다면, 그것을 제대로 작동시킬 수 있게 한 것은 그의 '훈련'이었다. 아무리 잘 설계된 시스템도 효과를 발휘하려면 실제로 사용해야 한다! 나는 폴이 체크리스트를 정말로 사용하는지 점검하기 위해, 그의 투자 거래를 맡고 있는 팀 전체에 '위의 질문들을 먼저 검토하지 않는 한 어떤 거래도 하지 않을 것'을 선언하는 편지를 보내도록 했다. '정말로 어려운 거래인가? 비대칭 위험/보상을 안겨주는가? 위험 대 보상 비율이 5대 1인가, 3대 1인가? 진입점은? 출구점은?'

한 단계 더 나아가 팀원들은 증권거래소의 개장 종이 울린 이후에는 어떤 주문도 처리하지 말라는 지시를 받았다. 다시 말해 그들은 주식에 투자를 하면서도 개장 중인 낮 동안에는 거래를 할 수가 없었다. 왜냐하면 그 단계에서 이뤄지는 거래는 대부분 주가 변동을 보고 놀라 반응하는 것으로, 당일 최고가에 사서 최저가에 팔아 다른 사람의 주머니를 불려줄 뿐이라는 사실을 폴이 깨달았기 때문이다.

보다시피 폴처럼 위대한 투자자는 가장 기본적인 진리를 알고 있다. 투자자 심리는 성공과 실패를 가르는 갈림길이 될 수 있다. 그러므로 목표에 집중하는 굳건한 시스템을 구축하고 이를 실천하라. 이 장에서 우리는 6가지 항목으로 구성된 간단한 체크리스트를 작성하고 주의 깊고 효과적인 대응으로 재정적 자유를 이룩할 것이다.

심리 상태 80,
메커니즘 20

　　　나는 지난 40년에 걸쳐 비즈니스, 교육, 스포츠, 의학, 연예계에 이르기까지 다양한 분야에서 성공한 이들을 만나고 성공을 연구해왔다. 그로써 내가 깨달은 사실은 성공이 80%의 심리 상태와 20%의 메커니즘으로 이뤄져 있다는 것이다.

　투자자 심리는 믿기 힘들 정도로 층위가 복잡하고 광범위한 주제다. 투자자를 비이성적으로 행동하게 만드는 감정과 인지편향만 연구하는 '행동경제학behavioral financial'이라는 학문 분야가 있을 정도다. 인지 편향은 사람들에게 값비싼 실수를 저지르게 만드는데, 예를 들면 시장 시기를 예측하려고 하거나, 수수료의 영향력에 대해 무지한 채 투자에 뛰어들거나, 분산투자에 실패하게 한다.

　이 장에서 우리의 목표는 짧고 즐겁게 해치우는 것이다! 그러니 투자자의 가장 큰 심리적 함정 중 하나에 대해 '진실로' 알아야 할 것을 파악하고, 당신의 뇌가 초래하는 흔한 투자 실수를 피하는 방법에 관해 알아보자.

　레이 달리오는 내게 이렇게 말했다. "자신의 한계를 알면 거기 적응하여 성공을 거둘 수 있습니다. 한계를 모르면 손해를 보게 되지요." 체계적인 해결책을 미리 마련해두면 조건반사라는 폭군에게서 해방되어 세계 최고의 투자자처럼 통제실에서 상황을 지배할 수 있다.

실수 1. 믿음을 강화하는 정보만 믿는다

– 왜 최고의 투자자는 다른 의견을 환영할까?

2016년에 도널드 트럼프와 힐러리 클린턴이 대선에서 맞붙었을 때, 간혹 친구나 가족들과 열띤 정치 '토론'에 휘말린 경험이 있을 것이다. 하지만 모두가 이미 마음의 결정을 내린 터라 왠지 '토론'과는 거리가 멀다는 느낌을 받지 않았는가? 트럼프를 애정하고 힐러리라면 진저리를 치는 사람들, 또는 그 대척점에 있는 사람들은 모두 굳은 확신에 차 있어 밤을 새워 토론을 한다 한들 그 무엇도 그들의 생각을 바꿀 수는 없을 것 같았다!

오늘날 우리가 언론매체를 소비하는 방식은 그 같은 현상을 더 증폭시켰다. 많은 이들이 MSNBC나 FOX처럼 한쪽으로 치우진 뉴스 채널을 시청하고, 페이스북 같은 뉴미디어들은 우리가 접하는 뉴스들을 역사상 어느 때보다도 철저하게 거르고 정화해 원하는 것만 보여준다. 그래서 그 결과는 어찌 되는가? 마치 메아리만 울리는 작은 방에 갇히기라도 한 것처럼 유사한 사고방식을 가진 이들의 의견만을 끝없이 접하게 된다.

2016년 미국 대선은 '확증편향confirmation bias'의 완벽한 예시라고 할 수 있다. 확증편향이란 자신의 선입견이나 편견을 뒷받침하는 정보만을 찾거나 중요하게 여기는 경향을 가리키는데, 한편으론 자신의 믿음과 어긋나는 정보를 폄훼하거나 무시하거나 회피하게 만든다.

투자자에게 확증편향은 굉장히 위험하다.

이를테면 당신이 작년에 두드러진 실적을 기록한 특정 주식이나 펀드를 선호한다고 치자. 당신의 뇌는 그것을 보유할 이유를 정당화하는 정보만을 찾아다니거나 신뢰하도록 설계되어 있다. 우리는 자신이 얼마나 옳고 똑똑한지 확인해주는 증거를 좋아하기 때문이다.

투자자는 보유하고 있는 주식에 관한 믿음을 강화시켜주는 게시글이나 뉴스레터를 자주 즐겨 읽는다. 수익률이 높은 인기 종목에 관한 긍정적 기사를 읽으며 믿음의 페달을 밟기도 한다. 하지만 상황이 바뀌어 고공비행하던 주식이나 스타 주식들이 지상으로 떨어진다면 어떻게 할 것인가? 어떻게 기존의 관점을 바꾸고 자신의 실수를 깨달을 수 있을까?

당신은 다른 접근방식을 활용할 융통성을 지니고 있는가, 아니면 이미 사고가 굳어 옛 믿음에만 매달리고 있는가?

피터 멀록은 바이오 주식으로 큰돈을 번 고객한테서 이런 현상을 목격한 적이 있다. 그 고객은 한 종목의 주식으로 거의 1,000만 달러에 가까운 돈을 벌었다. 피터와 그의 크리에이티브 플래닝 팀은 고객을 위해 분산투자 전략을 세우고 그 주식의 지분을 현저하게 줄였는데, 그녀는 처음에는 찬성했다가 이내 마음을 바꾸었다. 그리고 그 주식에 대해서는 자신이 가장 잘 '알고' 있다며 주가가 계속 상승할 것이라고 고집했다. 고객은 피터에게 이렇게 말했다.

"당신이 뭐라고 말하든 관심 없어요. 날 여기까지 오게 한 건 바로 이 주식이라고요!"

그 후로 넉 달 동안 피터와 그의 팀은 고객이 분산투자 전략을 취하도록 설득했지만 그녀는 귀를 기울이려 하지 않았다. 그동안 주가는 절반으로 하락했고 그녀는 500만 달러를 잃었다. 고객은 몹시 낙담한 나머지 오히려 기존의 믿음에 더욱 굳게 매달려 주가가 회복될 때까지 기다리겠다고 했다. 결과를 말하자면, 주가는 회복되지 않았다. 만일 그녀가 자신의 믿음과 상반된 조언을 귀담아들었더라면 지금쯤 완전한 재정적 자유의 길을 걷고 있을 것이다.

이는 '소유 효과'라는 또 다른 감정 편향의 예시이기도 하다. 투자자는 이미 소유하고 있는 것에 대해 객관적 가치보다 더 높은 가치를 부여하며, 그런 인식은 투자 방향을 바꾸거나 더 나은 투자 대상으로 옮기기 어렵게 만든다. 투자 대상과 사랑에 빠지는 것은 결코 현명한 일이 아니다. 옛말처럼 사랑은 맹목적이기 때문이다! 결코 그런 감정에 휩쓸리지 마라.

해결책: 당신과 의견이 다르고 더 나은 질문을 던지는 유능한 사람을 찾아라

최고의 투자자는 확증편향에 빠지기 쉽다는 사실을 알기에 그 덫에서 벗어나기 위해 최선을 다한다. 이 문제의 해결책은 유능하고 현명한 사람에게 적극적으로 다른 의견을 구하는 것이다. 당연하지만 다른 의견을 갖고 있는 아무나가 아니다. 충분한 능력과 기술, 경력을 갖추고 교육과 경험에 근거한 관점을 제시할 수 있는 사람이어야 한다. 모든 의견이 동등한 것은 아니다.

다른 의견의 필요성을 워런 버핏만큼 잘 이해하고 있는 사람도 없을 것이다. 그는 자신의 모든 일을 90세를 훌쩍 넘긴 동업자 찰리 멍거Charlie Munger와 상의하는데, 멍거는 거침없는 논평으로 유명한 인물이다. 2014년 연례보고서에서 버핏은 보다 현명한 접근법이 있다는 멍거의 설득에 굴복해 투자 전략을 바꾼 일을 회고했다.

"훌륭한 가격에 적당한 회사 주식을 사지 말고 적당한 가격으로 훌륭한 주식을 사라."

다시 말해 역사상 가장 위대한 투자자인 워런 버핏도 자신이 성공할 수 있었던 이유가 '논리적으로 반박할 수 없는' 동업자의 조언에 귀 기울였기 때문이라고 천명한 것이다. 이는 자신의 믿음과 일치하는 의견만을 찾으려는 본능에 저항하는 것이 얼마나 중요한지를 알려준다!

레이 달리오 또한 다른 관점의 의견을 구하는 데 혈안이 되어 있다. 그는 내게 말했다.

"주식시장에서 자신의 생각이 전부 옳기는 어려운 일입니다. 나는 내 견해에 동의하지 않는 사람들을 찾아 그들의 논리를 듣는 것이 매우 효과적이라는 사실을 알게 되었지요. … 납득할 수 있는 의견 차이의 위력은 굉장합니다."

레이의 설명에 따르면, 당신이 던져야 할 핵심 질문은 이것이다.

"내가 모르는 것은 무엇인가?"

존경하는 사람을 찾아(오랜 시간 독보적인 실적을 쌓고 있는 재무상담사를 포함해) 당신이 모르는 것을 알아내기 위한 질문을 던진다면 엄청난 도움이 된다. 나는 큰돈이 걸린 투자를 앞두고 있을 때마다 천재적인 사업가이자 현명한 친구인 피터 거버Peter Guber를 비롯, 나와 다른 생각을 가진 친구들의 의견을 구한다. 먼저 내 생각을 털어놓은 다음 이렇게 묻는 것이다.

"내가 잘못 생각한 부분이 있을 수 있을까? 내가 놓친 게 뭐지? 이 투자의 단점이 뭘까? 내가 예측하지 못한 부분이 있어? 더 알아보려면 누구와 이야기를 해야 할까?"

이런 질문들은 내가 확증편향의 위험에 빠지지 않게 돕는다.

실수 2. 최근에 발생한 사건을 현재 진행 중인 추세로 착각한다
– 사람들은 왜 잘못된 시점에 잘못된 투자를 하는가?

투자 세계에서 가장 흔히 접할 수 있고, 또 가장 위험한 실수는 최근의 추세가 계속될 것이라고 믿는 것이다. 그러다 기대가 충족되지 않으면 종종 투자자들의 과민반응으로 인해 예전에는 불가피하거나 막을 수 없을 것처럼 보였던 추세가 극적으로 반전되기도 한다.

그 완벽한 예시가 2016년 미국 대선일 저녁에 발생했다. 미국 유권자들은 이제껏 거의 모든 설문조사에서 앞선 지지율을 달리던 힐러리 클린턴이 압도적인 표차로, 아니면 최소한 상당한 표차로 대선에서 승리할 것이라고 예측하고 있었다. 선거 날 정오에 미국 전역의 도박 사이트들은 61% 확률로 힐러리의 승리를 점쳤다. 그러나 오후 8시가 되자 상황이 역전됐다. 트럼프의 승률이 90%로 상승한 것이다. 선거 결과가 확실해지자 투자자들은 공황에 빠졌다. 미래에 대한 기대가 완전히 뒤집혔기 때문이다. 증시는 격렬하게 반응했고 다우지수는 900포인트 이상 급락했다.

하지만 놀랍게도 다음 날이 되자 증시는 잽싸게 반대쪽으로 움직이기 시작했다. 투자자들이 현실에 대한 시각을 새롭게 조정하면서 다우지수는 316포인트 상승했다. 그 뒤로 수주일 동안 주가는 예상과 달리 최고가 행진을 거듭하며 소위 '트럼프랠리'를 이어갔다. 내가 이 책을 쓰고 있는 2016년 12월, S&P500은 3일 연속 최고치를 기록했고 다우존스 산업평균지수는 한 달 동안 11번이나 최고점을 달성했으며, 증시는 대선 후 7주간 6%나 상승했다.

지금 투자자들은 어떤 심정일까? 아마 꽤 신이 나 있겠지! '주가 급등'이라는 단어를 본 순간, 기쁨이 북받쳐 오르지 않았을까? 어쩌면 포트폴리오를 들여다보고 쑥쑥 불어난 숫자를 발견했을지도 모른다. 참으로 달콤한 인생이로다!

당연하지만 나는 시장이 앞으로 어떻게 변화할지 알지 못한다. 세계 최고의 투자자들도 동의하겠지만 그런 것은 누구도 알지 못한다! 그러나 나는 이럴 때 사람들이 흥분해서 이성을 잃는다는 것을 '알고' 있다. 그들은 굳은 믿음과 격렬한 감정에 장악돼 언제까지고 호황이 계속되리라고 확신한다! 그리고 같은 이치로 주가가 하락할 때 투자자들은 주가가 결코 회복되지 않으리라고 믿는 경향이 있다. 워런 버핏은 이렇게 말했다.

"투자자들은 가장 최근에 본 것을 바탕으로 미래를 예측한다. 이것은 극복하기 힘든 습관이다."

실제로 이런 심리적 습관을 부르는 전문 용어가 있다. 바로 '최신편향recency bias'이다. 최신편향이란 어떤 사건의 발생 가능성을 평가할 때 최근의 경험을 보다 중요하게 여기는 성향을 가리킨다. 증시가 상승하면 우리 뇌 속의 뉴런은 최근의 경험을 긍정적으로 기억하게 만들고, 이는 앞으로도 긍정적 추세가 지속되리라는 기대감을 생성한다!

이게 왜 문제가 될까? 알다시피 투자 세계는 계절이 언제 바뀔지 모르기 때문이다. 강세장이 갑자기 약세장으로 바뀌기도 하고, 그 반대도 마찬가지다. 여름 내내 해가 쨍쨍 내리쬔다고 해도 앞으로 다시는 비가 내리지 않으리라 장담할 수는 없지 않은가.

> 유행과 여론에 휘둘리는 자들은 위대함을 이룩하지 못한다.
> — 잭 케루악

나는 얼마 전에 《현대 포트폴리오 이론Modern Portfolio Theory》으로 노벨경제학상을 수상한 해리 마코위츠를 인터뷰했다. 그의 포트폴리오 이론은 오늘날 우리가 위험을 줄이기 위해 사용하는 자산배분 전략의 기본이 되었다. 90세인 해리는 산전수전을 다 거친 경제학 천재였기 때문에 나는 우리가 피해야 할 가장 흔한 투자 실수에 관해 그와 대화를 나누고 싶어 안달이 나 있었다. 해리는 내게 말했다.

"개미 투자자가 저지르는 가장 큰 실수는 주가가 상승할 때 상승세가 계속될 것이라고 예상하여 주식을 사는 것이며, 주가가 하락할 때는 계속 하락할 것이라고 예상해 주식을 파는 것입니다."

이는 작금의 투자 추세가 지속될 것이라고 믿는, 보다 거대한 심리적 패턴의 일부다. 투자자들은 항상 잘나가는 주식, 예컨대 테슬라모터스Tesla Motors 같은 우량주나 최근 별점 5개를 받은 뮤추얼펀드를 사고 성적이 나쁜 주식은 버려야 한다는 함정에 빠지곤 한다. 해리는 그러한 현상을 이렇게 묘사했다.

"뭐든 올라가는 걸 사는 거죠!"

사람들은 높이 떠 있는 별이 영원히 빛날 것이라고 짐작한다. 그러나 3장에서 이미 경고하지 않았던가. 오늘의 승자도 내일의 패자가 될 수 있다. 앞서 했던 이야기 기억나는가? 〈모닝스타〉에서 별점 5개를 받은 248개의 뮤추얼펀드 가운데 10년 후까지 순위를 유지한 것은 단 4개에 불과했다는 사실!

그럼에도 중개인들은 버릇처럼 작년에 좋은 성적을 올린 펀드를 추천한다. 투자자는 이듬해에 형편없는 결과를 감내해야 하고. 보통의 투자자는 늘 파티가 끝날 무렵에야 도착하는 경향이 있다. 수익은 놓치고 손해만 잔뜩 보는 것이다. 데이비드 스웬슨이 내게 이 같은 현상을 간단히 묘사한 적이 있다.

"개인투자자는 실적이 좋은 펀드를 사는 경향이 있습니다. 그리곤 수익이 나길 기다리죠. 그러다 펀드의 실적이 나빠지면 펀드를 팝니다. 즉 비쌀 때 사고 쌀 때 파는 겁니다. 그런 식으로는 돈을 불릴 수가 없습니다."

해결책: 팔지 말고 조정하라

세계 최고의 투자자들은 감정에 휘말릴 때도 샛길로 빠지지 않고 장기적 목표를 유지할 수 있도록 간단한 규칙을 미리 설정해둔다. 그러니 당신도 투자 목적이 무엇이고, 무엇을 경계하고 어떻게 안전한 여정을 계획할 것인지 점검할 수 있는 '투자 체크리스트'를 만들어라. 그런 다음 이 계획표를 당신이 신뢰하는 사람에게 보여주어라. 유능한 전문 재무상담사가 가장 적합한데, 그는 당신이 충동적인 생존 본능에 굴복하거나 직접 만든 규칙을 어기지 않고 계속해서 올바른 길을 따라갈 수 있도록 도울 것이다. 그는 당신이 산봉우리에 비행기를 갖다 박지 않도록 옆에서 도와주는 부조종사다!

그런 투자 규칙의 중요한 요소 중 하나는 포트폴리오의 주식과 채권, 대안 투자를 어떤 비율로 배분할지 미리 결정해두는 것이다. 당신은 자산을 각각 어떤 비율로 분산투자하고 싶은가?[1] 이를 미리 정해두지 않는다면 상황이 바뀔 때마다 당신의 기분도 변덕스러워진다. 이상적인 자산배분 전략을 꾸준히 유지하는 것이 아니라 순간의 감정에 따라 반응하게 되는 것이다. 기억하는지 모르겠지만, 그런 감정적 동요를 방지하기 위한 대책 중 하나가 매년 정기적으로 포트폴리오를 재조정하는 것이다.

그게 무슨 뜻일까? 해리 마코위츠가 제시한 쉽고 간단한 예시를 다시 한 번 되새겨보자. 한 투자자의 포트폴리오가 주식 60%와 채권 40%로 구성되어 있다. 주가가 상승하면 그의 포트폴리오 구성은 주식이 70%, 채권이 30%로 변한다. 그러면 그는 자동적으로 주식을 팔고 채권을 매입해 원래의 자산배분 비율로 돌아간다. 해리의 설명에 따르면, 이 같은 리밸런싱의 장점은 '쌀 때 사고 비쌀 때 팔도록' 자연스럽게 유도하는 데 있다.

---

1   더 자세한 내용이 알고 싶다면,《머니》의 4부 1장에서 자산배분 설정에 관해 쉽고 간단하게 설명하고 있으니 읽어보기 바란다.

실수 3. 자만한다
– 과신은 재앙으로 가는 지름길이다!

개인적인 이야기를 꺼내 미안하지만, 묻고 싶은 게 3가지 있다. 당신은 보통 사람들보다 운전을 잘하는 편인가? 썩 괜찮은 연인인가? 평균 이상의 외모를 갖고 있는가? 부끄러워 마시길! 속으로만 대답해도 된다.

내가 이런 무례한 질문을 하는 이유는 당신의 재정적 미래에 결정적인 영향을 끼칠지도 모를 중요한 점을 설명하기 위해서다. 인간은 자신이 실제보다 더 낫거나 똑똑하다는 아주 심각한 착각을 하는 경향이 있다. 그리고 짐작하겠지만 이 같은 편향을 지칭하는 심리학 용어가 있다. 바로 '과잉확신overconfidence'이다. 간단히 말해 우리는 우리의 능력과 지식, 장래를 시종일관 과대평가하는 경향이 있다.

이런 인간의 과잉확신을 입증하는 연구는 무수히 많다. 한 연구에 따르면 학생 운전자의 93%가 자신의 운전 솜씨가 평균 이상이라고 여긴다. 또 다른 연구는 대학 교수의 94%가 스스로 평균 이상의 능력을 지니고 있다고 평가한다는 사실을 밝혀냈다. 심지어 학생들의 경우에는 60%가 작년 시험에서 커닝을 했노라고 시인했음에도 79%가 자신의 성적이 다른 학생들에 비해 나은 편이라고 응답했다. 우리 모두는 본인만은 '난 절대로 그런 짓은 안 해'라고 생각하며 윤리적인 소수의 사람에 속한다고 생각한다.

이런 연구 결과는 워비곤 호수Lake Wobegon를 떠올리게 한다. 워비곤 호수는 미국의 풍자작가 개리슨 케일러Garrison Keillor가 만든 미네소타 주의 가상 마을로, '모든 여성은 강인하고, 모든 남성은 잘생겼으며,

모든 아이들은 평균 이상인' 곳이다.

개인투자자는 어떻게 과잉확신에 빠지는 걸까? 많은 경우 '전문가'의 부추김 때문에 시작된다. 전문가는 다른 모든 투자들을 능가할 만한 아주 끝내주는 투자가 있다고 설득하고, 사람들은 그의 열의를 아무 근거도 없는 확신으로 오해한다. 다시 말해 한 사람의 영업 열의가 다른 사람에게 잘못된 확신을 심어주는 것이다.

때때로 삶이나 사업에서 대성공을 거둔 사람들은 투자에서도 당연히 성공할 수 있다고 믿는다. 하지만 투자는 그들이 짐작하는 것보다 훨씬 어렵고 복잡한 세계다.

과잉확신에 빠지기 쉬운 사람들이 따로 있을까? 금융학 교수인 브래드 바버Brad Barber와 테런스 오딘Terrance Odean은 3만 5,000가구 이상을 대상으로 5년간의 주식투자 내역을 살펴봤는데, 특히 남성 투자자들이 과잉확신에 빠지는 경향이 있다는 사실을 발견했다. '남성들은 여성들보다 45% 더 많이 거래'했고 '순수익은 연 2.65% 더 적었다!' 높은 거래수수료와 세금까지 고려하면 지나치게 잦은 거래는 재앙에 가깝다는 사실을 지금쯤이면 잘 알고 있을 것이다.

그러나 그보다 더 많은 비용이 드는 과잉확신은 당신 자신이나 혹은 TV에 나오는 전문가, 시장전략가, 블로거 등이 주식, 채권, 금, 석유 또는 다른 자산군의 미래를 예측할 수 있다고 '믿는' 것이다. 하워드 막스는 내게 이렇게 말했다.

"당신이 미래를 예측할 수 없다면, 가장 중요한 것은 미래를 예측할 수 없다는 사실을 인정하는 겁니다. 미래를 예측할 수 없는데도 계속 시도한다면 그거야말로 자살행위죠."

해결책: 현실감각을 키우고 나의 실제를 흔쾌히 인정하라

과잉확신에 가장 좋은 약은 거울 앞에 서서 자신의 얼굴을 똑바로 들여다보며 묻는 것이다.

"내가 정말로 시장을 능가할 능력이 있을까?"

당신에게 비장의 무기가 있는가. 가령 하워드 막스나 워런 버핏, 레이 달리오 같은 투자의 귀재들과 맞먹는 분석 능력과 확실한 정보 같은 것 말이다. 만약 이런 무기가 없다면, 당신이 장기적으로 시장을 이길 수 있다고 믿는 것은 합리적인 판단과는 거리가 멀다.

그렇다면 투자에 성공하려면 어떻게 해야 할까? 간단하다! 하워드 막스와 워런 버핏, 존 보글, 데이비드 스웬슨, 그 외의 위대한 투자자들의 조언을 따라라. 저비용 인덱스펀드에 투자하고 비가 오든 눈이 오든 꼭 붙들고 있어라. 그러면 적극적 투자자들이 지는 삼중고, 즉 과도한 관리 수수료와 높은 거래비용, 두터운 세금명세서에 시달리지 않고 시장과 동등한 수준의 수익을 올릴 수 있을 것이다. 하워드 막스는 말했다.

"부가가치를 창출하거나 비대칭 보상을 얻을 수 없다면 최선의 비책은 비용을 최소화하는 겁니다. 인덱스펀드에 투자하십시오."

인덱스펀드는 투자처를 넓게 다각화해주고, 이는 과잉확신에 대한 강력한 보호망으로 작용한다. 분산투자를 한다는 것은 곧, 어떤 주식이나 채권, 국가가 높은 성과를 낼지 모른다는 것을 인정하고 모든 것에 조금씩 골고루 투자하는 행위이기 때문이다.

어쩌면 '자신에게 특별한 이점이 없다는 사실을 시인함으로써 이점을 얻는 것'이야말로 가장 큰 모순일지도 모르겠다! 이로써 당신은 과잉확신에 가득 찬 투자자들보다 훨씬 더 좋은 성과를 낼 수 있기 때문이다! 투자 세계에서 자기기만은 가장 값비싼 대가를 치러야 하는 요소다.

실수 4. 탐욕과 도박, 그리고 일확천금을 노리는 것
– 승리는 결국 인내심 강한 생존자의 몫이다

열아홉 살 때 나는 캘리포니아의 마리나 델 레이 앞 해변가 부자 동네에 집을 한 채 빌려 살고 있었다. 어느 날 세탁소에 들렀는데 당시 최고가 차량이던 롤스로이스 코니쉬 컨버터블이 멈춰 서더니 아름다운 여인이 내려 세탁소로 들어왔다. 나도 모르게 관심이 쏠리는 것을 어쩔 수가 없었다. 그녀가 세탁물을 찾는 동안 잠시 잡담을 나눴다. 내가 무슨 일을 하느냐고 묻자 그녀는 남편이 저가주 투자를 하고 있다면서 지금까지는 아주 잘되고 있다고 말했다. 내가 물었다.

"그렇군요. 혹시 제게 귀띔해주실 주식 없나요?"

"실은 지금 아주 좋은 게 하나 있어요."

그녀는 내게 주식 종목 하나를 알려주었다. 천상에서 내려온 선물 같았다! 전문가의 입으로 직접 들은 100% 확실한 정보라니! 그래서 당시 내게는 300만 달러나 다름없던 가진 돈 3,000달러를 탈탈 털어 그 주식에 투자했고, 결과가 어떻게 됐는지 아는가? 그 주식은 종이쪼가리가 되었다! 맙소사. 정말 바보 같은 짓이었다.

나는 그 뼈아픈 경험을 통해 탐욕과 성급함이 매우 위험한 자질이라는 사실을 배웠다. 우리는 작고 소소한 점진적 변화에 초점을 맞추기보다 최대한 빨리 거창한 결과를 얻길 꿈꾼다. 투자 게임에서 이기는 최선의 방법은 장기적으로 '지속가능한' 수익을 얻는 것이지만 당신은 항상 홈런을 치고 싶은 욕구를 느끼기 마련이다. 특히 당신만 빼고 모두가 부자가 되고 있다는 느낌이 들 때는 말이다!

문제는 홈런을 치려고 방망이를 크게 휘두를수록 스트라이크 아웃을 당할 확률도 같이 커진다는 것이다. 그리고 결국에는 참담한 결말을 맞이할지도 모른다. 6장에서 봤듯이 최고의 투자자들은 돈을 잃지 않는 데 집중한다. 중간에 받았던 수학 수업이 기억나는가? 50%를 잃은 뒤에 원금을 회복하려면 100%를 벌어야 하고, 그러려면 10년이 꼬박 필요할 수도 있다.

안타깝게도 우리 모두에게는 도박에 대한 욕구가 숨어 있다. 이를 너무나도 잘 알고 있는 도박산업은 그런 우리의 심리와 생리를 교묘하게 이용하고 착취한다. 게임에 이기고 있을 때 우리의 신체는 엔도르핀을 생산하고, 환희감에 도취된 나머지 게임을 중단하기를 거부한다. 지고 있을 때조차 멈추지 않는다. 왜냐하면 우리는 엔도르핀을 갈망하고, 돈을 잃었다는 감정적 고통에서 빠르게 벗어나길 원하기 때문이다. 카지노는 실내의 산소 농도를 높여 우리를 흥분시키고 공짜 음료를 돌려 거부감을 걷어낸다! 어쨌든 우리가 도박을 하면 할수록 주머니가 두둑해지는 건 그들이다.

월스트리트도 별반 다르지 않다! 증권회사는 고객들이 거래를 자주 해 수수료의 밀물이 들이치길 바란다. 그들은 무료 또는 저비용 거래라는 광고와 홍보 전략으로 사람들을 끌어들이고 상승 주식을 골라낼 수 있게 도와주는 '통찰력'을 제공하겠다고 으스댄다. 픽이나! 온라인 주식 거래 플랫폼이 카지노 도박장과 비슷하게 생기고 효과음까지 비슷한 것이 정말 단순한 우연이라고 생각하는가? 파란색과 빨간색 화살표, 주식시세 표시기, 실시간 변동치, 반짝이는 이미지, 땡땡거리는 소리 등을 생각해보라! 그것들 전부는 당신 내면에 살고 있는 도박꾼을 자극하기 위한 것이다!

금융 매체들 또한 주식시장이 투자자들에게 순식간에 부자가 되는 꿈을 심어주는 거대한 도박장이라는 의심을 강화해준다. 도박장처럼 빨려 들어가기 쉽기 때문에 그토록 많은 사람들이 잘나가는 종목에 올인하거나 옵션 상품을 거래하다, 또는 시장을 들락날락하다가 속옷까지 탈탈 털리고 빈털터리가 되는 것이다. 이 모든 것이 잭팟을 노리는 도박꾼의 심리와 일치한다!

우리가 이해해야 할 것은 단기투자와 장기투자는 완전히 다른 세상이라는 것이다. 투기꾼들이 실패할 운명이라면, 어떤 상황에서도 시장을 지키는 절제력 강한 투자자는 복리의 힘을 얻어 승리할 수 있다. 월스트리트가 당신을 이리저리 뛰어다니게 만들면 그들이 승리하지만, 수십 년 동안 진득하게 게임을 플레이하면 '당신'의 승리다. 명심하라. 워런 버핏의 말처럼 "주식시장은 인내심 없는 사람의 돈을 인내심 있는 사람에게 이동시키는 도구다."

해결책: 단거리 대신 마라톤을 뛰어라

자, 여기 진짜 중요한 질문이 있다. '어떻게 해야 내면의 투기꾼을 잠재우고 인내심 강한 장기투자자가 될 수 있을까?'

이 질문을 누구보다 진지하게 여기는 사람으로, 저명한 가치투자자인 가이 스피어Guy Spier를 꼽을 수 있을 것이다. 가이는 20년 전부터 내가 주최하는 행사에 참여했으며, 나에게 영감을 받아 최고의 투자자들을 본보기 삼게 되었다고 말한다. 그는 워런 버핏의 장기투자를 모범으로 삼았다. 2008년에 가이와 몇몇 헤지펀드 매니저들은 워런 버핏과 함께 식사를 하기 위해 65만 100달러를 기부하기도 했다!

그가 보기에 대다수 투자자들의 성공을 가로막는 가장 큰 장애물은 월스트리트에서 쏟아져 나오는 단기적인 소음이다. 예를 들어 그들은 주가를 너무 자주 체크하고 TV에 나오는 사람들과 주식 '전문가'들의 쓸데없는 예측에 진지하게 귀를 기울인다. 가이는 말한다.

"매일같이 컴퓨터로 주가를 확인하거나 펀드 가격을 확인하는 건 뇌에 사탕을 먹이는 것과 똑같습니다. 엔도르핀에 강타당하는 거예요. 그게 중독적 행동이라는 걸 깨닫고 당장 그만둬야 합니다. 사탕을 멀리하세요!"

그는 포트폴리오를 1년에 딱 한 번 확인할 것을 권한다. 경제 TV는 쳐다보지도 않는 게 좋으며, 월스트리트 회사들이 내놓는 조사 결과 따위에는 관심도 주지 말고 그들의 의도가 상품을 판매하는 것이지 지식을 나누는 것이 아님을 숙지하라고 말한다!

"증권회사들이 시장 분석이나 관련 정보를 내놓는 주된 이유는 투자자들의 움직임을 자극하기 위한 것입니다. 우리가 방아쇠를 당기게 부추기는 겁니다. 우리가 움직여야 저 밖에 있는 누군가가 돈을 벌 테니까요. 이렇게 적극적인 활동을 부추기는 정보는 전부 차단해야 합니다."

대신에 가이는 워런 버핏이나 존 보글처럼 꾸준한 성과를 올리는 투자자들의 비법을 연구하여 '보다 유익한 정보 다이어트'를 하라고 권한다.

"장기적으로 사고하고, 행동하기 쉽도록 해주는 생각들로 채우는 겁니다."

실수 5. 집 안에 틀어박혀 있다
— 문밖에 넓은 세상이 펼쳐져 있는데 왜 집에만 머물러 있는가?

인간은 안전지대에 머무르려는 속성을 지니고 있다. 평소 낯선 곳에 멀리 돌아다니기보다는 가까운 식료품점과 주유소, 커피숍에 더 자주 들른다. 당신이 미국인이라면 푸아그라나 푸틴, 달팽이 요리보다는 치즈버거와 감자튀김을 더 좋아할 것이다.

투자에 있어서도 사람들은 가장 익숙한 것을 신뢰하고 고수하는 경향이 있다. 이러한 '자국편향home bias'은 자국 시장에 편중적으로 투자하는 심리적 편향을 일컫는데, 때로는 자신이 일하는 회사의 주식이나 관련 산업 분야에만 치중하는 경향을 지칭하기도 한다.

우리의 원시인 조상들에게 이런 편향은 일종의 생존 전략이었다. 익숙한 지역에서 너무 멀리 떨어지면 어떤 위험이 도사리고 있을지 알 수 없다. 그러나 현대에는 국경에 구애받지 않는 투자야말로 위험을 줄이는 길이다. 서로 다른 시장은 상호 연관성이 적은데, 다시 말해 동시에 같은 방향으로 움직이지 않는다는 의미다.

아무리 우리나라일지라도 '한' 국가의 투자 상품에만 지나치게 집중하는 것이 바람직하지 못한 이유는 언제 어떤 상황이 닥칠지 모르기 때문이다. 1980년대에 일본 투자자들은 포트폴리오의 98%를 자국 주식에 집중했고, 이는 일본이 세계 경제를 지배하던 1980년대에는 꽤 짭짤한 수익으로 보답했다. 그러다 1989년, 일본 시장이 폭락했다. 그리고 다시는 완전히 회복하지 못했다. 일본 투자자들에게 '즐거운 우리 집'에 투자한 대가는 컸다.

〈모닝스타〉보고서는 2013년까지 미국 일반투자자의 뮤추얼펀드 중 약 4분의 3(73%)이 미국 내 주식에 투자되고 있음을 보여준다. 그러나 미국 주식이 세계 주식시장에 끼치는 영향은 절반(49%)에 불과하다. 이 말인즉슨 미국인 투자자가 미국 시장에 과잉 의존하고 있으며, 영국과 독일, 중국, 인도 같은 해외 주식시장에는 낮게 노출되어 있다는 의미다.

실제로 해외 주식을 탐탁지 않게 평가하는 것은 미국 투자자들뿐만이 아니다. 행동경제학의 선두주자인 리처드 탈러Richard Thaler와 캐스 선스타인Cass Sunstein은 스웨덴 경제가 세계 경제의 1%에 지나지 않음에도 불구하고 스웨덴 투자자들이 평균 48%의 자산을 스웨덴 주식에 투자하고 있다고 밝힌 바 있다.

"미국이나 일본의 합리적인 투자자라면 자산의 1%를 스웨덴 주식에 투자할 것입니다. 스웨덴 투자자가 48% 이상을 자국 주식에 투자하는 것이 합리적인 일일까요? 전혀요!"

해결책: 지평을 넓혀라

해결 방법은 '정말' 간단하다. 이제까지 말한 것처럼 당신에게 필요한 것은 폭넓은 분산투자다. 다양한 자산군을 활용하는 것은 물론, 여러 국가에 걸쳐 자산을 배분하라. 자산을 어떻게 국제적으로 배분할지 재무상담사와 상담하라. 먼저 자국 주식과 해외 주식의 투자 비율을 결정하고 나면 투자 성공 체크리스트에 그 숫자를 적어놓기 바란다. 어떤 이유로 해당 주식을 선택했는지 기록으로 확실하게 남겨두는 것이 좋다. 포트폴리오가 원하는 성과를 내지 못할 때도, 왜 그 주식을 보유하고 있는지 때때로 상기할 수 있기 때문이다.

훌륭한 재무상담사는 당신이 장기적 관점을 유지하고 유행에 끌려가지 않게 도와줄 것이다. 금융 역사에 조예가 깊은 해리 마코위츠는 내게 이렇게 말했다.

"최근에 미국 시장은 꽤 오랫동안 유럽 시장보다 좋은 성적을 유지하고 있습니다. … 신흥국 시장은 정체기를 겪고 있고요. 하지만 추세는 변하기 마련이지요."

글로벌 분산투자는 전반적인 위험을 줄이는 동시에 수익을 늘려준다. 2000년에서 2009년의 '잃어버린 10년'에 S&P500의 수익률은 배당금을 포함해 연 1.4%에 불과했지만, 같은 시기에 국제 주가는 연평균 3.9% 상승했고 신흥 시장은 연간 16.2%나 성장했다. 즉 포트폴리오를 국제적으로 다각화했다면 잃어버린 10년은 그저 잠시 주춤한 수준에 그쳤을 것이다.

실수 6. 나쁜 경험을 잊지 못하고 작은 손실에도 벌벌 떤다

– 뇌는 혼란에 당신이 두려워하길 바란다. 그러니 듣지 마라!

인간은 긍정적인 경험보다 부정적인 경험을 더 생생하게 기억하는 경향이 있다. 이런 '부정편향negativity bias'은 원시시대에는 꽤 쓸모가 많았다. 우리는 불에 닿으면 화상을 입고, 어떤 나무 열매에는 독이 있으며, 몸집이 2배나 큰 상대와는 싸우지 않는 것이 좋다는 사실을 금세 기억했다. 부정적 경험을 상기하는 것은 현대에도 매우 유용하다. 결혼기념일을 까먹고 소파 위에서 하룻밤을 지내야 했다면 다시는 그런 실수를 저질러선 안 된다는 교훈을 뼈저리게 배웠을 테니 말이다.

그렇다면 부정편향은 투자에 어떤 영향을 미칠까? 좋은 질문이다! 알다시피 조정장과 약세장은 정기적으로 발생한다. 1900년 이래 조정장은 평균적으로 매년 발생했고, 약세장은 3~5년 꼴로 발생했다. 2008년부터 2009년의 약세장을 경험한 사람이라면 그 시절에 감정적으로 얼마나 괴로웠는지 기억할 것이다. 다른 많은 투자자들처럼 당신이 가진 주식이나 펀드가 3분의 1 또는 절반 이상 하락하는 것을 경험했다면, 그런 기억은 잊어버릴 수가 없다.

이제 우리는 최고의 투자자들은 약세장과 조정장을 '반긴다'는 사실을 알고 있다. 좋은 물건을 헐값에 살 수 있기 때문이다. 워런 버핏은 '다른 사람들이 겁을 낼 때 욕심을 부리라'고 말했고, 존 템플턴 경은 '비관주의가 정점에 달했을 때' 거대한 부를 쌓았다. 자, 이 시점에서 나는 당신이 이성적으로는 주가 하락이 장기적인 부를 구축할 최적의 기회이며, 따라서 전혀 두려워할 필요가 없다는 사실을 '알고' 있으리라 믿는다. 그러나 부정편향은 평범한 투자자들이 그 지식에 따라 행동하는 것을 어렵게 만든다.

그 이유가 뭐냐고? 왜냐하면 시장이 혼란스러울 때면 우리의 뇌가 부정적인 경험을 폭격하듯 쏟아내기 때문이다. 일종의 알람 시스템으로 작용하는 뇌의 편도체가 우리가 돈을 잃을 때마다 온 혈관에 경고음을 울려댄다! 시장 조정이 아주 소폭만 발생해도 우리의 부정적인 기억이 자극되고, 투자자들은 조정장이 하락장으로 이어질까 봐 과민 반응을 한다. 그러다 하락장에 대한 두려움이 과열되면 투자자들은 시장이 다시는 회복되지 못할 것이라고 부들부들 떨게 된다!

설상가상으로 행동경제학자 대니얼 카너먼Daniel Kahneman과 에이모스 트버스키Amos Tversky는 사람들이 금전적 이득으로 인한 즐거움보다 금전적 손실로 인한 고통을 2배 크게 느낀다는 사실을 입증했다. 이런 정신적 현상을 '손실회피loss aversion'라고 부른다.

문제는 투자자들이 돈을 잃는 게 너무 두려운 나머지 그런 고통을 회피하기 위해 비이성적으로 행동한다는 것이다! 예를 들어 주가가 하락할 때 많은 사람들이 가치가 하락한 자산을 팔아 현금과 교환한다. 평생 있을까 말까 한 헐값으로 주식을 매수해야 하는 바로 그 시기에 말이다!

투자의 귀재들이 성공을 거둘 수 있었던 이유 중 하나는 시장이 혼란스러운 와중에 그런 인간적인 약점을 극복했기 때문이다. 하워드 막스를 예로 들어보자. 2008년의 마지막 15주, 즉 금융시장이 하염없이 무너지던 시기에 그가 경영하는 오크트리 캐피널 매니지먼트는 매주 부실채권에 약 5억 달러를 투자했다. 그렇다! 다른 모든 사람들이 드디어 세상이 멸망하고 있다고 믿던 그때, 그들은 15주 연속 매주 5억 달러를 부실채권에 투자한 것이다! 하워드는 내게 이렇게 말했다.

"다들 포기한 상태였으니까요. 투자하기 딱 좋은 시점이었죠."

하워드와 그의 팀은 절호의 기회를 놓치지 않았고, 겨울이 지나고 봄이 왔을 때 수십억 달러의 수익을 거머쥐었다. 만일 그들이 두려움에 잠식되었다면 결코 그런 결과를 성취할 수 없었을 것이다.

해결책: 항상 준비를 갖춰라

준비에 실패하는 것은 실패를 준비하는 것이다.

– 벤저민 프랭클린

무엇보다 자신의 편향성을 자각하는 것이 가장 중요하다. 스스로 부정편향과 손실회피에 취약하다는 사실을 '인시하면' 그런 심석 성향에 저항할 수 있다. 어쨌든 존재 자체를 인지해야 변화도 가능할 테니 말이다! 그렇다면 암울한 시기에도 좌절하거나 두려움에 빠지지 않으려면 정확히 어떻게 해야 할까?

7장에서 말한 것처럼, 피터 멀록은 고객들이 금융위기를 떨치고 전진할 수 있도록 도왔다. 두려운 고객을 잘 이끌고 갈 수 있었던 한 가지 비결은 고객들이 약세장의 위협에 좌절하지 않도록 미리 교육하여, 위기가 닥쳤을 때도 그들이 충격받거나 겁먹지 않았기 때문이다. 예를 들어 피터는 고객들에게 지금 그들이 보유한 자산이 지난 번 약세장에서 어떤 변화를 겪었는지 설명했다. 덕분에 고객들은 미리 마음의 준비를 할 수 있었다.

또 고객들은 피터가 시장의 혼란을 어떻게 이용할지 알고 있었다. 예컨대 채권 같은 보수적 자산을 팔고 더 많은 주식을 헐값에 매수할 계획이라는 사실을 말이다. 피터는 말했다.

"우리는 고객들에게 분명하고 확실하게 절차를 일러주었습니다. 고객들은 앞으로 어떤 일이 일어날지 예상할 수 있었지요. 따라서 그들의 불안감도 극적으로 줄었습니다."

시장 혼란과 그로 인해 야기될 두려움을 해결하는 가장 좋은 방법은 철저하게 대비하는 것이다.

이제까지 여러 차례 이야기했지만, 최선의 대비책은 바로 올바른 자산배분이다. 어째서 하필 해당 자산군을 보유하고 있는지 문자로 적어두는 것도 큰 도움이 된다. 일부 자산군이나 투자 자산은 필연적으로, 때로는 심지어 몇 년간이나 실적이 형편없을 수도 있기 때문이다. 많은 투자자들이 단기간에 집중한 나머지 원하는 투자 실적이 나오지 않으면 신념을 잃는데, 힘든 시기가 닥칠 때마다 적어둔 쪽지를 읽으며 왜 그 자산들을 보유하고 있고 그것들이 어떻게 당신의 목표 달성에 장기적으로 도움이 되는지 항상 되새기기 바란다.

이런 단순한 행동만으로도 투자에 대한 감정적 반응과 열기를 상당 부분 걷어낼 수 있다. 당신의 니즈가 바뀌지 않았고 포트폴리오 구성이 당신의 목표와 일치한다면, 투자 자산이 가치를 입증할 때까지 참을성 있게 기다려라.

더불어 힘들 때 속내를 털어놓을 수 있고 두려움을 떨치도록 조언하는 재무상담사의 존재는 굉장히 소중하다. 좋은 재무상담사라면 당신이 침착하고 차분한 상태에서 세웠던 기존의 전략을 계속 실천하게 도울 것이다.

그것은 험난한 폭풍우 속에서 비행기를 조종하는 것과 비슷하다. 대부분의 조종사는 혼자서도 가능하겠지만, 옆에 경험 많은 부조종사가 앉아 있다는 사실을 안다면 마음이 훨씬 가벼워질 것이다! 명심하라. 심지어 워런 버핏에게도 파트너가 있다!

마음 다스리기

파괴적인 심리적 패턴에 대해 알았으니 앞으로는 자기 자신을 더 잘 경계할 수 있으리라 믿는다. 알다시피 인간은 때때로 실수를 하거나 발이 걸려 넘어질 수 있다. 이번 장에서 언급한 모든 심리 편향은 우리의 유전자에 새겨진 오래된 생존 프로그램이기 때문에 이를 완전히 제거하는 것은 불가능하다. 그러나 가이 스피어의 말처럼 이는 "완벽한 점수를 얻기 위해서가 아니다. 행동을 조금만 개선해도 어마어마한 보상을 얻을 수 있다."

어떻게 그게 가능하느냐고? 투자란 아주 사소한 차이로도 승패가 갈리는 게임이기 때문이다. 가령 수익이 연 2~3%만 증가해도 수십 년간 쌓이면 복리의 힘 덕분에 최종 결과는 극과 극으로 갈린다. 이 장에서 제시한 체계적 해결책을 장기간에 걸쳐 실천한다면 대부분의 투자자들이 저지르는 값비싼 실수를 피하거나 적어도 최소화할 수 있을 것이다.

가령 이런 단순한 규칙과 절차들은 보다 장기적으로 투자하고, 덜 거래하고, 투자수수료와 거래비용을 낮추고, 다른 의견을 수용하고, 글로벌 분산투자를 활용해 위험을 줄이고, 약세장에서도 두려움을 극복할 수 있게 도와줄 것이다. 그렇게 하면 완벽한 투자자가 될 수 있을까? 천만의 말씀이다. 지금보다 더 좋은 투자자가 될 수 있을까? 물론이다. 이렇게 평생에 걸쳐 만든 차이는 최종적으로 수백만 달러라는 결과로 나타날 것이다.

마침내 투자 심리와 메커니즘을 전부 이해할 수 있게 된 것을 축하한다. 당신은 이제 마음을 다스리고 장기적으로 투자를 성공시키려면 어떻게 해야 하는지 알게 되었다. 지금껏 배운 지식은 어디서도 배울 수 없는 귀중한 정보이며, 당신과 가족에게 완전한 재정적 자유를 가져다줄 것이다. 그러니 마지막 장을 펼치고 '오래 가는 진정한' 부를 창출할 방법을 알아보자!

09

진정한 부란
무엇인가
인생 최고의 결정에 대하여

매일 아침 눈을 뜰 때마다 '오늘도 살아 있어 다행이야.
이 귀한 생명을 헛되이 하지 말아야지'하고 다짐하라.

• 달라이 라마 •

이 책이 당신이 재정적 자유를 성취하는 데 도움이 된다면 정말로 기쁘겠다. 하지만 고백하자면, 그것만으로는 '충분치 않다'고 생각한다. 왜냐하면 돈이 많다고 해서 인간으로서 진정 풍요로운 삶을 살 수 있는 것은 아니기 때문이다.

돈은 누구나 벌 수 있다. 이 책을 읽었으니 알겠지만 돈을 버는 데 필요한 법칙과 수단은 실제로 매우 단순하다. 복리의 힘을 활용하고, 주식시장에 장기간 머무르며, 포트폴리오를 다각화하고, 세금과 지출 비용을 최대한 절약한다면 재정적 자유를 성취할 확률은 비약적으로 증가한다.

하지만 재정적 자유를 얻고도 '여전히' 행복하지 않다면 어떻게 해야 할까? 백만장자나 억만장자를 꿈꾸던 수많은 사람들이 마침내 목표에 도달하고 난 뒤에는 이렇게 말한다.

"이게 다야? 이게 끝이야?"

그렇다. 원하는 것을 손에 넣었는데도 '여전히' 허무하고 불행하게 느껴진다면, 당신은 진짜로 망한 것이다!

부자가 되고 싶다는 말은 단순히 죽은 사람 얼굴이 인쇄된 종이쪼가리를 수백만 장 갖고 싶다는 뜻이 아니다! 우리가 진정으로 원하는 것은 돈과 연계되어 있는 흡족한 '감정'이다. 예를 들면 우리가 돈이 줄 수 있다고 믿는 자유나 안전, 평온함, 다른 이들에게 부를 나눠주는 데서 오는 즐거움 같은 긍정적 감정이다. 다시 말해 우리가 추구하는 것은 돈 자체가 아니라 그것을 통해 얻을 수 있는 '상태와 느낌'이다.

그렇다고 돈의 중요성을 폄하하는 것이 아니다. 올바르게 사용한다면 돈은 당신과 당신이 사랑하는 사람들의 삶을 무수한 방법으로 풍요롭게 만들어줄 수 있다. 그러나 '진정한 부'란 돈보다 더 심오한 의미를 내포하고 있다. 진정한 부는 감정적이고 정신적이며 영적이다. 재정적 자유를 누리더라도 심적으로 고통스러운 삶을 살고 있다면 과연 그것을 승리라고 부를 수 있을 것인가?

부와 투자를 다루는 책에서 이런 이야기를 한다는 게 이상하게 여겨질지도 모르지만, 나는 이 책이 오로지 '금전적 부'를 성취하는 데만 초점을 맞추고 '정서적 부'를 간과한다면 그야말로 진정 무책임한 행위라고 생각한다. 다행스럽게도 이 책의 독자는 그 두 가지 중에서 하나를 선택할 필요가 없다! 금전적 부를 성취하는 '동시에' 정서적으로 풍요로운 삶을 사는 것도 전적으로 가능하기 때문이다. 이것이야말로 우리의 궁극적 목표다!

내 생각으로는 지금부터 읽을 장이야말로 이 책에서 가장 중요한 부분이다. 왜냐하면 바로 여기서, 오늘 당장 당신의 삶을 바꿀 수 있는 가장 중요한 '결정'에 관해 배우게 될 것이기 때문이다. 그리고 이 결정을 지속적으로 실천한다면 더욱 큰 '행복'과 '즐거움', '마음의 평온'과 대다수 사람들이 생각하는 것보다 더 거대한 '진정한 부'를 소유할 수 있을 것이다. 뿐만 아니라 가장 좋은 점은 이 진정한 부를 얻기 위해 10년, 20년, 30년을 기다릴 필요가 없다는 것이다. 이 결정을 내리면 지금 당장이라도 부자가 될 수 있다.

이렇게 강조하는 이유는 내 인생도 이 결정 덕분에 바뀌었기 때문이다. 자, 내 손을 잡아라. 그리고 여행의 마지막 단계로 향해보자!

삶의 질을
탁월하게 해주는 것

나는 다른 사람들이 꿈을 실현하도록 돕는 데 평생을 바쳐왔다. 100개국 이상을 돌아다니며 전 세계 곳곳에서 모인 사람들과 그들이 진정으로 원하는 것에 대해 이야기를 나눴다. 그래서 내가 무엇을 깨달았는지 아는가? 그들이 어떤 문화권에서 왔든, 각양 각색의 믿음과 가치관을 갖고 있더라도 인간으로서의 기본적 욕구와 니즈는 모두 동일하다는 것이었다. 나는 지구 어딜 가든 우리 모두가

'탁월한 삶의 질'을 갈구한다는 사실을 깨달았다.

어떤 이에게는 그것이 잘 손질된 정원이 딸린 아름다운 저택일 수도 있고, 어떤 이에게는 자녀들을 착하고 현명하게 키우는 것일 수도 있다. 또 어떤 이에게는 소설을 쓰거나 작곡을 하는 것일 수 있고, 어떤 사람에게는 수십억 달러 가치의 사업체를 일구는 일일 수도 있다. 어떤 사람에게는 신앙적으로 독실한 삶을 의미할지도 모른다. 즉, 탁월한 삶의 질이란 다른 사람의 꿈을 따르는 것이 아니라 자신이 원하는 훌륭한 삶을 영위하는 것이다.

그렇다면 어떻게 해야 그런 소원을 성취할 수 있을까? 지금 내가 있는 곳과 내가 가고자 하는 곳의 간극을 줄이려면 어떻게 해야 하는가? 대답은 간단하다. 다음 2가지 기술을 익히고 통달하라.

성취의 과학

첫 번째 기술은 내가 '성취의 과학'이라고 부르는 것이다. 어떤 분야에든 우리가 따르거나(이 경우 보상을 받는다) 깨트릴 수 있는(이 경우 벌을 받는다) 성공의 법칙이 있다. 예를 들어 건강학이나 운동학을 생각해보라. 우리는 태생적으로 다양한 신체를 지니고 있을망정 건강과 활력을 유지하려면 적절한 운동과 균형 잡힌 식사처럼 반드시 따라야 할 기본 법칙이 있고, 그 규칙을 위반하면 그에 따른 결과를 각오해야 한다.

금융업계도 마찬가지다. 이제까지 배운 내용을 떠올려보라. 성공적인 투자자들은 우리가 따라갈 수 있는 단서들을 여기저기 뿌려둔다.

패턴을 연구하고 투자 도구와 전략, 핵심 원칙들을 활용하면 성공으로 가는 여정에 박차를 가할 수 있다. 가장 성공한 이들과 똑같은 씨앗을 뿌리면 똑같은 보상을 거둘 수 있다. 그것이 바로 투자에 성공하는 길이다.

성취의 과학은 당신이 원하는 것을 성취하게 돕는 3가지 단계로 구성되어 있다. 옛날에는 불가능하게 느껴졌지만 끝내 당신이 성공시킨 것들을 떠올려보라. 연애일 수도 있고, 꿈의 직장에 입사하거나, 사업을 키우거나, 근사한 스포츠카를 마련한 것일 수도 있다. 그 다음 한때는 불가능했던 그 꿈들을 어떻게 실현시켰는지 기억해보라. 찬찬히 생각해보면 당신이 3단계의 기본 과정을 거쳤음을 자각하게 될 것이다.

첫 번째 단계는 '집중'이다. 에너지란 당신이 집중하는 곳으로 흘러가게 되어 있다. 당신이 진정 중요하게 여기는 것에 집중하고 매일같이 그것에 대해 생각한다면, 강력하고 절실한 정신력이 강렬한 욕망을 발산해 예전에는 손에 닿지 않았던 것도 가질 수 있게 될 것이다. 욕망이 망상활성계reticular activating system라는 뇌 영역을 활성화시키면, 뇌의 메커니즘은 목표를 달성하는 데 도움이 되는 것들로 당신의 관심을 유도한다.

두 번째 단계는 욕구와 충동, 욕망을 넘어 '지속적으로 적극적인 행동'을 취하는 것이다. 많은 사람들이 커다란 꿈을 꾸면서도 실제로 행동을 하지는 않는다! 그러나 뭔가에 성공하려면 그를 위해 적극적으로 행동해야 한다. 더불어 효과적인 실천 전략을 찾아야 하는데, 핵심은 가장 효과적인 것을 찾을 때까지 끊임없이 시행착오를 거치는 것이다. 이때 이미 성공한 사람들을 귀감으로 삼아 모방한다면 시간을 절약할 수 있다. 이 책에서 워런 버핏이나 레이 달리오, 존 보글, 데이비드 스웬슨과 같은 투자 귀재들에게 초점을 맞춘 이유도 바로 이 때문이다. 올바른 롤모델을 찾고 분석하고 연구한다면 10년이나 걸릴 일을 단 1주일 만에 끝낼 수도 있다.

세 번째 단계는 '은총'이다. 어떤 이들은 이를 행운이라 부르기도 하고, 또 어떤 이들은 신이라고 부르기도 한다. 내 경험에 따르면 은총을 깨닫고 이에 감사할수록 더 많은 은총을 경험할 수 있다! 더 깊이 감사하고 감사할수록 삶에 더욱 더 많은 은총이 쏟아진다는 사실이 신기할 따름이다.

물론 아무리 목표를 달성하기 위해 최선을 다해도 때로는 전혀 통제할 수 없는 일들이 있기 마련이다. 당신이 현 시대에 태어난 것, 노력으로 얻을 수 없는 두뇌와 정신을 가지고 있는 것, 인터넷 같은 새로운 기술을 사용할 수 있다는 사실들조차 당신이 통제할 수 있는 일도, 스스로 창조한 일도 아니다!

이제 당신은 성취의 기술을 익히는 데 필요한 3가지 열쇠를 알았다. 하지만 탁월한 삶을 살기 위해 통달해야 할 기술은 성취의 과학 외에도 또 있다. 나는 이를 '충만함의 기술'이라고 부른다.

충만함의 기술

나는 지난 수십 년간 성취의 과학을 수행하는 데 열렬히 매달렸다. 외부세계에 통달하는 법을 배우고, 주변 사람들이 힘든 도전과 장애물을 극복하도록 돕는 방법을 알아내려 애썼다. 그러나 나는 이제 충만함의 기술이야말로 성취의 과학보다 더 중요한 것이라고 믿는다. 자신의 '내부 세계'에는 무지한 채 '외부 세계'에만 통달해 있다면 과연 그것을 진정한 행복이라 부를 수 있을까? 내가 충만함의 기술을 터득하기 위해 최선을 다하는 것도 그런 이유에서다.

8,690만 달러짜리 그림

앞에서도 말했지만, 사람들은 각자 다른 것에서 삶의 질을 찾는다. 말하자면 무언가가 당신을 충족시킨다고 해서 나나 다른 사람들에게도 만족스러울 것이라는 보장은 없다. 우리의 필요와 욕구는 믿을 수 없을 만큼 다양하고 무한하기 때문이다! 내가 이 사실을 실감한 것은 친구 스티브 윈 덕분이었다.

몇 년 전 스티브의 생일날, 그는 나에게 전화를 걸어서 지금 어디 있는지 물었다. 마침 그때 우리 둘 다 아이다호주 선밸리에 있는 각자의 별장에 있던 차였다. 스티브는 자기 별장에 놀러오라고 초대했다.

"오면 작품을 하나 보여주지. 자그마치 10년 동안 탐을 내던 작품인데, 드디어 이틀 전에 소더비에서 손에 넣었어. 8,690만 달러나 주었다네!"

친구가 10년간 갈망해온 보물이라니, 호기심이 들 만도 하지 않은가? 나는 파리나 런던의 유명 미술관에 걸려 있을 법한 르네상스 시대의 명화를 상상하고 있었다. 그러나 내가 스티브의 집에서 맞닥뜨린 것은 커다란 주황색 사각형 면이었다! 도무지 믿을 수가 없었다. 나는 그림을 힐끔 쳐다보고는 농담을 던졌다.

"100만 달러만 주면 내가 1시간 안에 똑같은 걸 그려주지!"

하지만 스티브는 웃지 않았다. 알고 보니 그림은 추상주의 화가인 마크 로스코Mark Rothko의 대표작 중 하나였다.

내가 이 이야기를 꺼낸 이유는, 우리가 서로 다른 것에서 만족감을 느낀다는 것을 보여주는 완벽한 사례이기 때문이다. 스티브는 예술에 조예가 깊은 친구라, 나와는 달리 붓 자국 하나에서도 아름다움과 감정, 의미를 읽어낼 수 있다. 다시 말해 어떤 사람에게는 주황색 얼룩에 불과한 것이 다른 사람에게는 8,690만 달러의 가치가 있는 것이다!

아무리 사람들이 천차만별이라 할지라도 충만함을 성취할 때에는 공통적인 패턴이 존재한다. 그렇다면 우리는 충만함을 성취하고자 할 때, 어떠한 원칙이나 행동 패턴을 본보기 삼아야 할까?

첫 번째 원칙, 멈추지 말고 늘 성장하라. 삶의 모든 것들은 성장하지 않으면 죽는다. 인간관계도 사업도 그 어떤 것도 이 법칙에서 벗어날 수는 없다. 끊임없이 성장하지 않는다면 낙담하고 좌절할 것이며, 은행에 얼마나 많은 돈이 쌓여 있든 비참할 것이다. 행복의 비결은 딱 한 단어, '성장'으로 정의된다.

두 번째 원칙, 항상 베풀어라. 다른 이들에게 베풀지 않는다면 수많은 감정의 소용돌이 속에서도 진정으로 살아 있다는 느낌만은 받지 못할 것이다. 윈스턴 처칠은 이렇게 말했다. "우리는 얻는 것으로 생계를 유지하고, 베푸는 것으로 삶을 영위한다." 내가 사람들에게 삶에서 가장 충만함을 느낄 때가 언제냐고 물으면, 사람들은 늘 다른 사람들과 나누고 베풀 때라고 대답한다. 인간의 본성은 이기적이지 않다. 우리는 누군가를 돕거나 무언가에 기여하고 싶다는 욕구에 따라 움직인다. 누군가를 돕고 이바지하고 싶다는 감정을 느끼지 못한다면 우리는 평생 충만함을 느끼지 못할 것이다.

금전적으로 풍족해지는 것이 충만함의 핵심이 아님을 상기할 필요가 있다. 알다시피 사람들이 돈을 벌고 싶어 하는 이유는 그것이 삶에 즐거움과 의미, 가치를 가져다줄 묘약이라고 착각하기 때문이다. 하지만 돈만으로는 탁월한 삶을 얻을 수 없다. 나는 억만장자들과 많은 시간을 함께 보냈는데, 그중에는 측은할 정도로 불행한 이들도 있었다. 주머니 속 지갑이 얼마나 두툼하든 행복을 느끼지 못한다면 훌륭한 삶이 아니다.

명심하라. 돈은 사람을 바꾸지 않는다. 그저 사람의 본성을 증폭시킬 뿐이다. 만약 당신이 엄청난 부자고 성질이 고약하다면, 그 돈으로 사람들에게 더욱 심술궂게 굴 것이다. 만일 당신이 돈이 많되 도량이 넓고 인심이 후하다면, 천성적으로 남들에게 더 많이 베풀 것이다.

그렇다면 직업적인 성공은 어떨까? 충만함을 채우는 성장과 베풂의 감정을 사회적 성공을 통해 충족시킬 수 있다면 정말 근사한 일일 것이다. 하지만 당신도 전혀 행복해 보이거나 충만해 보이지 않는 '성공한' 사람들을 수없이 알고 있지 않은가. 그것을 과연 '성공'이라고 부를 수 있을까? 솔직히 말해 나는 충만감이 부재한 성공은 완벽한 실패라고 생각한다.

이런 사실을 보여주는 서글픈 사례가 하나 있다.

국보의 상실

2014년, 우리는 국보에 준하는 위대한 인물을 잃었다. 배우이자 코미디언인 로빈 윌리엄스Robin Williams 말이다. 지난 몇 년간, 나는 강연을 하러 전 세계를 돌아다니며 종종 이 위대한 배우에 관해 언급하곤 했다. 나는 청중들에게 언제나 똑같은 질문을 던졌다.

"로빈 윌리엄스를 사랑하는 분, 손들어보세요! 단순히 좋아하는 걸로는 안 됩니다. 진심으로, 마음속 깊이 사랑하는 분만 손을 들어주세요."

그러면 사람들이 어떤 반응을 보이는지 아는가? 런던에서 리마, 도쿄와 토론토에 이르기까지 어디서든 강연장의 청중 가운데 약 98%가 손을 들었다.

로빈 윌리엄스는 성취의 달인이었을까? 두말하면 잔소리다. 그는 문자 그대로 밑바닥에서부터 맨손으로 시작한 사람이었다. 그는 스타가 되어 자신만의 TV 쇼를 진행하고야 말겠다고 결심했고, 결국 해냈다. 그런 다음에는 가족을 이루고 싶다고 생각했고, 역시 해냈다. 그는 평생 쓰고도 남을 많은 돈을 벌자고 결심했고, 그 또한 이뤄냈다. 영화배우가 되기로 결심한 후에도 대성공을 거뒀다. 마침내 그는 '코미디'

배우로서가 아니라 배우로서 아카데미상을 수상하겠다고 결심했고, 심지어 그마저 달성했다! 로빈 윌리엄스는 자신이 꿈꾸던 모든 것을 성취한 사내였다.

그러다 어느 날, 스스로 목숨을 끊었다.

그는 자신을 사랑하는 수백만 명의 사람들을 뒤로 하고 자택에서 목을 맸다. 그보다 더 가슴 아픈 사실은 그가 사랑하는 아내와 자식들에게 끔찍한 충격과 고통을 안겨주었다는 것이다.

나는 이 비극에 대해 생각할 때마다 단순한 깨달음을 얻는다. 충만한 삶을 살지 못한다면 아무것도 갖지 못한 것과 같다.

로빈 윌리엄스는 우리 사회가 높이 평가하는 것들, 명성과 부를 포함해 수많은 것들을 달성했다. 그러나 넘치는 재능에도 불구하고 만족하지 못했다. 그로 인한 스트레스를 해소하기 위해 수십 년 동안 술과 약물의 힘을 빌렸고 때로는 지나치게 의존하기도 했다. 목숨을 끊기 얼마 전에는 루이체 치매라는 진행성 신경질환을 진단받았다. 그의 부인 수전은 얼마 전 〈신경학Neurology〉 저널에 이렇게 기고했다. '로빈은 맑은 정신을 유지하지 못했고, 스스로도 이를 인지하고 있었다. 자신의 정신이 붕괴하고 있음을 자각하는 괴로움을 상상할 수 있을까?'[2]

로빈 윌리엄스는 타인을 아끼고 돌보던 좋은 사람이었다. 우울증

---

2   겨울이 되자, 편집증과 망상, 반복행동과 불면증, 기억력 감퇴, 코르티솔 증가 그리고 그 밖에 무수한 문제점들이 심각한 수준으로 악화되기 시작했다. 이 같은 이상 증세를 관리하고 해결하기 위해 심리치료 및 다른 의료적 도움을 꾸준히 받기 시작했다.
   http://www.neurology.org/contents/87/13/1308.full

과 약물중독, 건강 악화에도 불구하고 세상에 많은 것을 기여한 사람이었다. 그러나 그는 이 세상 다른 모든 이들에게는 행복을 선사하면서도 자신만은 도울 수가 없었다. 그 생각을 하면 비행기에서 나오는 안전 수칙 안내 방송이 떠오른다.

"비상시에는 먼저 산소마스크를 쓴 다음 주변 사람들을 도우십시오."

처음 들었을 때는 약간 이기적인 게 아닌가 싶었지만 생각해보면 일리가 있는 말이다. 일단 나 자신이 살아야 주변 사람을 도울 수 있지 않겠는가.

로빈 윌리엄스가 조금 극단적인 사례라는 것은 안다. 당신이 자살을 할까 봐 불안하다는 뜻이 아니다. 다만 나는 정말로 '돈도 많고' '가장 성공한' 이들마저 당연히 누려야 할 행복과 충만감을 놓치고 있다는 것을 말해주고 싶었다. 나는 당신이 오늘부터라도 그런 행복과 충만함을 느낄 수 있길 바란다. 하지만 아무도 우리에게 행복해지는 방법을 가르쳐주지 않는다.

괴로울 것인가, 그렇지 않을 것인가, 그것이 문제로다

인간은 사고의 산물이다. 우리는 생각하는 대로 된다.
– 마하트마 간디

내 삶이 어쩌다 완전히 바뀌게 되었는지 한번 들어보라. 2년 전부터 나는 경이롭고도 놀라운 마음의 여행을 하고 있다. 나는 예전부터 늘 개인적인 성장을 위해 노력하며 완전히 새로운 삶의 단계로 올라설 수 있는 다양한 발상들을 탐구하고 있었다.

그러다 2년 전 나는 경애하는 친우인 크리쉬나지Krishnaji를 만나러 인도를 방문했다. 그는 나처럼 삶의 질을 탁월하게 유지하는 데 필요한 질문들을 중요히 여기는 친구다. 그는 내가 지난 수년간 무엇이든 할 수 있고 열정적인 관계를 맺을 수 있는 '에너지 충만한energy-rich' 상태를 유지하는 것이 얼마나 중요한지 피력해왔다는 사실을 알고 있었다. 그와 대조적으로 '에너지 침체energy-poor' 상태가 되면 몸은 무기력해지고 마음은 늘어지며 걱정과 우려, 짜증, 다른 사람들에게 화를 내는 것 외에는 아무것도 할 수 없어진다고 이야기해왔다는 것도. 내 친구가 말했다.

"그 두 상태에 대해 다른 용어를 사용하는 게 어떨까?"

그는 내게 사람들은 오로지 두 가지 상태에 있을 수밖에 없다고 설명했다. '아름다운 상태beautiful state'라고 부르는 활기가 넘치는 상태와, 활력이 낮아 종종 내적 괴로움을 야기하는 '고통의 상태suffering state'였다. 그는 삶에 어떤 고난이 닥치든 아름다운 상태를 유지하는 것이 그의 영적 목표라고 말했다.

그런 다음 내 친구는 이제껏 내가 수많은 사람들에게 가르쳤던 내용을 거의 고스란히 설명했다. 우리는 삶을 완벽하게 통제하거나 지배할 수 없지만, 우리에게 중요한 의미를 지닌 사건들은 통제할 수 있다. 다시 말해 우리가 날마다 느끼고 경험하는 것들을 통제할 수 있다는 의미! 내 친구는 의도적으로 아름다운 상태를 선택하고 유지함으로써 더욱 많은 삶의 요소들을 음미하고, 아내와 자녀들은 물론 세상 전체에 더 많은 것을 베풀 수 있다고 믿었다.

나는 그의 말을 곰곰이 생각해보았다. 나는 성취를 중요하게 여기는 사람이다. 이 책을 읽고 있는 당신도 마찬가지일 것이다. 그리고 우리 같은 사람들은 '고통받고 있다'고 생각하지 않는다. 그저 '스트레스'를 받을 뿐이다!

솔직히 내가 고통받고 있다는 말을 2년 전에 들었다면 나는 비웃었을 것이다. 사랑스러운 아내, 눈에 넣어도 아프지 않을 네 명의 자녀들, 완전한 재정적 자유, 아침에 눈을 뜰 때마다 나를 고무시키는 평생의 사명까지, 모든 것을 갖고 있었다. 그러다 문득, 내가 고통의 상태를 꽤 자주 경험한다는 사실을 깨달았다. 예를 들어 실망하고, 성을 내고, 당황하고, 걱정하고, 스트레스를 받는다. 처음에는 이런 감정들이 단순히 삶의 일부분이라고 생각했다. 어쩌면 그것들은 앞으로 나아가는 데 없어서는 안 될 필수 연료라고 스스로를 설득하고 있었을지도 모른다. 하지만 그건 자신을 속이는 것 아닌가!

문제는 인간의 뇌가 우리를 행복하게 만들거나 충만감을 주도록 설계되지 않았다는 데서 발생한다. 뇌는 우리를 생존시킬 목적으로 작동한다. 200만 년에 걸쳐 진화한 이 신체기관은 우리에게 해로운 것은 없는지 또는 잘못된 것은 없는지 늘 주위를 두리번거리며 우리가 그에 맞서 싸우거나 아니면 도망치게 한다. 이런 원시적인 생존 프로그램에 의존해 산다면 어떻게 삶을 즐길 수 있겠는가?

뚜렷한 목적이 없을 때 우리는 천성적으로 이런 생존 모드에 들어가고, 우리의 안녕에 잠재적 위협이 될 것들을 식별하고 과장하려 한다. 그 결과 스트레스와 불안감으로 가득 찬 삶을 살게 되는 것이다.

어쨌든 대부분의 사람들은 그렇다. 왜냐하면 그것이 가장 저항이 적은 길이기 때문이다. 실은 모든 게 그저 마음먹기에 달려 있는데도 사람들은 무의식적으로 습관과 상황에 근거해 결정을 내린다. 그들은 실망하고, 스트레스받고, 슬퍼하고, 화를 내는 것이 당연히 겪어야 할 삶의 일부라고 생각한다. 다시 말해 고통의 상태로 사는 것이 불가피하다고 여기는 것이다.

그러나 다른 길은 분명히 존재한다. 생각의 방향을 전환하면 원하는 마음 상태를 유지할 수 있다.

그것이 바로 내가 선택한 길이다. 나는 더 이상 고통의 상태로 살지 않기 위해 이 길을 선택했다. 나는 앞으로 남은 평생 동안 아름다운 상태를 유지하기 위해 최선을 다할 것이며, 가능한 한 모두의 귀감이 될 것이다! 세상에 대한 고마움도 없이 늘 부루퉁하게 화만 내는 부자만큼 꼴 보기 사나운 것도 없지 않은가!

높게 날고 낮게 떨어지기

먼저 앞에서 말한 2가지 정신적 및 감정적 상태에 대해 자세히 알아보자.

아름다운 상태_애정, 즐거움, 고마움, 경외감, 쾌활함, 편안함, 창의력, 활력, 따스함, 성장, 호기심과 은총을 느낄 때, 당신은 아름다운 상태에 있는 것이다. 이 상태에 있을 때에는 자신이 할 일을 정확히 알고 올바른 일을 적절히 실천한다. 이때 당신의 마음과 영혼은 생기 넘치고 자신의 가장 훌륭한 모습이 드러나게 된다. 그 무엇도 심각한 문제처럼 느껴지지 않고 모든 일이 순조롭고 원활하다. 두려움도, 좌절감도 느끼지 않는다. 자신의 진정한 본질과 조화를 이룬 상태다.

고통의 상태_스트레스가 심하고, 걱정스럽고, 좌절감이 들고, 화가 나거나, 우울하고, 신경질이 나고, 당혹스럽고, 악의에 충만해 있거나 두려울 때, 당신은 고통의 상태에 있는 것이다. 우리 모두는 이런 상태를 경험한 적이 있으며, 시인하지는 않더라도 그 외에 다른 무수한 '부정적' 감정을 겪은 적이 있다! 하지만 앞에서 말한 것처럼 대부분의 사람들은 이를 고통스러운 것이 아니라 스트레스를 받았다고 생각하는 것을 더 좋아한다! 그러나 '스트레스'란 성공한 사람들이 두려움을 묘사할 때 사용하는 단어일 뿐이다! 스트레스의 기원을 되짚어 올라가보면 그 끝에는 당신의 가장 은밀한 두려움이 숨어 있을 것이다.

아름다운 상태나 고통의 상태에 돌입하게 되는 이유는 무엇일까? 아마 대부분의 사람들은 외부 환경에 원인이 있다고 생각할 것이다. 근사한 해변에 누워 아이스크림을 핥고 있을 때면 아름다운 상태에 빠지기 쉬울 테니까 말이다. 그러나 사실 당신의 정신 및 감정적 상태는 당신이 무엇에 생각을 집중하기로 선택했느냐에 달려 있다.

내 경우를 예로 들어보자. 나는 지난 25년간 1년에 수차례씩 미국과 호주를 오가며 지냈다. 요즘에는 하늘을 나는 사무실이나 마찬가지인 전용기가 있어 비행 중에도 일을 할 수 있지만, 예전에는 전화도 이메일도 없이 호주까지 14시간이나 버텨야 한다는 생각에 벌벌 떨어야 했다. 그 사이에 내 사업에 커다란 문제라도 터지면 어쩌지?

그러나 콴타스 항공을 타고 시드니로 가던 어느 날, 조종사가 기내 방송을 통해 자랑스러운 어조로 말했다.

"이 비행기에서는 인터넷을 사용할 수 있습니다!"

승객들 사이에서 환호성과 박수 갈채가 터져나오고, 여기저기서 하이파이브를 했다. 허니님이 지상, 아니 우리가 탄 비행기에 강림하기라도 한 것 같았다. 나도 벌떡 일어나 기쁨의 춤을 춘 건 아니지만, 마음속으로는 신나서 열렬히 박수를 치고 있었다. 그러나 기쁨과 흥분으로 가득한 15분이 지난 뒤 어떻게 됐는지 아는가? 인터넷이 끊어졌다. 그리곤 남은 시간 내내 다시 연결되지 않았다. 어쩌면 '지금까지도' 연결되지 않을 것이다.

승객들의 반응이 어땠을 것 같은가? 모두가 절망했다. 1분 전까지만 해도 세상에서 가장 행복한 사람들이었는데, 다음 순간에는 비참한 심정으로 욕설을 퍼붓고 있었다. 사람의 관점이라는 게 이렇게 눈 깜짝할 사이에 바뀔 수 있다니! 방금 전까지 기내에서 인터넷을 사용할 수 있다는 것은 기적 같은 일이었지만, 이제는 당연한 권리처럼 느껴졌다. 승객들은 조종사가 알려주기 전까지는 존재하지도 않던 인터넷 접속이라는 불가침권을 유린당한 데 크게 분노했다. 승객들은 화가 머리끝까지 치민 나머지 우리가 지금 새처럼 하늘을 날아 시공간을 가로질러 지구를 반 바퀴 돌고 있다는 경이로운 사실을 머릿속에서 지워버리고는 영화를 보거나 눈을 감고 잠들어버렸다.

우리는 황당할 정도로 너무 빨리 화를 내고 불쾌감을 느낀다. 소풍날 아침 비가 오거나, 원하거나 기대하던 것을 손에 넣지 못하면 순식간에 행복한 기분을 버리고 자진해서 괴로움에 잠식당한다.

사람들은 저마다 선호하는 고통이 있다. 당신이 가장 선호하는 고통은 무슨 맛인가? 가장 즐겨 사용하는 에너지 박탈용 감정은 무엇인가? 슬픔, 절망, 분노, 실망, 자기연민, 시기, 걱정. 자세히 설명하지 않아도 된다. 어차피 '전부' 고통이기 때문이다. 당신이 겪는 이 모든 괴로움은 단순히 갈 곳 잃은 마음이 문젯거리를 찾아다니다 만들어낸 결과에 불과하다!

고통의 3가지 패턴

최근에 괴로움을 겪었거나 고통스러웠던 경험이 있다면 떠올려보라. 좌절감이 들거나, 화가 나거나, 불안하고 걱정스럽거나, 어찌할 바를 몰라 당혹스러운 감정이 드는 이유는 갈 곳 없이 방황하는 마음이 다음 3가지 인식 패턴 중 하나에 집중되어 있기 때문이다. 의식적으로든 무의식중으로든 당신은 다음 3가지 기폭제 중 하나에 초점을 맞추고 있었을 것이다.

상실할지도 모른다는 두려움_상실에 관심을 집중하면 당신은 어떠한 문제가 발생했거나 아니면 소중히 여기는 것을 곧 잃을 것이라고 확신하게 된다. 이를테면 배우자와 말다툼을 하고 난 뒤에 상대방의 애정이나 존중을 잃었다는 느낌을 받을지도 모른다. 그런 상실감은 반드시 '다른 사람'이 한 일 또는 하지 않은 일 때문에 느끼는 것은 아니다. 어쩌면 '당신 자신'이 한 일 때문일 수도 있다. 가령 당신이 할 일을 미루는 바람에 중요한 사업 기회를 잃었다면 어떨까. 자신이 무언가를 잃었다고 착각할 때, 우리는 고통의 상태에 빠진다.

부족해질지 모른다는 두려움_당신이 뭔가를 덜 가졌거나 덜 갖게 될 것이라는 생각에 집중하면 고통을 느끼게 된다. 예를 들어 당신은 특징 사건이 발생하거나 또는 어떤 사람이 특정한 행동을 함으로써 즐거움이 줄고, 돈을 덜 받게 되었다거나, 덜 성공하고, 다른 고통스러운 결과를 맞게 되었다고 생각할지도 모른다. 이러한 감정 또한 당신 또는 다른 사람이 하거나 하지 않은 일에 의해 촉발될 수 있다.

절대로 안 될 거라는 두려움_당신이 중요하게 여기는 것, 사랑, 행복, 존경, 부, 기회를 '절대로' 가질 수 없다는 생각에 사로잡히거나 거기에 집중하게 되면 쓸데없이 괴로움을 느끼게 되고, 당신은 절대로 행복해지거나 자신이 원하는 사람이 되지 못할 것이다. 이런 인식 패턴은 고통으로 가는 지름길이다. 우리의 사고가 항상 생존 모드로 돌아가려 한다는 사실을 명심하라! 그러므로 절대, 절대로라고 말하지 마라! 예를 들면 병이나 부상, 또는 형제자매가 한 말 때문에 나는 절대로 현실을 극복할 수 없다고 여기게 될지도 모른다.

우리는 대개 이 3가지 패턴 때문에 고통을 느낀다. 진짜 황당한 게 뭔지 아는가? 사실 이 패턴은 정말로 문제가 있는지 없는지와는 별 상관이 없다는 것이다! 현실이 어떠하든 우리는 이 3가지에 집중할 때 괴로움을 느낀다. 친구가 당신에게 뭔가 끔찍한 일을 저질렀다고 오해한 적이 있는가? 울화가 치밀고, 분노하고, 실망감에 몸부림치다가 결국 모든 게 당신의 오해였을 뿐 친구에게는 전혀 잘못이 없다는 사실을 깨달았던 적은? 고통의 상태에 잠식돼 부정적 감정들이 당신의 머리를 헤집고 있을 때면 현실은 그다지 중요하게 느껴지지 않는다. 정신적 집중은 감정을 유발하고, 감정은 경험을 생성한다. 우리가 경험하는 고통의 대부분은 나 자신이나 우리가 잃을지도 모르는 것, 더 적게 가지게 되는 것, 혹은 절대로 갖지 못할 것에 집중하거나 집착할 때 초래된다.

하지만 좋은 소식도 있다. 일단 패턴을 인식하고 나면 사고를 체계적으로 변화시킬 수 있고, 그럼으로써 이런 고통의 습관에서 벗어날 수 있다는 것이다. 모든 것은 당신의 의식적 선택이 중요하다는 사실을 인지하는 것에서부터 시작된다. 탁월한 삶의 질을 만끽하는 비결은 당신의 마음과 정신을 통제하는 것이다. 아름다운 상태로 살지 아니면 고통의 상태에서 삶을 보낼지가 그로써 결정되기 때문이다.

결국 모든 것은
나의 결정에 달렸다

삶은 상태가 아니라 우리가 내리는 결정에 의해 형성된다. 5~10년 전을 되돌아보며 당신의 결정으로 인해 삶이 완전히 바뀐 일들을 떠올려보라. 학교나 직업에 대한 결정일 수도 있고 아니면 사랑하는 사람이나 결혼과 관련된 선택일 수도 있다. 만일 그때 다른 선택을 했더라면 당신의 인생은 지금쯤 어떻게 바뀌어 있을까? 우리가 살면서 내리는 수많은 결정들이 인생의 방향을 바꾸고 운명을 바꾼다.

그렇다면 바로 지금 이 순간에 당신의 인생에서 가장 중요한 결정은 무엇일까? 예전의 나라면 누구와 함께 시간을 보내고 누구와 사랑에 빠질지 결정하는 것이라고 대답했을 것이다. 그만큼 반려자가 미치는 영향은 어마어마하기 때문이다.

하지만 나는 지난 2년간 보다 성장했고 더 깊이 사고하게 되었다. 나는 인생에서 가장 중요한 질문은 "무슨 일이 일어나든 행복할 준비가 되어 있는가?"라는 사실을 깨달았다.

당신은 삶이 순조로울 때뿐만 아니라 힘들고 험난할 때에도 부당한 일을 겪거나, 누가 못되게 굴거나, 사랑하는 사람을 잃거나, 아무도 당신을 이해하거나 감사해하지 않는 것처럼 느껴질 때에도 삶을 만끽하기 위해 최선을 다하겠는가? 괴로움을 느끼는 것을 중단하고 아름다운 상태로 살기로 결정하지 않는다면, 생존이라는 목표를 위해 설계된 우리의 뇌는 욕망이나 기대, 선호가 충족되지 않을 때마다 고통을 느낄 것이다! 그것이야말로 인생의 낭비가 아닌가!

이 질문은 당신의 인생을 송두리째 바꿀 수 있다. 단순히 변화를 만들고 '싶다'거나 어쨌든 행복하게 사는 게 '좋겠다'고 생각하는 것만으로는 충분하지 않다. 자신만의 결정을 내리고, 그것을 실현하기 위해 무엇이든 할 각오가 되어 있어야 하며, 절대로 돌아보거나 물러서지 말아야 한다. 섬을 정복하고 싶다면 타고 온 배를 불태워라! 당신의 마음가짐과 삶의 경험을 완전히 책임지고 통제하겠다고 결심해야 한다. 지금 당신이 할 일은 분명한 선을 긋고 이렇게 선언하는 것이다.

"이제 고통과는 작별이야. 나는 매일매일을 충만하게 살고 매 순간의 정수를 맛보겠어. 어렵고 힘든 때조차 말이야. 고통스럽게 사느니인생은 너무 짧으니까."

고질라를 조심하라

마음을 다스리고 아름다운 상태를 이루기 위해 사용할 수 있는 방법은 무수히 많다. 나는 이 중요한 주제에 관해 책도 한 권 쓸 생각이다. 하지만 삶을 뒤바꿀 여정을 시작하기 위해 그렇게 오래 기다릴 필요는 없다. 바로 지금, 이 자리에서 당신이 마땅히 맛봐야 할 것보다 못한 삶과 감정에는 안주하지 않겠다고 결심하면 된다. 당신의 인생을 바꾸기 위해 할 일은 그저 매 순간 감사함을 발견하기 위해 노력하는 것뿐이다. 그러면 당신은 진정한 행복이라는 부를 손에 넣을 수 있을 것이다.

지금 당장 이 비범하고 담대한 결정을 내릴 수 있겠는가? 그렇다고 대답한다면 내가 개발한 2가지 기법으로 도움을 주고 싶다.

첫 번째 기법은 '90초 규칙'이라는 것으로, 심적 고통이 느껴질 때마다 90초 이내에 아름다운 상태로 돌아가는 것이다. 실제로 이를 '실천'하려면 어떻게 해야 할까?

예를 들어 내가 우리 회사 직원과 격렬한 대화를 나눈 끝에 그가 여러 가지 문제를 야기할 수 있는 심각한 실수를 저질렀음을 알게 됐다고 하자. 내 뇌는 자동적으로 위험 감지 모드에 돌입해 생존 프로그램을 가동시키고, 그 실수로 인해 나와 내 회사가 겪게 될 온갖 난처한 문제 상황들을 머릿속에 떠운다. 옛날이라면 나는 심각한 걱정과 우려, 좌절감과 분노의 파도에 휘말려 격렬한 정신적 고통에 몸부림쳤을 것이다.

하지만 지금은 다르다. 온몸에 긴장이 솟구치는 것을 감지한 순간, 마음을 다잡는다. 방법은 아주 단순하다. 숨을 천천히 들이마시고 내뱉으며 마음을 안정시킨다. 정신적으로 한 발짝 뒤로 물러나 내 뇌가 만들어낸 스트레스로부터 거리를 유지한다.

머릿속에 생각의 소용돌이가 몰아치는 것은 사실 아주 당연한 수순이다. 그러나 그건 그냥 생각일 뿐이다. 천천히 머릿속을 가라앉히면 그런 지레짐작을 진심으로 믿거나 거기에 동화될 필요가 없음을 깨닫게 된다. 뒤로 물러나 객관적인 시선으로 문제들을 바라보며 자신을 다독인다.

"와, 저기 지나가는 황당한 생각들 좀 봐. 저기에도 또 하나 있네!"

이런 태도가 도움이 되는 이유는 여기서 진짜 골칫거리는 부정적이고 파괴적이고 편협한 생각의 '존재'가 아니기 때문이다. 그런 생각이야 누구에게나 있다! 우리에게 해로운 것은 그런 생각을 '믿는' 것이다. 예를 들어, 혹시 누군가에게 너무 화가 난 나머지 '저 자식 목을 졸라 죽여버리고 싶어! 죽여버릴 거라고!'라고 생각해본 적이 있는가? 하지만 실제로 그런 짓을 저지르지는 않았을 것이다. 왜? 왜냐하면 당신은 그 생각을 진심으로 믿은 게 아니기 때문이다. 음, 적어도 그랬길 바란다.

　이처럼 불필요한 생각에서 멀어지고 나면 감사의 마음을 품을 수 있는 대상을 찾는다. 생존 프로그램은 언제나 잘못된 것들을 탐색하지만, 그럼에도 감사할 수 있는 것은 늘 있다. 내가 "잘못된 것은 늘 있기 마련이지. … 그렇지만 올바른 것도 마찬가지다!"라는 말을 입에 달고 사는 것처럼 말이다. 그것은 내가 무사히 살아 있다는 아주 단순한 사실일 수도 있고, 실수를 저지른 사람이 언제나 열심히 성실하게 일하는 착한 사람이고, 좋은 의도로 행동한 것뿐이라는 사실일 수도 있다. 아니면 내가 지금 고통스러운 상태에 있다는 사실을 자각하고 있으며 곧 그것을 멈출 능력을 가졌다는 사실일 수도 있다!

　'무엇'에 감사하든 상관없다. 중요한 것은 그런 사고에 집중함으로써 생존 메커니즘을 진정시킬 수 있다는 것이다. 사랑, 즐거움, 너그러움 등도 똑같은 긍정적 변화를 야기할 수 있다. 집중의 대상이 변하면 게임에 들어갈 수 있는 틈이 생기고, 그러면 더 이상 자신의 머릿속에 갇혀 있을 필요가 없다. 이런 연습과 경험을 꾸준히 반복하면 실제로 뇌의 신경계가 재구성되어 어떤 상황에서든 장점을 찾아낼 수 있고, 기쁨과 감사의 마음으로 삶을 충만하게 살 수 있을 것이다.

　진짜 기적 같은 일이 뭔지 아는가? 당신이 미처 깨닫기도 전에 자유를 느끼게 될 것이라는 점이다. 예전에는 미칠 듯이 짜증을 냈을 일에 놀랍게도 웃음을 터트릴 수 있게 된다. 삶이 더욱 행복하고 인간관계가 원숙해지며, 더욱 합리적으로 사고하고 더 현명한 결정을 내릴 수 있다. 어쨌든 스트레스를 받거나 울화통이 터지거나 슬프거나 두려움에 젖어 있을 때는 최상의 해결책을 찾아내기가 힘드니까 말이다. 반면에 아름다운 상태에 있을 때에는 해결책을 훨씬 쉽게 떠올릴 수 있다. 그것은 마치 라디오를 들을 때 올바른 주파수를 포착하면 잡음이 사라지고 크고 선명한 음악을 들을 수 있는 것과 비슷하다.

내가 처음 이 기법을 활용하기 시작했을 때에는 4시간 법칙 또는 4일 법칙이라고 불렀다. 괴로움을 이겨내고 평정을 되찾는 데 그만큼 오랜 시간이 걸렸기 때문이다. 모든 기술이 그렇듯이 이 기술도 더 많이, 자주 사용할수록 능숙해진다. 나는 부정적인 생각에서 90초 이내에 빠져나올 수 있다면 재빨리 평정을 되찾을 수 있음을 알게 되었다. 자고로 괴물은 아직 작고 연약할 때 해치우는 게 최선이다. 놈이 고질라처럼 거대해져 도시 전체를 쑥대밭으로 만들게 내버려두지 마라!

나는 아직 이 법칙을 완벽하게 실천하는 수준에 도달하지도 못했고 당연히 실패한 적도 부지기수다. 하지만 어찌나 자주 연습했는지 90초 법칙은 이제 내게 훈련이 아니라 일종의 습관이 되었다. 이 간단한 기술을 사용하는 것만으로도 마음의 평안과 즐거움을 강탈하는 파괴적인 감정으로부터 벗어나 자유를 되찾을 수 있다. 물론 부정적 감정으로부터 완전히 해방된 것은 아니지만 적어도 그것들을 재빨리 밀어내고 나면 이내 감사와 행복감이 그 자리를 차지한다. 인생은 아름답도다!

뿐만 아니라 '상실, 부족함, 절대로 안 된다'는 두려움에 사로잡히지 않으면 타인을 위해 더 많은 일을 할 수 있다는 사실도 알게 될 것이다. 우리는 아름다운 상태에 있을 때 사랑하는 이들에게 더 많은 것을 베풀 수 있다.

행복의 위력은 어마어마하다. 행복은 당신의 삶에서 엄청난 이점으로 작용한다. 행복은 인간관계와 사업, 건강 등 당신의 모든 측면에 명백한 이점을 선사한다. 어떤 상황에서든 아름다운 상태를 유지하는 것은 궁극적인 자유이자, 사랑하는 이들에게 선사할 수 있는 궁극적 선물이기도 하다. 그것이야말로 절대적인 풍요와 풍족한 기쁨을 체험할 수 있는 순간이며, 당신이 가질 수 있는 진정한 부이다.

무엇보다 좋은 점은 특정 금액의 돈을 모을 때까지 수십 년을 기다릴 필요도 없이 그 부를 지금 당장 소유할 수 있다는 것이다! 더구나 결정은 전적으로 당신에게 달려 있다. 오직 당신만이 자기 자신에게 이런 행복의 씨앗을 선물할 수 있는 것이다.

마음을 해방시켜라
- 조화의 힘

두려움을 극복하는 가장 좋은 방법은 감사의 마음을 갖는 것이다.
– 존 템플턴 경

내가 추천하는 두 번째 방법은 2분짜리 짧고 간단한 명상으로, 작년에 열린 내 세미나에서도 가르친 바 있다.[3] 이 책에서는 일단 문자로 설명할 것이다. 정보를 받아들이는 방식은 사람들마다 매우 다양

---

3 www.unshakable.com 사이트와 Unshakable 모바일 앱에서 녹음 파일을 구할 수 있으니 눈을 감고 시험해보기 바란다.

하므로, 문자를 선호한다면 설명을 읽고 기본 개념을 숙지한 후 소리 없이도 기억을 더듬어 실행해보기 바란다. 글로 읽고 과정을 이해하는 것도 중요하지만 귀로 들으면 실제 행동에 옮기기가 더 쉽다. 그러니 생각에서 벗어나 마음으로 느끼라. 어떤 방법을 사용하든 몸과 마음을 일치시키면 아름다운 상태에 이를 수 있다.

하지만 일단 명상의 원리에 관한 과학적 이론에 대해 간단히 설명하고 넘어가자. 병원에서 뇌와 심장의 움직임을 그래프로 나타낸 뇌전도EEG와 심전도EKG를 본 적이 있을 것이다. 정신적으로 괴로움을 느

| 감정 상태에 따른 뇌파 변화 |

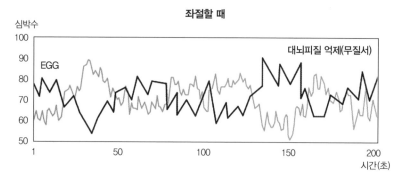

좌절할 때

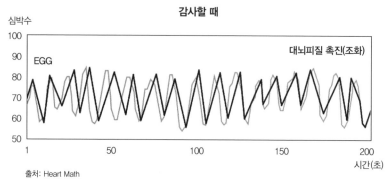

감사할 때

출처: Heart Math

끼거나 스트레스를 받을 때 뇌파와 심전도는 매우 들쑥날쑥한 선을 그린다. 그러나 당신의 '심장'과 '뇌파'가 그리는 선은 전혀 다르다. 다시 말해 일치하지 않는다는 얘기다.

연구에 따르면 짧은 명상은 뇌와 심장의 전기신호를 극적으로 변화시킨다. 더욱 놀라운 사실은 뇌파와 심전도의 진폭이 명상 후에는 훨씬 완만해진다는 것이다. 나아가 뇌파와 심전도 그래프가 거의 일치하기까지 한다. 어떻게 그럴 수가 있느냐고? 마음과 정신이 하나가 되었기 때문이다. 이것이 바로 몰입 상태에 이르렀을 때 일어나는 일이다.

명상의 목적은 당신의 마음을 감사함으로 가득 채움으로써 감정 상태를 바꾸고 그러한 마음가짐을 이용해 고통의 원인을 제거하는 것이다. 어째서 하필 감사의 마음인가? 왜냐하면 감사하는 동시에 화를 내는 것은 불가능하기 때문이다. 불행하고 비참한 삶을 살고 싶은가? 분노와 두려움에 집중하라! 하지만 행복한 삶을 꿈꾼다면, 아름다운 상태에 머무르고 싶다면, 감사하는 마음에 집중하는 것만큼 좋은 방법은 없다!

이 명상 기법을 경험해보고 싶다면 웹사이트나 모바일 앱에서 녹음 파일을 듣거나 다음 설명을 읽어보라.

1단계: 삶에서 아직 '마무리 짓지 못한' 분야를 선택하라. 직업적 또는 개인적인 삶에서 바꾸고 싶거나 해결해야 하는 문제들, 혹은 생각만으로도 화가 나거나 좌절감이 들거나 스트레스를 받기 때문에 미뤄뒀던 일을 떠올린다. 직장에서 업무상의 문제일 수도 있고, 가족 내의 갈등일 수도 있다. 0에서 10까지(10이 최고점) 각각의 문제에 점수를 매기고 최소한 6, 7점짜리 문제를 선택해 이 명상 기법의 진정한 위력을 느껴본다.

2단계: 이제 선택한 상황을 머릿속으로 상상하며 두 손을 가슴 위에 올려라. 손바닥 밑에서 두구거리는 심장이 느껴진다. 눈을 감고 가슴 깊이 숨을 들이 마신다. 심호흡을 할 때마다 혈관 속의 혈액과 산소가 심장으로 흘러드는 것을 느껴라. 당신의 심장이 얼마나 강력한지 느껴라. 당신의 심장이 어떤 힘을 지니고 있는지 생각하라. 그 심장 덕분에 당신이 무엇을 하고, 즐기고, 감사하고, 또 베풀 수 있었는지 떠올려라.

3단계: 숨을 깊이 들이 마시고 내쉬면서 심장에 감사하라. 그것이 얼마나 축복받은 선물인지 느껴보라. 당신의 심장은 매일 수만 번을 뛰며 거의 10만 킬로미터 길이에 가까운 혈관에 혈액을 공급한다. 당신은 평소에 심장에 대해 생각하지도 않는데, 그럼에도 그것은 언제나 묵묵히 당신을 위해 일한다. 심지어 당신이 잠을 자고 있을 때조차도 말이다. 그런데도 당신은 이런 최고의 선물이자 축복을 얻기 위해 아무 노력도 한 적이 없다. 당신의 심장은 거저 주어진 것이다. 누군가 당신을 너무 사랑한 나머지 이 심장을 선물해주었다. 심장이 가슴에서 뛰고 있는 한, 당신은 살아 있다! 이 얼마나 놀라운 일인가! 이 궁극적인 선물의 힘을 느껴보라.

4단계: 가슴 깊이 숨을 들이마시고 심장이 거기 있다는 데 깊이 감사하면서, 문자 그대로 심장박동을 느껴라. 이제껏 살아오는 동안 가슴 깊이 감사함을 느꼈던 경험 3가지를 떠올리고 그 경험 속으로 들어가 본다. 커다란 사건이어도 좋고, 소소한 사건이라도 상관없다. 어린 시절에 겪은 일일 수도 있고 아니면 지난주나 오늘 일어난 일이라도 좋다.

5단계: 첫 번째 축복 같은 경험을 떠올리며, 마치 지금 그 일을 겪고 있는 것처럼 기억 속으로 들어가라. 그 순간을 다시 경험하라. 그 순수한 감사의 순간에 당신이 본 것을 떠올려라. 느끼고, 숨쉬고, 실감하고, 그때 느꼈던 감사의 마음을 되살려라. 슬픔은 없다. 아픔도, 상처도, 분노도 없다. 감사와 분노를 동시에 느낄 수는 없다. 무언가에 감사하는 동시에 걱정할 수는 없다. 감사하는 마음을 각성시키면 삶이 바뀐다.

이제 두 번째 축복 같은 경험을 떠올려라. 가슴 가득 감사함을 느꼈던 또 다른 순간, 살면서 완벽한 선물처럼 느껴졌던 경험, 기적과 사랑, 은총의 기억, 그때 느꼈던 기쁨과 환희로 당신의 마음을 가득 채워라. 그 순간 느꼈던 깊은 감사의 마음을 적어도 30초 동안 한껏 음미하라.

그런 다음 세 번째 축복 같은 경험을 떠올려라. 단순히 생각하는 것만으로는 충분하지 않다. 그 순간을 되살리고 안으로 걸어 들어가, 사건을 온전히 재차 경험해야 한다. 그때 당신이 어떤 감정을 느꼈는지 되살려라. 음미하고 들이마셔라. 그때 느꼈던 기쁨과 행복, 기적의 선물로 당신 자신을 가득 채워라.

6단계: 이제 또 다른 경험을 회상하되, 이번에는 우연한 경험을 떠올려라. 당신이 계획한 적은 없지만 그럼에도 삶에 우연한 기쁨을 줬던 순간을 생각하라. 예를 들어 사랑하는 사람, 또는 당신의 삶을 바꾸거나 더욱 풍족하게 만들어준 사람과 우연히 마주쳤던 기억은 어떨까. 아니면 뜻밖의 우연 덕분에 새로운 직업을 선택하거나 성장하거나 행복을 얻을 새로운 기회를 얻었던 일일 수도 있다. 오직 당신에게만 일어난 우연이고, 오직 당신을 위해 일어난 일이었다. 그것은 과연 우연이었을까, 아니면 보다 거대한 힘이 움직였던 것일까?

나는 한 가지 신념을 갖고 있다. 그것은 종종 나를 고통에서 건져내어 보다 큰 의미를 선사한다. 그렇다. 나는 삶이 우리에게 우연히 일어나는 것이 아니라 우리를 위해 일어난다고 마음속 깊이 굳게 믿는다. 우리가 최악이라고 여기는 사건들이 실은 우리를 성장시키고, 발전시키고 더욱 사려 깊은 사람으로 만들어준다고 믿는다. 모든 이들에게는 살면서 절대로 다시 겪고 싶지 않은 순간들이 있다. 그러나 5년이 지나고 10년이 지난 후에 돌이켜보면 심오한 목적이 숨어 있었음을 깨닫게 될 것이다. 그때도 삶은 당신을 위해 움직이고 있었다. 고통조차 실은 성장을 위한 포석이었다.

당신에게 그러한 선물이 되어준 순간에 감사하라. 당신의 몸과 마음을 우주, 신, 아니면 무엇을 믿든 그에 대한 감사의 마음으로 가득 채워라. 그리고 길을 잃고 방황할 때면 언제나 당신을 보살펴주었던 이 우주를, 세상에 존재하는 거대한 힘을 마음 속 깊이 진심으로 믿고 신뢰하라!

7단계: 이제 숨을 깊이 들이마시고 무한한 감사의 마음을 온몸으로 느끼며, 방금 전까지 당신을 괴롭힌 문제를 상기하라. 감사의 마음으로 충만한 아름다운 상태에서 자문하라.

"내가 이 상황에 대해 기억해야 할 것, 집중해야 할 것, 믿어야 할 것은 무엇인가? 해야 할 일은 무엇인가?"

떠오르는 정보를 거르거나 검열하지 마라. 대개는 머릿속에 가장 먼저 본능적으로 떠오르는 생각이 정답이다. 아름다운 마음 상태를 유지한 채, 다시 같은 질문을 던져라.

"내가 이 상황에 대해 기억해야 할 것, 집중해야 할 것, 믿어야 할 것은 무엇인가? 해야 할 일은 무엇인가?"

당신의 마음이 대답을 알려줄 것이다. 그렇다, 당신의 마음을 믿어라. 그것은 무엇을 해야 하는지 안다. 가슴 깊이 숨을 들이마시고 대답에 감사하라. 마음과 정신이 하나가 되면 강력한 힘을 발휘할 수 있다. 둘이 하나가 되면 당신은 무적이 된다.

앞에서도 말했지만 나는 세미나에서 수만 명 관객들에게 이 명상법을 지도했는데, 이 단계에서 청중을 향해 스트레스 상황에서 무엇을 해야 할지 아는 사람은 손을 들어보라고 말한다. 그런 다음 눈을 뜨고 얼마나 많은 사람들이 손을 들었는지 주위를 둘러보라고 한다. 대부분의 경우 청중의 약 95%가 손을 든다. 어떤 경우에는 더 전문적인 명상이 필요할 수도 있지만, 어쨌든 이 2분짜리 짧은 명상은 내가 사람들을 도울 때 사용하는 수많은 기법 중 하나다.

사실 여기서 내가 진짜로 강조하고 싶은 것은 우리 모두에게 겨우

2분 만에 고통의 상태에서 벗어나 아름다운 상태로 돌입할 수 있는 힘이 내재되어 있다는 사실이다. 어떻게 하면 그럴 수 있느냐고? 감사하는 마음을 떠올리고 집중하라. 정말 간단하면서도 심오한 방법이다. 감사하는 마음, 기쁨, 그리고 사랑은 고통과 괴로움을 분해하는 해독제다. 상실과 더 적게, 그리고 절대로라는 환영에서 시선을 떼고 이미 당신의 삶에 존재하고 있는 사랑과 감사의 마음에 집중하라.

부정적인 생각과 감정은 이제 옆으로 치워두고 감사의 마음을 일깨워라. 당신의 삶이 송두리째 바뀔 것이다.

행복한 꿈
희망찬 이상

어제는 꿈에 지나지 않고
내일은 이상에 불과하다
그러나 오늘을 올바르게 산다면
어제는 행복한 꿈이요
내일은 희망찬 이상이 될 것이다
– 칼리다사, 산스크리트 극작가 겸 시인, 5세기경

그렇다고 다시는 고통스럽지 않다거나 스트레스를 받지 않을 것이라는 의미는 아니다. 인생이란 늘 상상하기도 힘든 극단적인 상황으로 가득하니 말이다. 아무리 똑똑하고 아무리 부자인 사람이라도 건

강 문제에서 자유로울 수는 없으며, 사랑하는 이들을 잃는 슬픔이나 무수한 고난과 시련으로부터 벗어날 수는 없다.

나는 미래에 당신과 당신 가족에게 무슨 일이 일어날지 통제할 수 없고, 금융시장을 통제할 수도 없다. 언젠가는 예상보다 훨씬 혹독하고 오래 지속되는 하락장이 발생할 것이다. 세상만사가 내 마음대로 움직인다면 얼마나 좋으랴. 그러나 이것만은 약속할 수 있다. 스스로의 마음을 다스리는 주인이 된다면, 어떤 도전에도 맞서 싸울 수 있는 정신적 태세를 갖출 수 있다.

이 세상에 외상 후 스트레스 전문가가 있다면, 나는 한평생 외상 후 '성장'의 기적에 초점을 맞춰왔다. 나는 최악의 상황을 '겪고도' 이를 극복하고 당당하고 훌륭한 삶을 살아가는 사람들을 연구했다.

몇 년 전에 나는 앨리스 헤르츠좀머Alice Herz-Sommer라는 한 경탄스러운 여성을 만났다. 1903년생인 그녀는 체코슬로바키아 출신의 피아니스트였다. 제2차 세계대전이 발발했을 때 앨리스와 그녀의 아들은 조국에서 추방되어 강제수용소로 보내졌고, 그녀는 나치 장교들을 위해 피아노를 연주하라는 강요를 받았다. 앨리스는 어떻게든 기꺼운 척 그들을 위해 피아노를 연주했다. 그렇지 않았다면 군인들은 아들을 죽였을 것이다. 앨리스가 수용소에서 온갖 고초를 겪고도 용기를 잃지 않고 살아남은 감동적인 이야기는《지옥의 에덴동산A Garden of Eden in Hell》이라는 그녀의 평전에 고스란히 기록되어 있다.

내가 앨리스를 만났을 때, 그녀는 108세의 나이로 영국에 살고 있었다. 그토록 많은 비극을 겪었건만 내가 만나본 사람들 중에서 가장 긍정적이고 기운 넘치는 사람이었으며, 삶에 대한 기쁨과 환희로 가득 차 있었다. 앨리스는 아직도 정정하게 혼자 살고 있었고, 날마다 피아노를 치고 노래를 불렀다. 그중에서도 가장 충격적이었던 점은 그녀가 아직도 이 세상에 존재하는 모든 것을 아름답게 여기고 있었다는 사실이다.

굉장하지 않은가? 앨리스는 지옥 같은 고통을 겪고도 행복으로 충만한 삶을 살 수 있음을 보여주는 완벽한 사례다. 나는 특히 그녀가 강제수용소 시절에 대해 들려준 이야기에 깊은 감명을 받았다. 앨리스는 내게 수용소 시절을 비롯해 삶의 매 순간이 신의 선물이나 다름없다고 말했다.

앨리스 같은 사람들은 한 번 만나면 평생 잊을 수가 없다. 그들은 기쁨과 경탄, 감사의 마음으로 살아가는 데 탁월한 능력을 지니고 있기 때문이다. 그들은 온갖 고난과 장애물 속에서도 사랑과 기쁨을 발산한다. 그리고 물론, 반대로 뒤통수를 한 대 쳐주고 싶은 사람들도 있다. 카페라테가 따뜻하지 않다고 호들갑을 떨면서 비명을 지르는 사람들 말이다.

당신은 어떻게 할 것인가? 매 순간을 기쁨과 감사의 마음으로 가득 채워 오래 가고 진정한 부를 쌓는 내 모험에 동참할 것인가? 고통의 상태로 살 것인지 아니면 아름다운 상태로 살 것인지는 오로지 당신의 선택에 달려 있다. 당신에게는 행복의 달인이 되어 충만한 감사의 마음으로 어떤 상황에서도 즐겁고 행복하게 살 능력이 있다. 무엇보다 당신의 기쁨과 즐거움은 주변인들에게도 큰 영향을 끼치게 될 것이다.

배를 불태우고 섬을 정복할 각오가 됐다면, 어째서 아름다운 상태로 살기로 결심했는지 그 이유를 글로 적어라. 그리고 당신이 존경하는 세 사람에게 그 글을 보낸 다음, 당신이 고통의 상태로 진입하는 것을 볼 때마다 '부드럽게!' 일깨워달라고 부탁하라.[4]

글로 적는 것은 결심을 구체적으로 정리하는 동시에 목표를 위해 꾸준히 노력하겠다고 공개적으로 선언하는 행위다. 그보다 더욱 좋은 점은 당신의 메시지를 받은 사람들에게도 똑같은 결심을 하게 고무시킬 수 있다는 것이다.

모든 사람에게는 이상이 필요하다. 내가 꿈꾸는 이상은 간단하다. 나는 앞으로 생의 매 순간을 아름다운 상태로 살아갈 것이며, 설사 잠시 길을 벗어나는 일이 있더라도 곧장 제자리로 돌아갈 것이다. 이를

---

4 아니면 아예 나에게 이메일을 보내는 방법도 있다(endsuffering@tonyrobbins.com). 나는 당신이 정말로 각오가 되어 있는지, 왜 그런 결정을 내렸고 삶을 어떻게 더욱 풍부하게 만들 것인지 들어보고 싶다.

통해 나 자신과 사랑하는 이들의 삶을 더욱 평온하고 풍요롭게 만들 수 있을 것이다. 당신 역시 동참하길 바란다. 왜냐하면 아름다운 마음 상태로 살아가는 것은 가장 위대한 선물이자 행운이며, 궁극적인 보물이기 때문이다. 그것은 백만장자나 억만장자가 되는 것보다도 훨씬 희귀하고 위대한 성취이다. 삶의 롤러코스터를 올라갈 때나 내려갈 때나 상관없이 즐길 수 있다면 당신은 진정 흔들림 없이 충만한 삶을 만끽할 수 있다.

인생의 비결은
베푸는 것

이 장의 첫 머리에서 나는 진정한 부에 대해 언급했다. 마침내 작별을 앞둔 지금, 당신은 진정한 부가 무엇이라고 생각하는가? 그것을 어떻게 날마다 경험할 수 있을 것인가? 나는 세계 최초의 억만장자 투자자인 존 템플턴 경에게 이렇게 물은 적이 있다.

"부를 쌓는 비결은 무엇입니까?"

그는 대답했다.

"토니, 그걸 가르치는 게 당신이잖습니까."

나는 한바탕 웃고는 다시 물었다.

"제가 가르치는 게 워낙 많아서요. 어떤 걸 말씀하시는 건가요?"

템플턴 경은 얼굴 가득 커다란 미소를 띤 채 대답했다.

"감사하는 마음이지요! 토니, 당신이나 나나 수십억 달러를 갖고도 불행한 사람들을 알잖습니까. 그들은 사실 가난한 사람들이에요. 그리고 우린 가진 건 없어도 삶의 모든 순간을 감사하는 마음으로 살아가는 사람들도 알고 있습니다. 그들이야말로 엄청난 부자지요."

사실 우리는 돈으로는 진정한 부자가 되지 못한다는 사실을 알고 있다. 진짜 귀한 보물은 돈이 '아니다.' 진짜 보물은 매번 그 아름다움과 완벽함에 감사하는 모든 호의와 은총의 순간들이다. 그것은 우리 안에 존재하는 영원한 불굴의 존재, 영혼의 본질을 느끼는 순간이다. 그것은 가족친지들과 함께 시간을 보낼 때 느끼는 따스하고 애틋한 감정이다. 진정으로 귀중한 것은 뜻 깊은 일을 찾고, 성장하고 나누고 베푸는 법을 배우는 능력이다.

내게 있어 진정한 부란 사람들이 한계를 극복하고 진정 자신이 누구인지, 또 무엇을 성취할 수 있는지 깨닫도록 돕고 고취시키는 일이다. 그들의 삶이 험난한 전쟁터가 아니라 즐거운 축하 파티로 변하는 과정을 지켜보는 즐거움이다. 내가 그들에게 작은 변화를 일구어주었고, 이 뛰어나고 독특한 인물을 재발견하는 데 소소한 역할을 맡았다는 뿌듯한 기분이다. 내 경험이 나뿐만 아니라 다른 모든 이들에게 도움이 되었으며, 나아가 내가 겪은 가장 가슴 아픈 고통마저도 뭔가 아름다운 것을 일구는 데 도움이 되었다는 것에 감사하는 마음이다. 실제로 당신의 삶이 당신 자신을 넘어 더 깊고 넓은 의미를 갖는 것만큼 더 큰 선물은 없다.

인생을 바꾸고 싶은가? 그렇다면 당신보다 더 크고 위대한, 열정을 쏟을 대의명분을 찾아라. 그러면 당신은 부유해질 수 있다. 다른 사람을 돕는 것보다 더 당신을 부자로 만들어주는 것은 없다.

사람들은 종종 부자가 되면 남에게 베풀고 살 것이라고 말한다. 그러나 베풂은 가진 것이 없을 때도 얼마든지 할 수 있다. 지금 가진 1달러 중에서 10센트를 베풀지 못하는 사람은 나중에 100만 달러를 가졌을 때에도 10만 달러를 베풀지 못한다! 수중에 얼마가 있든 지금 당장 시작하라. 그러면 상상 이상의 축복을 경험할 수 있을 것이다! 결핍이 아닌 충만한 마음을 유지한다면 진정으로 부유하고 자유로워질 수 있다.

다만 그런 심적 변화를 실천하고자 한다면 먼저 훈련을 통해 이 세상에 당신이 베풀고 감사하고 사랑할 수 있는 수많은 것들을 인식하는 법을 배우고 익혀야 한다. 그리고 명심하라. 당신이 베풀 수 있는 것은 단순히 돈만이 아니다. 시간이나 재능, 사랑, 열정, 정성, 그리고 마음까지 모든 것을 베풀 수 있다.

날마다 내가 만나는 모든 이들의 삶에 축복이 깃들길 기도한다. 이 책에서 소개된 다양한 원칙과 수단을 체득한다면 당신은 상상 이상으로 받고 또 베풀 수 있을 것이다. 그로 인한 풍요로움이 당신 안에 깃들고 또 '넘쳐흐르면' 진실로 충만한 축복 속에 살 수 있을 것이며, 나아가 당신 스스로 다른 이들의 삶에 거대한 축복이 되어줄 수 있을 것이다. 진짜 부자가 된다는 것은 그런 것이다.

이 책에 귀한 시간을 할애해준 데 대해 진심으로 감사한다. 이 책이 재정적 자유를 향한 당신의 여정에 진정한 도움이 될 수 있길 바란다. 언젠가 우리의 길이 겹쳐, 이 책이 당신이 바라 마지않고 응당 누려야 할 삶을 다지는 데 도움이 되었다는 이야기를 들을 수 있길 바란다.

당신이 진정 누구이며, 무엇을 창조할 수 있는지 상기하고 싶을 때마다 이 책을 들춰보라. 당신의 본질이 찰나의 당신보다 더 중요하고 나은 존재임을 명심하라. 당신의 가치는 숫자로 평가할 수 없으며, 당신은 어떤 힘겨운 고난이나 도전보다 더 위대하다. 당신은 영靈이자 혼魂이자 실재實在이다. 결코 흔들림 없는 존재다. 부디 신의 축복이 함께하길 빈다!

- 토니 로빈스

|감사의 말|

평생의 사명을 이룩하기 위해 달려온 지난 40년간, 나는 비범하고 뛰어난 인물들을 무수히 만나고 마주쳤다. 이 자리를 빌려 특히 본 프로젝트와 관련된 이들에게 깊은 감사 인사를 전한다.

가장 먼저 내 가족들에게 감사한다. 아내 보니 펄Bonnie Pearl은 현명하고 슬기롭게 나를 이끌어주었다. 사랑합니다. 그리고 우리의 사랑과 삶 속에 늘 살아 숨 쉬는 은총에 감사한다. 내 가족과 친지들에게도 사랑한다는 말을 전하고 싶다.

친애하는 친구 피터 멀록과 LA에서 나눴던 운명적인 대화에 대해서도 영원히 감사할 것이다. 내가 아는 한 피터보다 더 비범하고 정직하고 진실한 사업 동업자는 없을 것이다.

다시 한 번 나와 긴 여정을 함께 해준 조시에게 고마움을 전한다. 나와 함께 웃고 즐기며 책을 완성했다. 함께 보낸 모든 시간이 사랑스럽고 우리가 만들어 낸 결과물이 자랑스럽다. 에이제이 굽타Ajay Gupta와 크리에이티브 플래닝, 톰 즈게이너에게도 감사의 마음을 보낸다.

로빈스 리서치 인터내셔널Robins Research International의 핵심 인재들인 샘, 요제쉬, 스코티, 셰리, 브룩, 리치, 제이, 케이티, 저스틴 외에도 대담하고 충직하고 열정적인 임직원들도 빠트릴 수 없다. 그대들에게 매일 축복이 함께하길. 콰쿠와 브리타니, 마이클에게도 감사한다. 내 오른팔인 메리 벅하이트Mary Buckheit와 기가 막힐 정도로 똑똑한 우리 크리에이티브 팀, 특히 다이앤 애드콕Diane Adcock이 없었다면 이 책은 탄생하지 못했을 것이다. 사랑하고 감사한다.

제니퍼 코널리Jennifer Connelly, 잰 밀러Jan Miller, 래리 휴즈Larry Huges에게도 감사한다. 샌디에이고 HQ의 모든 직원들과 토니 로빈스 컴퍼니Tony Robins Companies의 모든 파트너들에게, 삶의 전 분야에서 돌파구를 마련하기 위해 여러분이 노력해준 모든 일에 감사한다.

네 명의 훌륭한 친구들과 나눈 깊은 우정은 내 인생에 커다란 영향을 미쳤다. 내 롤모델인 피터 거버, 마크 베니오프Marc Benioff, 폴 튜더 존스, 스티브 윈, 여러분의 비범하고 창의적인 발상과 흠잡을 데 없는 성격, 아낌없이 베풀어준 애정에 감사한다. 이들과 친구로 지낼 수 있다는 건 참으로 복된 선물이다. 이들과 함께한 시간 덕분에 나의 머니 게임을 한 차원 더 높은 단계로 승화시킬 수 있었다.

나는 전 세계 곳곳에서 개최된 행사와 강연을 통해 인생에 깊은 감명을 주는 수십만 명의 사람들을 매해 만날 수 있었다. 그러나 이 책과 전작인《머니》의 핵심은 50여 명의 빼어난 영혼을 지닌 뛰어난 부의 거인들이 채워주었다. 그들의 통찰력과 전략은 나뿐 아니라 책을 읽은 모든 이들에게 엄청난 영향을 주었다. 인터뷰에 귀한 시간을 내주고 평생의 업적을 공유해준 이들에게 깊은 존경과 경의를 보낸다. 진심으로 그들에게 감사하는 바이다. 누구도 필적할 수 없는 현명함을 지닌 레이 달리오, 잭 보글, 스티브 포브스, 앨런 그린스펀, 메리 캘러헌 어도스, 존 폴슨, 해리 마코위츠, 하워드 막스. 여러분의 뛰어난 능력과 재능에 깊은 영감을 얻었고 또한 개개인으로부터 가르침을 배우는 거대한 특권을 누렸다. 진심으로 감사한다.

분 피컨스, 카일 바스Kyle Bass, 찰스 슈워브Charles Schwab, 존 템플턴 경, 칼 아이컨, 로버트 실러, 댄 애리얼리Dan Ariely, 버튼 맬킬, 알리샤 머넬Alicia Munnell, 테레사 길라두치Teresa Ghilarducci, 제프리 브라운Jeffrey Brown, 데이비드 바벨David

Babbel, 래리 서머스Larry Summers, 데이비드 스웬슨, 마크 파버Marc Farber, 워런 버핏, 조지 W. 부시George W. Bush에게도 감사의 말을 전한다. 인터뷰에 응해준 분들, 플래티넘 파트너십 웰스 마스터리Platinum Partnership Wealth Mastery 행사에 귀한 시간을 내준 이들과 오랜 통찰력을 나눠주고 불가능이란 없음을 보여준 모든 이들에게 감사한다. 여러분은 내 영감의 원천이며, 여러분의 통찰력은 다양한 형태로 이 책에 녹아들어 있다.

출판사 사이먼앤슈스터Simon&Schuster의 모든 이들, 특히 조너선 카프Jonathan Karp와 벤 로넌Ben Loehnen에게 감사한다. 윌리엄 그린William Green은 놀라운 지성과 영국인 특유의 유머를 제공해주었고, 무엇보다 단어 하나 줄표 하나까지 소홀히 하지 않고 철저하게 검토해주었다. 정성을 다해 원고를 검토해준 신디 디티베리오Cindy DiTiberio에게도 감사를 전한다.

이 책의 목적은 전적으로 독자들을 위한 것만은 아니다. 배고픈 이웃들을 돕는다는 전례 없이 거대한 시도와 노력을 기획하고 조직한 앤서니 로빈스 재단Anthony Robins Foundation의 모든 직원들과 우리의 전략적 파트너 피딩 아메리카의 댄 네스빗Dan Nesbit에게 깊은 사의를 전한다. 처음에 내가 기부한 1억 끼니의 식사와 그에 상응하는 기금을 모으기 위한 그들의 끊임없는 노력이 합쳐지면 앞으로 8년 안에 10억 끼니의 식사를 제공한다는 목표를 현실화할 수 있을 것이다.

마지막으로 이 모든 과정을 이끌어준 은총과 내 인생에서 만난 모든 친구와 스승들에게 감사의 말씀을 전한다. 이 자리에서 모두 언급하기엔 너무 많고, 어떤 이들은 유명하고 또 어떤 이들은 유명하지 않지만 그들의 지혜와 전략, 모범과 애정, 그리고 배려야말로 지금껏 내가 딛고 의지해온 반석이었다. 이 순간, 여러분 모두에게 감사한다. 나는 내가 만나고 사랑하고 봉사하는 모든 사람들의 삶을 항상 축복으로 가득 채운다는 끝없는 사명을 계속 이어갈 것이다.

크리에이티브 플래닝

토니 로빈스는 크리에이티브 플래닝의 투자자심리위원회 의장을 맡고 있다. 미국에서 손꼽히는 자산관리사인 크리에이티브 플래닝은 고객들에게 개인맞춤투자 전략과 종합자산관리 서비스를 제공한다. 고객들에게 영업이나 판매가 아닌, 객관적이고 공정한 조언을 제공하기 위해 최선을 다하고 있으며, 목표를 흐리거나 이해관계가 충돌될 수 있는 숨겨진 비용, 판매수수료, 자체운용 펀드도 없다. 오로지 고객들의 이익을 최선으로 한 금융 조언과 솔루션을 제공하는 데 헌신한다. 현재 크리에이티브 플래닝은 220억 달러의 자산을 관리하고 있으며 전미 50개 주에서 끊임없이 성장 중이다.

www.getasecondopinion.com

크리에이티브 플래닝의 외부적 평가

• 미국 1위 자산관리회사 (CNBC, 2014, 2015)

• 미국 1위 독립 투자자문회사(〈배런스〉, 2013, 3014, 2015)

• 10년 연속 성장을 기록한 미국 1위 투자자문회사(〈포브스〉, 2016)

토니 로빈스와 그의 일

토니 로빈스는 세계적인 사업가이자 투자자이며 자선사업가, 스포츠팀 구단주, 세계 최고의 자기계발 및 비즈니스 전략가이다.

지도자, 교사, 자기계발 및 비즈니스 전략가

지난 40년 이상, 전 세계 100여 개국 5,000만 명 이상의 사람들이 그의 저서와 오디오 및 영상 트레이닝을 통해 편안하고 유머 넘치는 변화의 위력을 체험했고, 400만 명 이상이 그의 오프라인 행사에 참가했다.

토니 로빈스는 빌 클린턴과 미하일 고르바초프, 다이애나 왕세자비를 비롯, 여러 국가의 대통령 및 리더들을 지도했다. 또 NBA 우승팀 세 곳을 비롯해 프로 스포츠팀들, 세레나 윌리엄스와 앙드레 아가시 같은 걸출한 테니스 선수들과 레오나르도 디카프리오, 휴 잭맨, 앤서니 홉킨스, 핏불 등 연예계 유명인사들의 변화를 이끌고 힘을 북돋웠다.

그가 코칭하고 있는 세계 최고의 기업가 및 억만장자들 중에는 세일즈포스닷컴 창립자이자 CEO인 마크 베니오프, 만달레이 엔터테인먼트 그룹Mandalay Entertainment Group의 CEO이자 골든 스테이트 워리어스Golden State Worriors와 LA 다저스LA Dodgers 구단주인 피터 거버, 호텔과 카지노의 거물인 윈 리조트앤카지노Wynn Resorts & Casinos CEO 스티븐 윈 등이 있다.

기업가 및 투자 활동

현재 30여 개의 기업의 창립자나 파트너로 참여하고 있으며, 그중 운영에 적극적으로 참여하고 있는 12개 연매출 총액은 50억 달러가 넘는다. 피지에 위치한 5성급 리조트 나말 리조트 앤 스파Namal Resort and Spa에서부터 NBA와 라이브네이션 콘서트Live Nation concert와 독점 계약을 맺고 있는 가상현실기업 NEXT VR에 이르기까지 다양한 기업을 운영하고 있다. 또한 그는 다양한 스포츠팀의 공동구단주로서 로스앤젤레스풋볼클럽Los Angeles Football Club과 현재 급부상중인 이스포츠 프로게임단인 팀리퀴드Team Liquid의 지분을 소유하고 있다.

자선사업

토니는 늘 자신의 뿌리를 가슴 깊이 새기고 있는 열혈 자선사업가다. 특히 그가 열한 살 때 누군가가 그의 가족에게 추수감사절 저녁식사를 보내준 경험을 강렬하게 기억하고 있다. 그는 현재까지 배고픈 이들에게 2억 5,000만 끼니를 제공했으며, 앞으로 8년 안에 피딩 아메리카와 함께 도움을 필요로 하는 가정에 10억 끼니의 식사를 제공할 계획이다.

그는 25만 명의 인도인에게 매일 깨끗한 물을 공급하고 있으며 5년 안에 100만 명으로 늘리기 위해 노력 중이다. 또한 일론 머스크Elon Musk 등 다른 혁신가들과 협력하여 '교육을 위한 엑스프라이즈XPrize for Education' 기금 1,500만 달러 중 100만 달러를 원조하고 있다. 비영리단체인 지하철도작전과 손잡고 인신매매당한 아동 200명 이상을 구출했다.

수상 및 찬사

- 〈워스Worth〉는 '세계 금융계에서 가장 영향력 강한 인물 100인'에 토니 로빈스를 두 번이나 포함시켰다.
- 토니 로빈스는 미국의 국제적 경영 컨설팅 기업 '엑센츄어Accenture'가 선정한 '세계 최고의 비즈니스 지식인 50인' 명단에 이름을 올렸으며, 하버드 비즈니스 출판사Harvard Business Publishing가 꼽은 기업 고객을 코치하는 '최고의 비즈니스 구루 200인' 중 1인으로 선정되었다.
- 〈포춘〉지는 그의 업적에 대해 '리더들이 원하는 리더'라고 설명했다.

저서

《머니: 부의 거인들이 밝히는 7단계 비밀》《네 안에 잠든 거인을 깨워라》《거인의 힘: 무한 능력》

다큐멘터리

넷플릭스 다큐멘터리 '토니 로빈스: 멘토는 내 안에 있다Tony Robbins: I Am Not Your Guru'

오디오 프로그램

궁극의 우위Ultimate Edge : 우리 모두는 비범한 삶을 살기를 꿈꾸지만 대부분은 무엇을 해야 할지, 심지어 어디서 시작해야 할지조차 모른다. 많은 이들이 지속적인 변화를 일굴 전략이나 도구, 내면의 힘을 갖고 있지 않거나, 믿음이 부족하거나, 장애물에 가로막혀 있다. '궁극의 우위'는 내면의 힘을 발굴하고 자신의 한계를 돌파하여 뛰어난 결과를 창출하게 돕는다. 사람들이 삶을 변화시키고 행동에 나설 수 있게 돕는 데 평생을 바쳐온 토니 로빈스는 3부로 구성된 이 '궁극의 우위' 오디오 프로그램을 통해 당신이 진심으로 바라는 것을 찾고 그것을 성취할 수 있는 방법을 가르친다. 애플 앱스토어와 구글 마켓플레이스에서 구할 수 있다.

기타

토니 로빈스에 대해 더 자세한 정보를 알고 싶다면 TonyRobbins.com을 방문하라.

부를 보호하는 체크리스트*

자산을 보호하고, 유산을 구축하고, 예기치 못한 사태에 대비하는 법

불패의 비결은 수비에 있다.

《손자병법》

드디어 여정이 끝난 것을 축하한다. 모쪼록 이 책을 읽은 후에 철저한 각오와 정보로 무장하고 재정적 자유를 누릴 준비가 갖춰졌길 바란다. 알다시피 《흔들리지 않는 돈의 법칙》은 그냥 부를 쌓는 데서 끝나는 게 아니다. 그것은 우리 삶의 모든 측면을 변화시킬 삶의 방식까지 바꾼다. 궁극적으로는 흔들림 없는 마음의 자유와 평화에 다달하는 것을 뜻한다.

그러나 미래를 완전히 통제할 수 있는 사람은 없다. 어떤 예기치 못한 사태가 발생해 당신이 열심히 일해 모은 부를 즐기지 못하게 될지도 모르는 것이다.

- 예기치 못한 질환이나 장애로 더 이상 일을 할 수 없다면?
- 갑자기 송사에 휘말려 어렵게 모은 돈을 잃을 위험에 처한다면?
- 이혼이라는 잔인한 현실이 닥칠 경우 당신의 재산은 어떻게 될까?
- 어느 날 갑자기 당신이 숨을 거두면 당신의 재산과 유산의 향방은 어떻게 될까?

- 해당 부록의 글은 미국의 사정에 맞게 쓰여 있어 국내의 제도나 법률과는 차이가 있다. 따라서 글을 참고하되 각자 상황에 따라 국내 제도를 점검할 필요가 있다.

승자는 미리 예측하고 패자는 사후에 반응한다. 예측은 당신이 지닌 절대적인 힘이 될 수도 있다. 본 부록은 예측에 관해 다룬다. 우리가 미래에 일어날 것임을 '알고' 있지만, 또 일어나지 않기를 '바라는' 것들을 말이다. 그렇다. 아직 일어나지도 않은 일이나 누군가의 불가피한 사망을 예상하고 훗날을 계획하는 것은 그다지 기분 좋은 일은 아니다. 그러나 일단 자리에 앉아 당신의 재산을 보호할 방책을 마련해두면 마음의 평온을 얻을 수 있을 것이다. 당신과 당신이 사랑하는 이들이 삶의 질을 망가뜨릴 외적인 사건들에 대해 더 이상 걱정할 필요가 없다는 사실을 알게 되면 오롯이 안심할 수 있다.

뜻밖의 상황에 대비해야 한다는 레이 달리오의 모토를 기억하는가? 이 부록은 그것에 관한 이야기다. 이 체크리스트는 분산투자와 마찬가지로 모퉁이 반대편에 도사리고 있을지도 모를 뜻밖의 상황에 대비하게 도와줄 것이다. 세금을 절약할 수 있는 다양한 방법들은 반가운 덤이다!

당신의 개인적 재무 왕국을 구축할 수 있는 '진정한' 자산관리법을 배울 수 있다면 어떻겠는가. 왕국의 중앙에는 포트폴리오가 있고, 이제껏 당신이 모은 부가 쓰러지거나 불필요한 세금이나 많은 비용이 드는 소송, 또는 정부의 개입으로부터 수비하려면 높은 성벽을 쌓아 방어책을 공고히 다져야 한다. 그리고 궁극적으로 당신은 사망 후에 후계자에게 당신이 원하는 바를 '정확히' 물려주거나, 아니면 사회적 대의에 끼칠 영향력이나 자선사업이라는 사회적 유산을 남기고 싶을 것이다.

유산을 다루는 이 부록은 매우 짧고 단순하다. 이 책의 일부라기보다는 간단한 가이드나 체크리스트이다. 4개의 체크리스트는 각각 건강과 재산, 보험, 그리고 기부에 관한 것으로, 변호사나 재무상담사와 함께 활용해보라.

사랑하는 여러분, 우린 오늘 이 자리에 삶이라는 걸 끝내기 위해 모였습니다.
— 프린스Prince, 'Let's Go Crazy' 가사 중

2016년, 전 세계 수백만 명의 팬들이 시대의 걸출한 아이콘이자 내가 가장

좋아하는 가수 중 한 명인 프린스의 죽음을 애도했다. 〈뉴욕타임스〉의 보도에 따르면 사망 당시 57세였던 프린스는 유언장을 남기지 않았다. 그는 상속 계획을 준비해두지도 않았고 3억 달러로 추산되는 재산을 보호하기 위한 어떤 조치도 남기지 않았다. 따라서 그의 유산은 가족들에게 상속되지 못하고 수년간 법정에 계류될 것이며, 그중 40%, 즉 약 1억 2,000만 달러가 정부에 귀속될 것이다. 프린스가 상속 계획을 마련해두지 않았다는 이유로 말이다.

당신이 가장 좋아하는 색이 보라색이든 아니든, 그래미상을 7번이나 수상했든 아니든 여기서 배울 수 있는 교훈은 명백하다. 계획을 세우는 데 실패한다면 실패를 계획하는 것이다.

이제부터 4개의 체크리스트를 자세히 살펴보며 과거 수많은 사람들이 저지른 치명적인 실수를 피할 방법을 강구해보자. 이 섹션에서 나 대신 수고해줄 인물은 내 파트너인 피터 멀록이다. 그는 앞서 밝혔듯이 〈배런스〉와 CNBC가 인정한 미국 최고의 재무상담사 중 한 명이며 무엇보다 유산 상속을 전문으로 하는 변호사이다! 그런 그가 고객들에게 제공하는 것과 같은 조언을 공짜로(!) 선사해줄 테니 한마디도 놓치지 말고 귀 기울여 듣도록! 이 책을 갖고 당신의 재무상담사를 찾아가 당신의 재무 상황을 깔끔하게 정리하라.

유산 관리 및 보호_피터 멀록

잠깐! 온갖 변명을 늘어놓으며 페이지를 덮기 전에, 당신의 변명을 내가 맞춰보겠다.

"가진 게 워낙 없어서 유언장 같은 건 별로 중요하지 않은데요."

별로 중요한 것도 아닌데 당신은 왜 일을 하는가? 투자는 왜 하는가? 예산 계획은 왜 세우는가? 당연히 중요하고말고! 그보다 실은 그저 귀찮아서 신경 쓰기 싫은 것뿐이다. 이 체크리스트는 빠르고 간단하고 돈이 별로 많이 들어가지도 않는다. 그리고 당신의 가족들은 남은 세월 동안 경제적 보호를 받을 자격이 충분하다. 그렇지 않은가?

"아직 젊으니까 나하곤 상관없는 문제입니다."

사랑하는 사람이나 가족이 있다면 당연히 상관 있는 문제다. 아버지와 어머니, 할머니, 이모나 삼촌 등 가족들을 위해 만약의 계획을 세울 시간이 없는 다른 친지들을 생각해보라.

"난 부자예요. 이런 일로 시간 낭비하고 싶지 않습니다."

지금 상속 계획을 준비하는 것이 시간 낭비라고 여겨진다면, 당신이 갑자기 죽거나 일할 능력을 잃었을 경우 사랑하는 가족들의 미래가 어떻게 될지 상상해보라. 이런 식으로 말해서 미안하지만, 당신에게 경종을 울리려면 어쩔 수 없다. 당신이 부자고 상당한 재산을 보유하고 있다면 지금 당장 상속 계획을 세워야 한다! 1분 1초가 아깝다. 앞으로 자기 생이 얼마나 남았는지 아는 사람은 아무도 없기 때문이다. 시일을 미뤘다가 언제 어떤 비극적인 결과가 일어날지 모른다.

"개인적인 사정이 좀 복잡해서요."

개인적으로 복잡한 사정을 갖고 있고 어려운 결정을 내려야 할 처지에 있다면(가령 여러 번의 결혼으로 태어난 여러 자녀들, 다섯 명의 전 배우자 등), 당신의 유언이 법정관리에 들어가게 되면 얼마나 더 골치 아플지 상상해보라. 주 정부의 유언검인법원이 당신이 죽고 없는 와중에도 참으로 뛰어난 능률과 효율성을 발휘해 매우 훌륭한 판결을 내려줄 것이다.(내 삐딱한 말투가 충분히 전달되고 있는가?)

"난 유언검인이 뭔지도 몰라요. 내가 그런 걸 알아야 합니까? 어차피 죽었을 텐데!"

유언검인이란 법원이 유언의 사실여부를 파악하고 (유언이 존재할 경우) 유언집행자를 승인하는 절차다. 사망자가 유언을 남기지 않았을 경우에는 법원이 유산 관련 업무를 처리할 법정유산관리인을 임명한다.

그나마 알고 준비해두는 것이 낫다.

그러므로 아무리 귀찮아도 재무상담사나 변호사와 만나 상담하는 편이 꼭

해야 할 일을 회피하는 것보다 훨씬 저렴하다는 걸 인정하라.[1] 다음 체크리스트는 자산관리사나 재무상담사와 함께 사용할 용도로 구성되었다. 첫 번째 체크리스트는 당신이 질병이나 사고로 쓰러졌을 때 당신을 보호할 수 있는 수단을 다루며, 두 번째는 유산 상속 계획과 유언, 세 번째는 당신이 살아 있는 동안 자산을 보호할 방법에 관한 것이다. 그리고 끝으로는 자선사업과 베풂에 관해 이야기해보자.

체크리스트 1: 권리를 행사하라

> 만일 내가 식물인간이 된다면, 나 대신 누가 의료 결정을 내리고 재정적 문제를 처리하든 상관없다. 굳이 선택을 해야 한다면 정부가 그 역할을 맡는 것이 최선이라고 생각한다.
>
> – 무명의 시민

한 고객이 있었다. 평소에는 전혀 아픈 곳이 없는 사람이었는데 어느 날 갑자기 잠에서 깨어나지 못했다. 놀란 가족들이 급히 그녀를 병원으로 데려갔고 진찰 결과 뇌종양이 발견되었다. 그녀에게는 변호사를 선임할 인지능력이 없었기 때문에 남편이 그녀의 계좌에 접근해 장애급여를 신청할 수도 없었다. 그러던 중 고객이 사망했다. 중간에 의식을 찾지도 못했고 유언장도 남기지 않았기 때문에 그녀의 재산은 법원의 유산검인 절차를 밟게 되었다.

이 체크리스트에 있는 3가지 항목들은 지금 간단한 결정만 내리면 금세 처

---

1 재무상담사나 세금전문가, 보험전문가나 변호사와 함께 일하고 있지 않거나, 또는 단순히 제3자의 의견이 궁금하다면 크리에이티브 플래닝에서 이 4가지 영역을 모두 취급하고 있다는 사실을 알아두기 바란다. 궁금한 점이 있거나 우리의 도움이 필요하면 주저하지 말고 www.getasecondopinion.com을 방문하라.

리할 수 있고 별로 복잡하지도 않다. 자격을 갖춘 변호사라면 누구나 핵심을 파악할 수 있다. 위의 고객도 해당 절차를 거쳤더라면 남은 가족들을 보호할 수 있었을 것이다. 만약의 사태에 당신과 당신의 재산을 보호하기 위해 '반드시 해야 할 일'은 다음과 같다.

의료결정 위임(의료대리인)

당신이나 배우자가 급작스럽게 판단능력을 상실하거나 스스로 결정을 내릴 수 없게 되면 어떻게 될까? 그런 일이 발생할 경우 누가 당신의 치료와 관련된 결정을 내릴 것인가? 그렇다. 이런 사안은 바로 지금, 당신이 할 수 있는 능력을 지니고 있을 때 처리해야 한다. 아마 당신의 의료대리인으로 선택할 제1순위는 현재 생존해 있는 배우자일 것이다. 다만 당신의 선택으로 어떤 결과가 비롯될 수 있는지 모든 가능성을 꼼꼼히 따져보아야 한다. 예를 들어 만약 당신이 여러 개의 생명보험에 가입되어 있다면 당신이 사망해도 아무 이득도 없는 사람에게 의료결정권을 맡기는 게 낫지 않을까? 아, 물론 농담이다. 하지만 어쨌든 간에 생명유지장치 제거부터 주치의 교체 또는 다른 의료기관으로 옮기기에 이르기까지 목숨이 달린 중요한 결정들을 믿고 맡길 수 있는 사람을 선택해야 한다. 문자 그대로 당신의 삶과 죽음을 가를 수 있는 결정들이기 때문이다. 그러니 현명하게 선택하고 그 즉시 문서로 확정하라.

재무관리 위임

의료 결정은 가족들에게 의존할 수 있을지 몰라도 돈 관리는 그들에게도 골칫거리일지 모른다. 의식을 잃으면 의료 결정뿐만 아니라 당신의 재무 문제를 처리해줄 사람도 필요해진다. 이를테면 주택담보대출을 갚고 법적 서류에 대신 서명하고 또 필요할 경우에는 생명보험회사에 대신 연락을 해줄 수 있는 사람 말이다.

이 같은 결정을 문서화해두지 않고 의식불명 상태에 빠진다면 당신의 배우자나 친척, 또는 친구가 그러한 권한을 취득하기 위해 법정에 서야 할지도 모른다.

안 그래도 어려운 상황인데 이런 고생까지 추가로 해야 한다면 그야말로 낭패다. 지금 여유 있을 때 처리해둔다면 당신도 안심할 수 있고 남은 가족들도 조금이나마 스트레스를 덜 수 있다.

사전 유언

의료결정권을 누구에게도 위임하고 싶지 않다면 사전 유언을 남기는 방법도 있다. 존엄사 선언, 사전 진료지시서 또는 사전 의료결정서라고 부르기도 한다. 당신이 의사소통을 하지 못하게 될 경우를 대비해 어떤 진료를 받거나 거부할지 사전에 지정해두는 것이다. 다시 말하지만, 당신의 희망사항을 확실한 문서로 남겨둔다면 뒤에 남은 이들의 압박감이나 스트레스를 경감시킬 수 있다.[2]

체크리스트 2: 상속 계획

삶에서 가장 중요한 건 자유
하지만 그건 새와 벌들에게나 주고
내겐 돈을 줘(내가 원하는 건 그것)

－ 바렛 스트롱Barrett Strong, '머니(내가 원하는 것)Money(That's What I Want)' 가사 중

대다수 사람들은 상속 계획이란 그저 유언장을 쓰면 되는 것이라고 생각한다. 그러나 상속 계획은 당신이 죽었을 때 누가 무엇을 받느냐를 결정하는 것보다 훨씬 더 복잡한 문제다. 가령 '오늘' 당장 과세소득을 줄이고 세금효율을 높일 수 있는 방법이 몇 가지 있다. 그 4가지 핵심요소에 대해 알아보자.

---

2   이를 대신해줄 사람이 없다면 많은 시중 은행들이 약간의 수수료를 받고 대행해준다.

유언장 작성

상속 계획의 첫 번째 단계인 유언장을 작성할 때는 다음 중요한 4가지 결정을 내려야 한다.

- 유산의 수혜자는 누구인가? 즉, 누가 무엇을 상속받는가?
- 유언의 집행자는 누구인가? 유언집행인은 당신이 유언장에 명시한 내용이 틀림없이 실행되도록 책임지고 처리하거나 또는 유언검인 절차에 들어갈 경우 이를 처리하는 인물이다. (다음 섹션에서 자산 규모와는 관계없이 왜 유산 검인 절차를 피해야 하는지 알아보라.)
- 사망 시 18세 미만의 자녀가 있을 경우, 자녀의 후견인은 누구인가? 후견인이 유언장에 명시되어 있지 않다면 법원이 당신 아이들을 키울 사람을 지명하게 된다. 다시 한 번 반복한다. '법원'이 '당신' 아이들을 키울 사람을 지명할 것이다! 이제 정신이 번쩍 드는가?[3]
- 유산을 수혜자에게 직접 배분하고 싶은가, 아니면 신탁 제도(가령 유언대용 신탁)를 활용하고 싶은가?

가령 한 부부가 사망 시에 19세와 20세인 두 자녀에게 전 재산 40만 달러를 공평하게 나눠주고 싶어 한다고 치자. 만일 부모가 같은 날에 사망한다면 자녀들은 아무 제한 없이 각각 20만 달러를 받을 수 있다. 만약에 당신이 19세이고 갑자기 20만 달러를 갖게 된다면 그 돈으로 무엇을 할 것 같은가?[4] 이런

---

[3] 때로는 법원이 지명한 후견인이(당신의 부모형제) '당신'이 자녀의 후견인으로 선택하고 싶은 사람과 일치하지 않을 수도 있다. 자녀의 미래가 걸릴 수도 있는 문제이니 아주 신중하게 고민하기 바란다. 당신의 가족 또는 나아가 친구들 중에 당신이 죽은 뒤에 자녀의 양육을 맡길 수 있을 정도로 신뢰하는 사람이 있는가? 당신의 아이들이 비극을 겪고도 평화롭게 자랄 수 있게 하려면 어떻게 해야 할까? 배우자와 대화를 나눠보고 누구를 택할지 결정하라. 후견인으로 지목하기 전에 당사자와 미리 진지한 대화를 나눠라.

[4] 19세 또는 20세에 20만 달러가 생겼다면 이 책의 투자 항목으로 돌아가라.

경우 부모는 유언대용신탁을 이용해 자녀들이 30세가 될 때까지 원금과 수익을 그들의 생활과 교육에 사용하도록 지정할 수 있다. 자녀들이 30세가 될 즈음이면 유산이 거의 전액 지급되었을 것이다.[5] 또한 당신은 그동안 재산을 안전하게 보관하고 투자하고 사후신탁요건에 따라 지급할 인물이나 회사를 유언장에 지정할 수 있다.

유언검인이란 무엇인가?

유언검인이란 무엇이며 무슨 일이 있어도 그것을 피해야 하는 이유는 무엇일까? 유언검인의 일차적 목적은 채권자들이 당신이 진 빚을 돌려받을 방법을 강구하고 유언집행인이 돈을 마련할 시간을 주는 것이다. 유언검인은 세금과 채무를 지불한 후 남은 자산을 법원의 감독 하에 분배하는 절차다. 그렇다면 유언검인의 단점에는 또 무엇이 있을까?

- **자산 처분 제한** 유언검인 기간 동안 유산 상속자들은 자산을 처분할 수 없다. 유언집행인은 법원의 승인을 받은 후에만 자산을 처분할 수 있다.
- **소요 시간** 유언검인 절차에는 약 6개월이 소요되지만 대개는 최소 1년이 넘는 시간이 걸린다. 유언 소송(유언장의 효력에 의문이 제기)이나 사업적 문제 등 예기치 못한 문제로 상황이 더 복잡해질 경우에는 그보다 더 오래 걸릴 수도 있다.[6]
- **비용** 유언검인에 들어가는 비용은 수만 달러에서 일부 주에서는 심지어 '수십만' 달러에 이르기도 한다.

---

5 나는 현대의 30세가 새로운 21세라는 데 동의한다.
6 당신이 미국의 어느 주에 거주하고 있느냐에 따라 절차가 판이해질 수 있다.

- **개인정보 유출** 유언검인은 공문서 기록을 남긴다. 다시 말해 누구든 당신의 재정 정보를 찾아보는 것이 가능하다는 의미다. 이처럼 가장 사적이고 은밀한 정보가 공개된다는 사실은 많은 이들에게 꽤나 소름끼치는 일이다. 누가 남의 일에 관심을 갖겠느냐고 생각할지도 모르지만 실제로 어떤 이들은 유언검인 기록을 '뒤져' 상당한 유산을 상속받은 사람들을 찾아가 돈을 갈취하려고 하기도 한다.

신탁

신탁 제도에 관해 짧게 언급하고 넘어가자. 많은 사람들이 신탁이란 록펠러 가문이나 다른 초갑부들, 또는 자녀들이 아직 어릴 때 만약의 사태에 대비해 준비해두는 것이라고 여긴다. 그러나 신탁은 부자가 아닌 사람들에게도 상속 계획의 일부로 아주 유용하게 사용될 수 있다. '굳이 많은 돈이 필요하거나 복잡하지 않기 때문이다!'

재산이 얼마나 되든 간에 우리는 남은 가족들이 혜택을 받고 상속인들이 법적 절차 때문에 자기 몫을 빼앗기지 않게 만반의 준비를 갖춰야 한다. 신탁은 이를 가능케 하는 아주 중요한 도구다. 아래 내용을 읽고 신탁 제도를 유용하게 사용할 수 있는 방법에 대해 알아보자. 가장 먼저 알아야 할 것은 세금 계획이다.

상속세 계획: 6장에서 말한 것처럼 돈을 얼마나 많이 버는가는 중요한 것이 아니다. 진짜 중요한 것은 모든 비용을 제한 후에 수중에 남는 돈이다. 세금효율은 재정적 자유를 성취할 때도 핵심적인 요소지만, 사후에 발생할 과세에 대해서도 미리 방법을 강구해두어야 한다.

대부분의 사람들에게 상속세는 별로 큰 걱정거리가 아니다. IRS에 따르면 생전 또는 사후에 최대 545만 달러까지는 세금 없이 증여할 수 있기 때문이다. 이를 평생 공제액 lifetime exemption이라고 한다. 비유하자면 평생 1번 사용할 수 있는 쿠폰과 비슷하다.[7] 법적 부부는 평생 공제액을 합칠 수 있기 때문에 부부의 총 순자산이 1,090만 달러를 초과할 때에만 상속세를 납부한다.

사후에 물려줄 재산을 545만 달러 이상 갖고 있다면, 당신은 상속세로 40%를 납부해야 한다! 와우, 그런 엄청난 액수라니. 그러니 살아 있는 동안 일부 재산을 미리 물려줄 방법을 고민할 가치가 충분하지 않는가? 그러면 과세대상이 될 유산이 줄 테니까 말이다.

그렇다면 어떤 방법이 있을까? 미국에서는 평생 공제액 외에 매년 최대 1만 4,000달러를 원하는 사람에게 증여할 수 있는데, 이를 '연간 증여면제액annual exclusion'이라고 한다. 1만 4,000달러가 넘어가면 40% 증여세가 부과된다. 정리하자면, 증여세나 상속세를 한 푼도 내지 않아도 매년 가족이나 친구에게 1인당 1만 4,000달러를 증여하고 사후에는 545만 달러를 물려줄 수 있다는 얘기다. 전부 합치면 꽤 많은 액수다!(물론 당신에게 얼마나 많은 친구가 있느냐에 달렸겠지만)

재산을 증여할 때 정부에 떼어주는 돈을 최소한으로 줄일 수 있는 4가지 전략을 소개한다.

- **자녀나 손자들의 대학등록금을 내라**(세금 혜택은 덤이다) 대부분의 사람들이 자녀들의 529 학자금 계획529 college savings plan에 들어가는 비용을 1만 4,000달러의 연간 증여면제액에 포함시킬 수 있다는 사실을 잘 알지 못한다. 더구나 이런 경우에는 거주하는 주에서 소득공제를 받을 수도 있다. 이미 대학생인 경우에는 학교에 등록금을 '직접' 납부할 수도 있다.
- **죽을 때까지 기다리지 말고 가족에게 매년 1만 4,000달러를 미리 증여하라** 당신의 성인 자녀 둘이 결혼을 했다고 치자. 당신과 당신의 배우자는 자녀들에게 각각 매년 1만 4,000달러를 세금 없이 증여할 수 있고, 이는 연간 2만 8,000달러다. 사위나 며느리에게도 매년 같은 액수를 증여할 수 있다. 정리

---

7 이 법은 정치적으로 뜨거운 감자이기 때문에 언제든 수정될 가능성이 있다.

하자면 매년 총 5만 6,000달러를 증여세 없이 물려줄 수 있을 뿐만 아니라 평생 공제액에도 아무런 영향이 없다는 의미다! 자녀들은 오래 기다릴 필요 없이 오늘 당장 혜택을 얻을 수 있고, 당신도 살아 있을 때 자녀들과 부를 나누는 기쁨을 만끽할 수 있다.

- **의료비를 지불하라** 당신이 친구나 가족의 의료비를 지불하더라도 그 돈이 의료서비스 제공자에게 '직접' 전달되는 한, 연간 증여 면제액에는 영향을 미치지 않는다. 이게 무슨 뜻이냐고? 당신의 손자가 맹장수술(2만 달러)을 받아야 할 경우에 당신이 수술비용을 대고도 40% 증여세를 낼 필요 없이 또 손자에게 연 1만 4,000달러를 줄 수 있다는 의미다.

- **기부금을 내라** 자선단체에 내는 기부금은 상속세가 면제된다. 도움이 필요한 사람에게 직접 도움을 줄 수 있는데 뭐하러 정부에게 돈을 주는가? 빌 게이츠나 워런 버핏 같은 세계 최고의 부자들도 이런 방법을 애용한다. 4번째 체크리스트에서 보다 자세히 살펴볼 것이다.

취소가능 생전신탁: 재산을 모으는 시작한 초반에 생전신탁을 설정해두는 것이 좋다. 생전신탁은 누구에게나 유용하다. '왜냐하면 모든 신탁 자산은 주정부의 복잡한 유언검인 절차에서 제외되기 때문이다.'

취소가능 생전신탁은 사실 단순한 ('신탁' 부문의) 자산관리 계약이다. 살아 있을 때 개설하기 때문에 '생전'신탁이며, 언제든 계약을 해지할 수 있기 때문에 '취소가능'이다. 즉 취소가능 생전신탁은 '자산을 관리하는 법적 계약으로 살아 있는 동안 언제든 변경이나 해지가 가능하다.' 당신 자신이 '수탁자'(또는 자산을 관리하는 사람)이기 때문에 생존 중에는 원하는 대로 자산을 운용할 수 있다. 당신이 의식불명이 되거나 사망한 후에는 미리 지정해둔 '후임 수탁자'가 신탁을 관리하며 법원은 손댈 수 없다!

아이디어는 흔해빠졌다. 중요한 것은 실천이다.
— 존 보글

취소불가능 신탁으로 자산 보호: 세계에서 가장 부유한 가문들은 훌륭한 자산보호 전문가들이 당신에게 해줄 조언을 이미 수백 년 전부터 알고 있었다. 바로 아무것도 소유하지 말되 모든 것을 통제하라는 것이다. 그것을 가능케 하는 것이 바로 '취소불가능 신탁'이다. 취소불가능 신탁은 독립적인 법인체로 간주되기 때문에 상속세의 과세 대상이 되지 않는다. 그렇다. 당신 가족들은 정부에 40%를 빼앗길 필요가 없는 것이다! 또한 신탁의 설정에 따라 '당신이 생존 중'에도 채권자와 이혼, 법적 판결 및 다른 위험 요소에서도 보호받을 수 있는데, 그런 이유로 '자산보호신탁asset protection trust'이라고도 불린다.[8] 이런 취소불가능 신탁을 유용하게 활용하려면 어떻게 해야 할까?[9]

- **연간 증여** 몇 페이지 앞에서 배운 것처럼 매년 1인당 1만 4,000달러를 과세 납부 없이 증여할 수 있다. 개인에게 노골적으로 증여하기보다는 취소불가능 신탁에 납입하고 그 사람을 신탁의 수혜자로 설정하는 편이 유용할 것이다. 이는 특히 수혜자가 어리고 자산을 직접 관리하기가 어렵거나 또는 수혜자에게 신탁에 접근하기 위한 필요조건을 설정하는 경우(이를테면 금주禁酒나 대학 입학 또는 정규직 입사 등)에 효과적이다.
- **생명보험** 취소불가능 신탁을 이용해 생명보험 과세에 대비하는 것은 꽤 흔히 사용되는 방법이다. 보통은 '취소불가능 생명보험 신탁irrevocable life insurance trust'을 줄여 'ILIT'라고 부른다. 사람들은 대부분 생명보험이 소득세 대상이 아니라는 것은 알면서도 상속세의 대상(40% 과세율)이라는 사실

---

8 한편 이 신탁은 그 이름이 말해주듯 취소가 불가능하다. 일단 신탁계좌를 개설하고 돈을 지급한 순간, 문자 그대로 당신의 손에서 벗어나게 되는 것이다. 하지만 당신은 수탁인을 지명하고 펀드의 관리 및 분배 방식에 관해 지시하고 결정할 수 있다. 또 필요하다면 수탁인을 변경할 수도 있으며, 나아가 전문 신탁관리회사를 지정하여 맡길 수도 있다.

9 취소불가능 신탁은 사전자산보호 계획이나 특별한 니즈를 지닌 가족의 부양, 메디케이트, 자선기부, 사업매각 등 보다 복잡한 다른 자산관리 전략에 활용할 수도 있다.

은 잘 모른다. 하지만 보험을 취소불가능 신탁의 형태로 만들면 소득세와 상속세를 모두 피할 수 있다! 일석이조가 따로 없다. 자, 생각해보라. 1인당 매년 1만 4,000달러를 증여하고(자식이나 손자, 또는 누구든 당신이 원하는 사람에게 1인당 1만 4,000달러) 이를 취소불가능 신탁 형태의 생명보험료로 납부하면 당신의 자식이나 손자는 나중에 생명보험금을 완전히 면세로 받을 수 있을 것이다!

• **초고액 순자산 보유자는 지금 당장 평생 공제액을 이용하라** 545만 달러의 면제한도를 (이미 결혼했다면 1,090만 달러) 미리 전액 사용하는 것도 좋은 전략일 수 있다. 특히 가족들에게 취소불가능 신탁의 형태로 증여한다면 자산을 보호하거나 세금을 절약할 수 있다. 지금 당장 포기하기에는 너무 큰 돈이 아니냐고? 예를 들어 지금 보유하고 있는 500만 달러짜리 자산이 시간이 지날수록 가치가 증가한다고 생각해보라. 가령 기업 주식이나 미개발된 부지라면 어떨까. 이런 자산을 오래 기다리지 않고 지금 신탁에 맡긴다면 세금을 낼 필요가 전혀 없다. 평생 공제액보다 적기 때문이다. 그리고 수십 년 후 당신이 사망할 즈음이면 그 자산의 가치는 크게 증가했을 것이다. 원래 500만 달러 가치의 부동산이 2,000만 달러가 되었다면 신탁의 수혜자는 실질적으로 2,000만 달러를 전액 면세로 증여받은 셈이다.

체크리스트 3: 보험

누구나 그럴싸한 계획을 갖고 있다. 얼굴에 한 방 맞기 전까지는.

— 마이크 타이슨Mike Tyson

　재정적 타격이 될 수 있는 사건들 중에는 보험의 도움을 받을 수 있는 것들이 많다. 교통사고로 수만 달러가 날아갈 것을 대비해 자동차보험에 들거나 심각한 건강 문제가 발생했을 때 치료비 때문에 파산하지 않도록 건강보험에 가입하는 것처럼, 다양한 종류의 보험들은 제대로만 사용하면 유용한 도구가 될 수 있다. 보험이란 막상 필요한 때가 오기 전까지는 쓸데없는 것처럼 느껴지기 마련이다. 하지만 아무리 독립재무상담사를 고용하고 수수료와 세금을 최소화하고 훌륭한 포트폴리오를 구성하는 등 모든 일을 올바르게 해둔다고 해도 만약의 사태에 대비해두지 않는다면 이제껏 쌓아온 모든 것들이 순식간에 사라질 수도 있다. 그러므로 늘 대비책을 마련해두어라.

> 죽음에 대한 공포는 삶에 대한 공포에서 온다. 충만한 삶을 산 사람은 언제든 죽을 준비가 되어 있다.
>
> – 마크 트웨인Mark Twain

생명보험: 스마트폰 보험에는 가입했지만 생명보험에는 가입하지 않았다면 진지한 대화를 해야 할 필요가 있다. 농담이 아니다. 생명보험은 당신의 부와 가족들을 보호할 수 있는 아주 중요한 도구다. 나는 상당한 재산을 가졌지만 생명보험이 없어서(또는 보장 범위가 충분하지 않아) 소득이 없어지고 지출이 쌓이자 빠른 속도로 빈털터리가 된 가족들을 알고 있다. 그러므로 이미 생명보험에 가입해 있더라도 다양한 종류의 보험들을 살펴보고, 당신이 적절한 보험에 가입해 있는지 점검해보자.

- **정기보험** '정기보험'은 거의 모든 미국인에게 유용하지만 막상 보험판매원들은 추천을 꺼린다. 판매수수료가 가장 낮기 때문이다.[10] 정기보험은 특정 기간 동안(대개 10, 15, 20, 30년간) 보험 혜택을 받을 수 있으며 해당 기간이 끝나면 해지된다. 그래서 많은 보험판매원들이 투자액을 돌려받을 가능성

---

10 중개인에 대해 5장에서 다뤘던 것 기억하는가? 보험업계가 수수료를 떼가는 방식에 대해서는 책 한 권도 쓸 수 있다.

이 낮다는 이유로 정기보험에 들지 말 것을 권하는데 나는 그런 말을 들을 때마다 조금 우습다. 주택보험에 들고 있는데 우리 집에 화재가 한 번도 나지 않아서 실망스럽다니 그게 도대체 무슨 말인가. 정기보험은 당신이 재정적 자유를 확보하기 전에 예기치 못한 일이 발생했을 때 가족들을 지켜줄 수 있다. 보험 기간은 당신이 재정적 목표로부터 얼마나 멀리 떨어져 있는가에 달려 있다. 보험판매원이나 재무상담사로부터 도움을 받아 적절한 보증 기한을 설정하라.

- **종신보험** 명칭에서 알 수 있듯이, 평생 동안 보장받을 수 있는 생명보험이다. 미래의 어느 시점에는 반드시 당신에게 사망보험금이 지급되기 때문에 보험료가 상대적으로 비싸다. 종신보험에 가입하기에 가장 좋은 시기는 언제일까? 지난 섹션에서 이야기했듯이, 취소불가능 신탁을 종신보험으로 이용하면 가족에게 남길 유산은 최대화하고 세금은 최소화할 수 있다. '생존생명보험survivorship life insurance(세컨드투다이second-to-tie 보험이라고도 불린다)'에 가입할 수도 있다. 이는 부부 또는 동거인 두 사람이 함께 혜택을 받을 수 있는 보험인데, '두 사람'이 모두 사망한 후에야 보험금이 지급된다. 하나의 계약으로 두 명을 책임지기 때문에 사망보험금이 한 명일 때보다 더 많다.[11] 취소불가능 신탁일 경우에는 역시 소득세와 상속세가 면제된다는 사실을 명심하라!

- **변액생명보험** 변액생명보험은 종신보험의 일종이며, 다만 뮤추얼펀드처럼 여러 개의 '하위계좌'에 투자하여 수익을 올린다. 그러나 조심해야 할 필요가 있다! 이런 표면상의 '투자' 도구들은 수수료와 높은 판매수수료, 그리고 액티브펀드에 꼼짝없이 묶여 있기 때문이다. 해지를 원할 때도 어마어마한 해약료를 요구한다. 유일한 예외가 있다면 사모생명보험PPLI(부자들의 '로스'

---

11 이런 종류의 보험에 가입하면 부부가 매년 보험납입금에 대해 면세 혜택을 얻을 수 있다. 대개 수익을 극대화하기 위해 사망보험금을 최대한 많이 설정한다.

라고 불리는)이라고 불리는 초부유층용 보험인데, 판매수수료도 없고 해약료도 없으며 투자 한도도 거의 없다. 아마 당신은 이런 것이 존재하는지도 몰랐을 것이다. 왜냐하면 이 상품을 판매해봤자 보험판매원은 한 푼의 수수료도 벌지 못하기 때문이다(그래서 대개는 자산관리사의 전유물이다). 사모생명보험에 가입하려면 최소한 100만 달러 이상이 필요하기 때문에 진정한 부자들만 사용할 수 있는 수단이라 할 수 있다.[12]

얼마나 많은 보험금이 필요할까?

얼마나 많은 보험에 가입할지 결정하는 것은 재정 계획의 핵심 단계이며 필히 재무상담사와 논의해야 할 부분이다. 필요한 생명보험 금액을 계산하는 방법론은 이미 다양하게 존재한다. 이를테면 소득의 5배를 보장해주는 생명보험에 가입하라는 식이다. 하지만 잘 생각해보면 연 소득이 10만 달러이고 500만 달러의 재산을 갖고 있다면 당신은 생명보험이 필요 없다. 남은 가족들은 이미 있는 재산만으로도 무사히 세상을 헤쳐나갈 수 있을 것이다. 반대로 의대 학자금 대출 25만 달러를 갚아야 하고 70만 달러짜리 주택을 보유하고 있으며 아직 나이 어린 자녀가 셋이나 있다면 소득의 5배 가지고는 택도 없는 소리다. 따라서 사후에 얼마나 많은 자금이 필요한지 계산하는 가장 좋은 방법은 '당신'의 개인적인 사정과 상황을 적절히 고려해 계획하는 것이다.

특정 연령이나 목표에 이르거나 새로운 목표를 세울 때마다 숫자를 새로 조정해야 한다. 예를 들어 자녀들이 대학을 졸업하거나 주택대출금을 전부 갚았다면 더 이상 그런 부채를 고려할 필요가 없지만 어쩌면 노후에 대비해 계속 저축을 할 수도 있다. 다시 말하지만, 이럴 때 재무상담사의 존재가 빛을 발하게 된다.

---

[12] PPLI에 대해서는 《머니: 부의 거인들이 밝히는 7단계 비밀》 631쪽에 자세히 설명되어 있다.

시간과 건강은 그것이 고갈될 때까지 우리가 인식하지도 감사히 여기지도 않는 귀중한 자산이다.

— 데니스 웨이틀리Denis Waitely, 경영 컨설턴트

상해보험: 당신이 생각하기에 당신이 가진 가장 중요한 자산은 무엇인가? 많은 사람들이 집이나 은퇴 저축을 떠올린다. 그러나 사실 정답은 소득을 창출할 수 있는 당신의 노동력이다. 당신이 재정적 안정과 자유라는 목표를 성취할 수 있는지의 여부는 대개 꾸준한 수입을 일으켜 충분한 돈을 모을 수 있는 능력에 달려 있다. 그래서 중도에 상해를 입게 되면 계획에 차질이 생기게 된다.

회사나 고용주는 일반적으로 직원들을 위해 단기 및 장기 상해보험을 들고 있기 때문에, 보험상담사와 만나기 전에 회사에서 어떤 보험을 제공하고 있는지 미리 체크해두는 것이 좋다.

65세 이상 노인의 40%가 이후 평생을 요양원에서 지내게 된다.

— 〈모닝스타〉

간병비를 지원하는 장기간병보험: 늙는 것을 좋아할 사람은 없다. 나도 이해한다. 그렇지만 당신이 벤자민 버튼이 아닌 이상 언젠가 장기간의 보살핌이 필요해질 때를 대비해 미리 대책을 세워두는 편이 현명할 것이다. 〈뉴욕타임스〉에 따르면 '65세 이상의 노인들 중 약 70%가 사망 전에 어떤 형태로든 장기간병을 필요로 하게 된다. 그러나 장기간병보험을 보유한 이들은 20%에 불과하다. 수백만 명이 장기간병에 필요한 비용을 직접 지불해야 할 것이다.'

운이 좋아 수백만 달러짜리 포트폴리오를 보유하고 있다면 적절하게 구성된 포트폴리오로 필요한 비용을 마련할 수 있다. 그러나 요양원 비용은 지역마다 다양하다. 아이오와주 디모인에서는 매년 6만 7,525달러가 필요하다면 뉴욕시에서는 매년 16만 8,630달러가 들어간다. 50세 이상 인구 중에서 10만 달

러 이상의 유동자산을 보유한 비율이 44%에 불과하다는 사실을 감안하면 요양원에 입소한 대부분의 환자들이 몇 년 안에 파산에 이른다는 사실은 그리 놀랍지도 않다.

그렇다면 어떻게 이런 사태를 방지할 수 있을까? 당신 자신 또는 사랑하는 이들을 위해 훨씬 이전부터 장기간병 계획을 세워둬야 한다. 가령 연 5,000달러로 65세 이상일 때 최고 3년간 연 200달러 또는 연 7만 2,800달러를 지급하는 보험에 가입하는 방법이 있다. 단지 너무 늦게 가입하면 보험료가 비쌀 수 있고, 대부분의 보험회사는 84세 이상의 노인은 고객으로 받아들이지 않는다. 장기간병보험은 일반적으로 자택 간호, 생활 보조, 주간 보호, 호스피스, 요양원, 치매환자 시설에 따른 비용을 보장한다. 이런 종류의 보험은 45세에 월 100달러라는 적은 비용으로도 가입할 수 있다.

주택보험: 주택은 서민들의 가장 큰 자산이다. 그러니 화재나 토네이도, 지진, 홍수 같은 통제 불능의 사태에 미리 대비해두는 것이 마땅할 것이다. 주택보험은 주택 및 생활용품이 손상되었을 때 발생한 손해액을 보험범위 내에서 보상해주는 계약이다.(이 점이 핵심이다. 우리는 흔히 이런 보험 계약의 조건이나 보장 제한 범위에 대해 정확히 알고 있지 못하다가 전혀 예상치 못한 청구서가 날아올 즈음에야 당황한다.)

다른 보험 계약과 마찬가지로 주택보험에 가입 시, 첫 번째 단계는 보장액이 얼마나 많이 필요할지 가늠하는 것이다. 다시 말해 주택의 '대체가치replacement value'를 산정해야 하는데 이는 주택의 판매 가격과는 다를 수 있다. '보상한도액dwelling coverage'은 전과 같거나 유사한 재료로 집을 재건하는 데 드는 비용과 일치한다. 일부 지역의 경우에는 토지가는 거의 변함없는 데 반해 재료비가 상승하기 때문에 사고 시점에서의 건축 비용을 파악해 보상한도액을 적절히 산정하는 것이 중요하다. 명심할 점은 보상한도액이 대체가치의 최소 80%에 이르는 경우에만 보험회사가 주택에 대한 손해를 '완전히' 보상해줄 것이라는 사실이다. 그게 무슨 뜻이냐고? 이를테면 당신이 50만 달러

가치의 집을 갖고 있고, 보상한도액이 35만 달러라고 하자. 수도관이 터지는 바람에 5만 달러의 피해가 발생했다면 보험회사는 5만 달러가 아니라 (공제 후) 4만 3,750달러의 수표를 보내올 것이다.[13]

많은 사람들이 자신이 받을 수 있는 보상 범위가 생각했던 것에 미치지 못한다는 사실을 깨닫고 당황하는데, 이는 재산 손실에 대한 보험 한도나 귀중품 보상 한도에 내부 상한선이 존재하기 때문이다. 그런 이유로 고가의 주택이나 임대부동산, 또는 다른 비싸고 독특한 자산(요트, 자동차 컬렉션 등)을 보유한 이들은 이런 종류의 자산을 보호하는 특수한 보험사와 계약을 맺어 자산이 보호받을 수 없는 사태를 방지한다.

우산보험Umbrella Insurance: 우산보험에 들지 않았다면 폭풍우가 칠 때마다 새 우산을 사야 할 것이다.(농담이다. 별별 보험 종류에 대해 쓰고 있자니 정신이 잠시 나갔나 보다.) '우산보험'은 주택이나 자동차 보험의 보상한도를 초과하는 비용을 보장해주는 초과책임보험이다. 사실상 '언제, 어떤 이유로든, 어떤 방향으로든 발생할 수 있는 모든 종류의 사건을 보장하는 자산보호보험이라 할 수 있다.' 우리는 소송의 왕국에서 살고 있고, 어느날 갑자기 이웃집 아이가 당신 집 트램펄린에서 놀다가 다쳤다고 소송을 걸지도 모르는 세상에 살고 있다. 재정적 독립을 이룩하려고 평생을 노력했는데 거대한 법정 다툼에서 지게 된다면 다 무슨 소용이겠는가. 그런 이유로 많은 사람들이 우산보험을 이용한다. 우산보험에 가입한다는 것은 보험회사에 소속된 변호팀을 이용할 수 있다는 뜻이며, 법적 문제가 생겼을 때 그들의 도움을 받을 수 있다.

---

13 보험회사는 실제 보상한도액(이 사례의 경우 대체가치의 70%)과 받아야 할 보상한도액 (주택 대체가치의 80%)의 비율을 계산해 보험금을 책정한다. 즉 35만 달러/40만 달러 =87.5%이기 때문에 5만 달러의 87.5%인 4만 3,750달러를 지급한 것이다.

체크리스트 4: 유산 남기기

토니가 인터뷰한 모든 금융 거인들은 한 가지 공통점을 지닌다. 그들은 자기 자신과 가족들을 위해 돈을 버는 것을 좋아할 뿐만 아니라 번 돈을 남들에게 나눠주는 것도 좋아한다. 그들은 자신들에게 중요하고 뜻깊은 대의명분을 위해 남들과 부를 나눌 때, 어떤 기쁨과 행복을 느낄 수 있는지 안다. 토니와 내가 이 책을 쓴 이유 중 하나도 배고픈 사람들을 돕기 위해서가 아닌가!

그러나 기부라는 말을 들었을 때, 대부분의 사람들은 좋아하는 자선단체나 사회운동을 위해 수표를 써 주는 것만을 떠올린다. '이 장에서는 당신의 부를 기부하는 한편 동시에 세금효율을 늘릴 수 있는 방법에 대해 귀띔해줄 것이다.' 다음은 기부 효과를 '정말로' 최대화할 수 있는 몇 가지 방법이다.

- **자선단체에 적절한 자산을 남겨라** 많은 사람들이 IRA(개인퇴직연금계좌)또는 은퇴계좌의 수혜자로 자식들의 이름을 남기고 자선단체에는 현금이나 다른 자산을 기부한다. 하지만 이것이 항상 최선의 방법이라고는 할 수 없다. 예를 들어 당신이 10만 달러짜리 일반 IRA를 자녀에게 남기고 10만 달러 가치의 부동산을 자선단체에 기부한다면 당신 자녀는 상속받은 IRA에 대해 세금을 납부해야 한다. 반대로 IRA 계좌를 자선단체에 기부하고 부동산을 자녀에게 넘긴다면 자선단체는 세금을 납부할 필요 없이 IRA를 현금으로 바꿀 수 있으며, 자녀 역시 당신이 사망했을 때 세금을 납부하지 않고 부동산을 처분할 수 있다. 또 다른 예시를 들어보자. 한 부인이 오래 전에 산 마이크로소프트 주식을 갖고 있다. 주식을 팔면 그녀는 상당한 자본이득세를 내야 한다. 그렇지만 주식을 기부한다면 그녀는 자본이득세를 낼 필요가 없어 손해 볼 일이 없고, 기부금에 대한 공제 혜택까지 받을 수 있다.
- **기부자조언기금을 이용하라** '기부자조언기금 Donor-Advised Fund'은 주로 두 가지 기능을 지닌 공공 자선단체다. 먼저 이들은 당신이 관심 있는 분야에서 뜻깊은 변화를 일굴 수 있는 단체나 조직들을 찾을 수 있게 돕는다. 두 번째로

이 단체에 기부하면 당신이 지정한 별도의 계좌에 기부금이 직접 기부된다. 다시 말해 당신의 개인적인 자선단체와 비슷한 역할을 하는 것이다. 가령 기부자조언기금에 2만 5,000달러를 기부하면 일단 세금 공제 혜택을 받을 수 있고, 따로 수고를 들일 필요도 없이 당신이 원하는 여러 자선단체에 각각 기부금을 전달할 수 있다.

- **개인 재단 설립하기** 초고액 자산가라면 개인 재단을 설립하는 것도 여러 대에 걸친 자선사업을 유산으로 남기는 좋은 방법일 수 있다. '개인 재단'은 임직원들이 재단의 운영 및 기금 배분을 관리하는 독립 자선단체. 개인 재단의 기금 할당 및 사용에 관해서는 많은 규칙과 규제가 존재하며, 직원들을 고용해야 한다는 점에서 운영비용도 높지만 가족들이 급여를 받으며 재단 활동을 할 수 있다.

- **기부 효과를 높일 창의적인 방법을 찾아라** 어떤 회사들은 크라우드소싱을 이용해 기부효율성을 확대한다. 예를 들어 배우 에드워드 노튼Edward Norton이 공동설립자로 있는 크라우드라이즈crowdrise.com는 〈배런스〉에 따르면 세계 25대 자선단체로 급격히 성장했는데(토니도 초기 투자자 중 한 명이다), 신기술과 광범위한 소셜 네트워크를 사용해 효과를 최대화하는 독특한 접근법을 이용하고 있다. 크라우드라이즈는 기부금을 원하는 자선단체들 사이에 우호적인 경쟁을 자극했다. 이를테면 당신이 난민들에게 깨끗한 물을 제공하는 단체에 10만 달러를 기부하고 싶다고 하자. 크라우드라이즈는 10곳 (혹은 그 이상)의 깨끗한 물 자선단체에 접근해 당신의 기부금을 놓고 경쟁할 것을 제안한다. 그러면 이들 자선단체들은 그들이 보유한 기부자 네트워크에 앞으로 한 달 동안 가장 많은 기부금을 모은 단체가 이 10만 달러를 받게 된다고 알린다. 각 자선단체가 평균 5만 달러를 모으고 (5만 달러×10개 단체=50만 달러) 당신이 그중 한 단체에 10만 달러를 기부한다면 총 60만 달러의 기금이 마련된다. 당신이 개인적으로 기부한 돈보다 50만 달러나 늘어난 것이다!

졸업을 축하한다!

여기까지 읽은 당신, 축하한다! 이제 당신은 흔들림 없이 강건하게 부를 구축할 준비가 되었을 뿐만 아니라 가족들을 보호하고 세금을 줄이고 베풂의 미덕을 유산으로 남기려면 어떻게 해야 하는지 터득했다. 변호사와 재무상담사, 그리고 보험전문가와 몇 차례 이야기를 나누기는 해야겠지만 말이다. 오늘 몇 분의 노력만 투자한다면 당신과 당신 가족은 남은 평생을 평안하게 살 수 있을 것이다.

번역 박슬라

연세대학교에서 영문학과 심리학을 전공했으며, 현재 전문 번역가로 활동하고 있다. 옮긴 책으로
는《스틱!》《위기는 왜 반복되는가》(이상 공역)《인비저블》《부자 아빠의 투자 가이드》《디지털
평판이 부를 결정한다》등이 있다.

감수 정철진

서울대학교 경영학과를 졸업하고 〈매일경제〉에서 10여 년간 기자로 활동했으며, 현재는 경제평론
가로서 집필, 강연, 방송 등을 통해 경제 흐름을 읽어주고 투자 자문 및 경제 컨설팅을 하고 있다.
저서로는《자본에 관한 불편한 진실》《대한민국 20대, 재테크에 미쳐라》《작전》등이 있다.

흔들리지 않는
돈의 법칙

1판 1쇄 발행 2018년 3월 5일
1판 12쇄 발행 2024년 2월 1일

지은이 토니 로빈스
옮긴이 박슬라
감수자 정철진

발행인 양원석
펴낸 곳 ㈜알에이치코리아
주소 서울시 금천구 가산디지털2로 53, 20층 (가산동, 한라시그마밸리)
편집문의 02-6443-8842   **도서문의** 02-6443-8800
홈페이지 http://rhk.co.kr
등록 2004년 1월 15일 제2-3726호

ISBN 978-89-255-6330-5 (03320)